教育部人文社会科学研究规划基金项目
"东北区域冰雪体育旅游产业集群的构建研究"（项目编号为 14YJA890016）

2018 年度黑龙江省哲学社会科学研究规划专项项目
"新时代东北地区冰雪体育旅游产业资源整合与协同发展研究"（编号为 18TYD359）

2018 年省属高校基本科研业务费备案课题
"黑龙江省中俄群众体育品牌赛事的培育路径及发展战略研究"（批准号为 2018-KYYWF-1280）

黑河学院优秀学术著作出版基金资助项目

冰雪体育旅游产业

ICE AND SNOW SPORTS TOURISM INDUSTRY

东北地区协同发展的机制与创新

Mechanism and Innovation of the Coordinated Development in Northeast China

张大春　张　微　滕延峰　主编

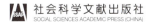 社会科学文献出版社
SOCIAL SCIENCES ACADEMIC PRESS (CHINA)

编委会

主编简介

张大春，黑河学院体育学院教师，教授，硕士生导师，校级教学名师、体育学学科带头人、体育教育专业带头人，中国教育技术协会体育专业委员会常务理事，中国体育用品业联合会学校体育工作委员会常务理事，省级体育专业学术期刊《体育风尚》杂志特约编辑。主要研究方向为冰雪体育、高校体育教学。近年来主持省部级课题5项，发表学术文章20余篇，出版学术专著1部。

张微，黑河学院讲师，主要从事体育产业、体育管理方向的研究，现已发表学术期刊论文10余篇，撰写著作3部，主持各级别课题10余项。

滕延峰，黑河学院体育学院教师，研究方向为体育教育训练学。工作以来发表学术论文近20篇，第一主编著作1部，其他主编2部，作为主要参与者曾参与国家社科基金课题1项、国家体育总局课题2项、省级课题1项。

摘　要

　　随着我国社会经济的不断发展、人民生活水平的不断提升和大众旅游的持续推进，冰雪体育旅游逐渐走进普通民众视野。同时，冰雪旅游对于我国社会经济的综合带动作用逐渐显现。冰雪旅游＋产业融合、冰雪旅游＋新农村建设、冰雪旅游＋新型城镇化、冰雪旅游＋城市综合竞争力等融入地方发展中，冰雪体育旅游正成为广大老百姓实现美好生活的一个重要载体，正在进入广大游客的日常消费选项和常态化生活空间，冰雪旅游正成为新时代很多地区的战略性支柱产业。

　　由于地缘优势，东北地区一直是我国冰雪体育旅游资源最富足的地区，长期以来一直是国内冰雪体育旅游的首选地，冬季到东北去滑雪曾经是国人的一种时尚。进入 21 世纪，国内各省区市纷纷涉足冰雪旅游行业，冰雪旅游竞争逐渐激烈，东北地区冰雪旅游压力骤增，东北地区冰雪旅游企业必须摒弃以往单兵作战、各自为伍，甚至恶性竞争的局面，联合营销冰雪体育产品，走集群化产业协同发展道路，只有这样才可能在激烈的市场竞争中占有一席之地。

　　《冰雪体育旅游产业——东北地区协同发展的机制与创新》是一本探究东北地区冰雪旅游产业发展、推动地方经济增长的理论性书籍。本书阐述了东北地区冰雪旅游产业的发展基础，分析了东北地区发展冰雪旅游产业的有利条件，得出东北地区具有发展冰雪旅游的广阔空间，并进行了产业集群发展的探究，希望能借此促进东北老工业基地的进一步发展，推动东北地区的经济进一步发展。

目　录

第一章 绪论

第一节 冰雪旅游产业理论基础解析

一 冰雪旅游概念解析

旅游现在已经成为人们休闲的一种方式，各种形式的旅游在不断兴起，其中冰雪旅游是人们在冬季比较喜欢的一种生态旅游。冰雪旅游是一种独特的旅游方式，它需要以冰雪气候资源作为基础，旅游者可以参与多种形式的游玩项目并感受到特殊的刺激性，同时，有冰雪的地方必然有冰雕、冰灯，这也可以让旅游者大饱眼福，观光、餐饮、娱乐、购物、住宿一条龙的服务更是让人们感到极大的便利。一般冰雪旅游区的基础设施配备完善，有滑雪场、缆车索道、滑冰馆、冰雪娱乐等基本的场地设施，同时还有其他丰富的自然资源或者历史文化旅游资源。当人们选择冰雪旅游这种旅游形式时，他们往往会在冰雪世界中愉快地旅游，同时还参与各种形式的冰雪娱乐项目，感受到丰富的冰雪文化内涵，这其中包括观赏冰雪景观、观看冰雪赛事，参与冰雪健身运动、冰雪民俗活动等。

当前，对冰雪旅游这一概念还没有严格的界定标准，不过从冰雪旅游的具体表现形式中可以看出，冰雪气候资源是其中必不可少的，同时这一独特的旅游资源可以吸引大量的旅游爱好者参与进来，旅游者在冰雪旅游区可以观赏冰雪景观，参与各项户外冰雪体育运动，享受美好的度假时光，冰雪旅游把观赏、餐饮、娱乐、运动、住宿、购物、游玩等作为综合的服务内容。冰雪资源是进行冰雪旅游开发的重要资源，旅游者主要的体验项目都是在冰上或雪上进行的，当然，观赏冰雪景观也是其中非常重要的旅游项目。为了让旅游者在旅游过程中获得更好的体验，冰资源和雪资源往往是结合在一起的，通常会很好地融合。在当今这个时代，国家经济水平不断提高，人们的物质生活有了质的飞跃，人们对精神生活就有了更高的要求，冰雪旅游是现在非常流行的一种旅游方式，也是冬季人们旅游的重要选择。近些年，随着冰雪旅游的发展，冰雪体育旅游成为其中主要的旅游方式。

（一）冰雪旅游的特点

1. 地域性

进行冰雪资源开发首先要选择合适的地理位置。当前，全球比较适合开发冰雪旅游项目的地区一般属于寒温带，纬度范围在40~50度，这些地区每年的平均温度几乎都在零摄氏度以下，有较长时间的冰雪天气，从气候和天气来说比较适宜开发冰雪旅游项目。另外，在开发冰雪旅游项目时应该选择交通便利的地区，方便人们的出行和游玩，并且要选择有坡度的地方，风不能太大，气温不要太低。可以说，我国最适合开发冰雪旅游项目的地区就是东北地区。

2. 季节性

在进行冰雪资源开发时除了要选择合适的地区，还要考虑该地区的气候条件是否合适。从全球来看，中高纬度的地区冬季气候特征比较明显，并且持续时间长，但并不是全年都适合开发冰雪旅游项目，只有在每年的1月、2月、11月、12月比较适合，这就带来了冰雪旅游项目开发的局限性。随着现代科学技术的发展，对气候这一要求逐渐放宽，目前我国南方一些地区也在推广冰雪运动，主要是在室内进行。

3. 观赏性

旅游者喜爱冰雪旅游不仅因为可以参与各项活动，还有很重要的一点是可以感受各类冰雪景观，体验冰雪之美，主要的冰雪景观有冰雪自然景观、人文景观以及艺术景观。在冰雪旅游中，还有众多冰雪体育演出和冰雪竞技比赛,可以使旅游者感受到冰雪文化的丰富内涵。

4.参与性和体验性

旅游者进入冰天雪地的世界,参观各类冰雪景观是其中一项不可或缺的活动,另外,旅游者更希望能够触摸大自然,感受大自然的风光,通过冰雪运动将自己与自然融合在一起;在旅游的时候感受千里冰封、万里雪飘的风光,感受冰雪世界带给人的乐趣,参与冰雪运动感受其中的刺激,综合性的内容是冰雪旅游的一大特色所在。

5.健身性和休闲性

开发冰雪旅游的商家都非常重视推进冰雪体育项目。对于旅游者来说,他们大部分都是长期在城市生活,承受工作带来的压力,选择冰雪旅游会给身心带来极大程度的释放,另外,观赏自然风光、感受大自然的气息有利于旅游者放松身心,使身体机能更加强健。

(二)冰雪旅游的产品类型

市场上有丰富的冰雪旅游产品,主要类别及产品内容如表1-1所示。

表1-1　冰雪旅游产品类别及活动内容

类型	产品细分	活动内容
观光类	冰雪人文景观产品	冰雕展、冰灯展、雪雕展等
	冰雪自然景观产品	冰瀑、冰挂、雪地雾凇等
运动休闲类	冰上运动	滑冰、冬泳、冰钓等
	雪上运动	滑雪、雪地足球等
赛事类	专业赛事类	滑雪比赛、滑冰比赛、冰球比赛、冰壶比赛等
	趣味赛事类	雪橇大赛、雪雕比赛、冰上拔河等
娱乐类	冰雪游乐园	滑雪场、冰球场、雪地摩托车场等
	依附于景区的冰雪娱乐项目	冰帆、雪地卡丁车、雪地马车、滑雪体感机等
节庆类	冰雪旅游节、冰雪艺术节、冰雕艺术节、雪雕艺术博览会、冰灯节、雾凇节、滑雪节、冰钓节等	
演艺类	冰雪文艺演出、冰上舞蹈、冰上体操、冰上模特秀、冰雪驯兽等	
其他休闲类	冬季采摘、冬捕、雪地温泉、冰雪博物馆、冰雪高尔夫等	

3

二　旅游资源和冰雪旅游资源的概念解析

对旅游资源进行定义主要是依据旅游资源的种类以及对旅游资源的评价，目前，对旅游资源并没有严格意义上的定义，学术界对旅游资源也有着不尽相同的看法。因此，不同定义对旅游资源也会进行不同程度的解析。

从广泛意义上来说，国外学者认为旅游资源就是吸引物，就是能够吸引旅游者参与的资源，当然，也有人认为旅游这一整体构成了旅游资源。在国内，各个学者对旅游资源有不一样的定义，比如，吴必虎认为只要能够进行开发并且具有开发为旅游产品潜力的就是旅游资源，不管这一资源存在的状态如何；保继刚认为旅游资源就是文化遗产，它能够吸引旅游者，或者是人为制造的可用于旅游的物质。2003 年，国家旅游局颁布实施的《旅游资源分类、调查与评价》中说明，旅游资源是可以被开发和利用的对旅游者有足够吸引力的，同时能够产生经济效益、社会效益和环境效益的资源。从上述表述可知，旅游资源的定义虽然不尽相同，但是旅游资源是一个很宽泛的概念，不管是何种物质，只要具有被开发为旅游产品的潜力都可以被视为旅游资源。

从真正意义上来说，旅游资源会将旅游者和旅游事业联系在一起，不管是国内学者还是国外学者都非常重视对旅游资源的研究，并深入分析旅游资源的价值。重视旅游资源开发的研究，可以了解进行旅游资源开发的意义，并且随着旅游的发展，旅游资源将是旅游产品中非常重要的内容。所以，探究旅游资源的实际意义更有利于进行旅游资源的开发。另外，对于旅游资源的狭义定义还可以进行深入扩展，如果一项资源不能进行开发或者不能吸引旅游者，那么它将不能作为旅游资源。由于技术的限制，一些潜在旅游资源目前还不能完全被开发出来，比如深海旅游，还有一些风险比较大的，比如极地穿越，现在只有小部分人可以体验，这些资源还不能成为真正的旅游项目。

本书对于冰雪旅游资源的定义是通过参考各种资料总结出来的，即冰雪旅游资源是旅游业能够对冰雪资源进行开发并且该资源对旅游者具有吸引力，能够为冰雪旅游业带来经济效益、社会效益和环境效益的资源。从其他的角度来说，冰雪旅游资源可以让旅游者看到丰富的自然景观、人文景观，并且可以参与各项冰雪体育活动，同时能够享受到商家提供的人员服务和基础设施服务，这是对冰雪旅游资源的广义定义。从狭义上来说，冰雪旅游资源就是对产品进行开发，然后所开发的产品能够吸引顾客，即在一定条件下，把吸引力和旅游产品画等号，不仅实现了产品的最终价值，还能满足市场的需求。通过以上论述可以知道，如果想实现冰雪旅游资源的真正价值，旅游产品必须具有吸引力，要真正能够吸引旅游者参与到活动中去。

从以上对旅游资源的相关界定可以得知冰雪旅游资源是进行冰雪旅游活动的重要内容，另外，对资源的合理利用还要和基础设施建设相匹配，使旅游者能够享受到完美配套的服务，并且感受到美好的冰雪自然风光。

（一）冰雪旅游资源的特点

1. 地域性

冰雪旅游资源的开发对地理位置的要求是非常高的，只有适合的温度、气候和地形才能促进旅游资源的开发，所以，地域性是冰雪旅游首先要考虑的条件。

2. 季节性

冰雪旅游资源是由冰资源和雪资源组合而成的，所以，一般情况下，冬季是冰雪旅游的旺季，因此，季节性是冰雪旅游资源的一大特征。

3. 综合性

冰雪旅游是具有丰富内容的旅游，包括观赏、滑冰滑雪、游览等形式，所以，冰雪旅游无论是在开发之前还是已经开发完成都应该具有丰富的内容形式，并且要积极开发新的项目，供旅游者参与游玩。

4. 可开发性

随着科学技术的发展和进步，更多的旅游资源都在被陆续开发，冰雪旅游作为一种特殊的旅游形式，人们更是进行了不同程度的开发，这些旅游资源的开发给旅游者带来了更多美好的体验和丰富的感受。

5. 静态与动态的结合，观赏性和参与性兼备

（二）冰雪旅游资源的分类

从内容上来说，冰雪旅游资源主要包括以下两个方面。

1. 自然旅游资源

构成冰雪旅游的资源主要有积雪、冰层，这些资源都是在气候、地形等自然因素下形成的自然资源，另外还有一些观赏性的资源，比如雪原、林海等，旅游者在参与活动时还能够观赏自然风光。

2. 人文旅游资源

人文旅游资源在一定程度上是自然资源的延伸，同时涵盖该地区本身就有的特色或者民俗文化与艺术等内容，将冰雪旅游人文资源组成的项目内容巧妙地和民俗文化融合在一起，可开发各种形式的娱乐活动或者运动项目，比较有名的有赏冰灯等。

总体上来说，冰雪旅游的内容可以概括为两大类，一类是景观观赏，另一类是体育娱乐活动。景观观赏主要是针对自然景观，包括雪乡、挂树等，当然，也有人文景观，比如冰雕、冰灯等，这些都可以让旅游者感受到丰富多彩的自然风光，而体育娱乐活动主要是进行冰雪运动，比如乘冰帆、冰球运动、滑冰以及滑雪等。

另外，利用冰雪旅游资源还可以带来其他的经济效益，冰雪旅游地区游客众多，在这里可以举办博览会或者交易会，这样就会带动其他产业的发展，给地区经济带来更多的发展机会。

旅游资源涵盖的内容较多，一般来说，单一的分类或者将不同类型的资源组合在一起进行分类也不能描述所有的自然资源。并且，目前对旅游资源的分类并不明确，即便能够对旅游资源进行精细的分类，但是其中也会存在类别交叉的现象。因此，如果想要更好地开发冰雪旅游资源就要从更广阔的层面进行分类，这样才能发挥旅游资源的最大价值，随着旅游业不断发展，自然资源和人文资源不再成为旅游资源的唯一来源，而是以更丰富的内涵融入旅游中。美国地区规划专家弗里德曼出版的《地区发展政策》一书，对核心—边缘的理论进行了主要论述，并且参考了多个理论，这些理论都是关于地区间经济增长和相互传递的论述，书中写到，一个国

家的构成部分有城市以及周围边缘地区，而城市就是一个国家的核心地区。另外，书中还介绍到一个国家是一个庞大的系统，但是最初国家并不是集中的而是分散的，国家由分散走向集中经历了一定的过程，所以说核心—边缘理论就相当于一个模型，这个模型可以为地区旅游规划以及旅游资源开发提供指导和参考。CSSR 冰雪旅游资源也有了明确的分类标准，其中 CSSR 每一个字母都有自己的含义，C 表示能够吸引旅游者并且满足旅游者所有需求的核心资源，这一资源要素的主要特点是冰雪资源品级较高，并且内容丰富、色彩鲜明。第一个 S 是指能够直接供应冰雪旅游地区的资源，比如为冰雪旅游提供多种形式的内容，对冰雪旅游的重新塑造，并让旅游者感受到综合的服务内容。第二个 S 是指在冰雪旅游地区的其他构成资源，能够从侧面对冰雪旅游地区提供支持和保障。冰雪旅游地区所处的位置决定了周围交通的便利性，并且把核心资源作为重点要素，让旅游者获得丰富的体验，同时引导旅游者去感受冰雪文化的丰富内涵，实现设计冰雪旅游地区的真正意义。R 代表对冰雪旅游地区资源的储备性，这些资源可以直接被旅游地区开发，作为旅游产品发挥价值，但是也会出现例外的情况。比如，如果储备性资源的可替代资源繁多，并且已经被先开发为旅游产品，那么这些储备性资源则难以发挥其真正的价值。但是，也正是因为储备性资源的存在，使得冰雪旅游地区存在的资源更加丰厚，这些资源无形中为旅游地区提供了支持和保障，在合适的时机下，如果冰雪旅游地区考虑扩大规划，那么这些资源将发挥作用。

第二节　体育产业集群与东北冰雪体育产业集群

一　体育产业集群

（一）体育产业集群的概念

产业集群理论是 20 世纪 80 年代出现的一种理论，是由美国哈佛商学院的竞争战略和国际竞争领域研究权威学者迈克尔·波特创立的。其含义是：在一个特定地区的一个特别领域，集聚着一组相互关联的公司、供应商、关联产业和专门化的协会，通过这种地区集聚形成有效的市场竞争，构建出专业化的生产要素优化集聚洼地，使企业共享地区公共设施、市场环境和外部经济，降低信息交流成本和物流成本，形成地区集聚效应、规模效应、外部效应和地区竞争力。David Shilbury 教授基于波特产业集群成果，对体育产业进行了分析。其中提到体育产业集群是经济组织相关联的生产网络结构，这些体育产业集群包含了很多体育企业，包括运动产品的生产商或批发商，还有运动基础设施建设的建造商等，依据产业集群的概念，可以对体育产业和产业集群进行详细区分和论述，并且参考刘蔚博士对文化产业集群概念的论述，本书认为体育产业集群就是能够大量生产体育产品或者相关产品的企业、政府或者行业协会等，共同承担市场中的风险，并且享受共同的基础设施和劳动力服务，然后在一定地区内形成的生产集群。

（二）体育产业集群的特征

Sara Nordin 对产业集群相关概念进行了界定，并且综合了相关地区的研究成果，认为产业集群主要特征如下：①具有一定的产业规模，产业种类的丰富性促使形成连续的产业链；②地理位置比较集中，因此也会产生良性竞争或者合作，从而加强相互之间的交流与协作；③观念的一致性，目标的一致性，能够在市场中共同生存；④有政府支持，吸引外资加大资本投入，人员流动性强；⑤既有竞争又有合作，二者之间不矛盾，并且有利于企业加大对创新的投入力度，以增强自身的实力；⑥相对而言大企业具有较强的实力，并且能够较好地和教育、培训和研究机构相互配合，使企业本身更具有实力。李国岳曾对都市集聚现象提出自己的见解，他认为体育服务业之所以会出现集聚的情况，是因为对区位选择的重视，体育服务业需要和研究中心或者高校相互配合，借此吸引更多的专业性人才为企业服务，进而产生与体育服务业相关的市场，并在市场中占有一定位置。席玉宝等对体育用品产业集群也发表了自己的看法，并且总结了相关的特征：①生产布局专业化；②产品生产集约化；③生产协作社会化。通过对以上学者关于产业集群的论述进行分析，并参考其他一些学者的理论，本书总结出有关体育产业集群的以下几点特征。

1. 产业规模化和产业链的连续性

产业规模化也就是产业形成了较大的规模，产业链的连续性是形成了较长的产业链并且整条产业链是连续的，因此也就构成了产业集群形成的条件，只有产业具有规模化和较长的产业链才能在专业化生产上更进一步。对生产进行合理的分工，实现连续的生产和供应，而这种分工又会促进产业的规模化和集中化，大量企业的集聚使一定地区内的市场形成，并且企业之间相互竞争、产业的集聚和竞争使得政府和其他机构支持产业的发展，并且不断进行创新，增强企业的竞争优势。体育产业集群事实上是因为最初需要一定的资金，所以各个企业之间在一定地区集聚，扩大产业的规模，吸引其他投资者投资，从而使产业链更加具有连续性，产业规模的扩大也会吸引政府和相关机构的支持，所以，可以得知产业集群可以促进产业发展，产业集群规模的大小可以通过一定方法计算，比如空间基尼系数或者区位商法，另外产业链条也可以通过产业调查法计算得到。

2. 具有一定创新能力并且不断加强创新

创新是一个企业获得成功发展的重要因素，并且创新可以支持产业集群的发展，促进产业规模化的形成。所以，就体育产业而言，体育产业的集聚也是在创新的驱动下形成具有一定规模的产业集群。体育产业集群最初一般并不具有很大的规模，随着时间的推移、企业的发展，产业集群规模不断扩大，最初的产业集群是企业在一定地区集中，但是企业之间独立生存，没有竞争，可以说最初的集群并不是真正意义上的产业集群，因为它不具有产业集群的特征，企业之间不进行交流和协作，创新能力也比较低，而真正的体育产业集群是企业之间相互联系，创新推动产业集群的形成，而集群又能够促使企业加强创新、企业之间实现信息的交流与共享并且在市场内相互竞争，企业为了增强自己的竞争优势不断加大对创新的投入，从而提高整个产业集群的创新能力。这也是产业集群发展的必然结果，如果企业不具有一定的创新能力，那么也不会形成真正的集群，即使形成也会逐渐走向分散。

3. 体育产业集群繁多，各个集群具有独有的特征

体育产业集群的分类很复杂，集群产品也是各式各样，其中不但有很

多实体产品，也有很多无形产品。我国经济在不断增长，人们对物质的需求也在不断提高，其中产品的质量是人们关注的重要内容。各种集群又具有自己独特的特色，比如体育用品制造业在集群中发展比较成熟，企业相对来说具有较强的稳定性，而体育竞赛表演业的集群没有表现出地理位置的相对集中性，但是，体育竞赛表演业和其他产业关联性比较强，地理位置集中并不是集群必备的特征，因为体育竞赛表演业在举办表演活动时需要赞助商的支持，所以即使赞助商和产业不在一个地区内，也可以实现对体育竞赛表演业的资金支持，体育竞赛表演业可以为赞助商带来一定的经济效益，从而使集群内部效应和外部支持相互配合。另外，体育产业有时也会由政府主导，在政府的引领下体育产业发展势头较强，便于形成合理化的规模，能够带来较好的集群效应。

4. 与城市有较强的关联性

体育用品制造业一般都是在小城镇集聚，很少出现在大城市，所以和其他体育产业相比在形成原因上还是比较特别的，而其他体育产业集聚都表现出对大城市的依赖性，这也代表了服务业独特的属性。服务业本身就和制造业不同，制造业需要的是用大量廉价的劳动力来维持企业的生产经营，而服务业是面向更高层次的企业，虽然两种属性的产业没有高低之分，但它们的自身属性决定了是在城市形成集群还是在小城镇形成集群。马克思说过，城市本身就是集聚的结果，包括人口的集聚、资本的集聚，所以这也成就了服务业的发展和提升，可以看出，服务业大都集中在城市，而制造业一般则是远离城市，因为二者所要满足的对象的需求不同。服务业在城市的聚集程度一般是由城市的大小决定的，城市的规模较大，服务业的规模也就比较大；相反，城市的规模比较小，服务业的规模也就比较小，而体育产业中所提供的服务，是因为体育产业的集中，体育服务业作为体育产业的重点内容受体育产业的影响很大。体育产业集群是建立在城市基础之上的，如果没有城市，体育产业也不会出现集聚现象。

（三）体育产业集群的分类

当前，关于体育产业集群的分类有很多，分类标准也有很多，事实上，无论从哪一个方向对体育产业集群进行分类，只要分类的标准具有内在逻辑的科学性，并且分类之后能够指导实践就会被认可，具体来说就是概念和分类之间存在必然联系，另外，进行分类之后具有可实践性，能够对体育产业的实践提供帮助。在上述情况下，本书对体育产业进行分类主要从两个方面来表述，首先，根据体育产业生产的产品进行分类，可以将体育产品分为有形产品和无形产品，有形产品主要是体育产业提供的物质产品，无形产品主要是指提供的服务；其次，从产业集群来说，可以从主导对象的角度出发对体育产业进行分类，有些体育产业是由政府主导的，有些产业是由企业自身主导的。

1. 体育服务业集群

服务业在 20 世纪 60 年代获得了快速的发展。服务业的发展为国家或地区的发展带来机会，带动了地区或者国家的发展。随着现代社会的发展、科技的进步，服务业也发生了飞跃，从传统的服务业发展成为现代服务业，依托信息技术和知识为人类提供更好的服务，并且通过高新技术不断进行创新，改变原有的发展方式，从而吸引顾客进行消费，也带动服务行业向更高层次、更广领域发展。

随着人类社会的进步、城市的不断扩展和延伸，世界上服务业的集群也越来越多，并且集群的种类繁多，比较典型的有日本东京的金融业集群、美国加利福尼亚州的娱乐业集群等。服务业的集群为地区赢来了更多的发展机会，同时也让服务业之间的竞争更加激烈，以金融业产业集群为例，如果一个地区的金融产业具有很大的优势，那么金融产业就能为地区带来很多的租金，让地区经济获得更大发展。从体育服务业来说，社会的发展必然带来体育服务业的集群，体育服务业的集群也为体育产业的发展带来更多的机会。世界上比较著名的体育服务业集群有很多，比如美国的"世界篮球之都"，主要是因为印第安纳的篮球赛事在全世界都很有名。还有亚特兰大市生产的体育设备在世界上处于领先地位，所以亚特兰大被称为"世界体育中心城市"。同时体育产业的发展也会带动其他相关产业的发展。

体育服务业集群是以体育产业为前提的，只有体育产业在城市形成集群才能带动体育服务业的发展。体育服务业也存在许多种类，并且相对应的企业也多种多样，包括健康娱乐业，还有体育用品销售业等，体育服务业集群并不是单一的，也不是一成不变的，生产同种产品的企业会在城市内发生集聚，生产不同种类产品的企业也会在城市内发生集聚，并且随着体育服务业的发展，还会有更多的种类出现，与现有的体育产业融合，推动同地区的体育服务业相互竞争，以此获得更大的发展。

2. 体育健身娱乐业集群

体育健身娱乐业主要是为顾客群体提供娱乐服务，让人们在强身健体的同时能够享受娱乐的效果，体育健身娱乐业是带动体育产业发展的主要内容，它和体育产业之间有很深的联系，并且对相关产业的带动性非常强，可以带动一个地区很多产业的发展，推动地区经济的进步，使更多的企业在地区集聚，同时使企业和体育健身娱乐业形成一定的网络结构。这样的网络把和体育相关的产业联系在一起，各个产业之间相互交流，包括健身娱乐业、服务业等。体育健身娱乐业的发展依赖于体育产业，许多大型体育场馆都有较完善的功能以及各方面的服务设施，这些都能给健身娱乐业带来较好的发展机遇。所以，大型体育场馆的建设也是非常必要的，大型体育场馆，一方面可以带动体育健身娱乐业的发展，另一方面也可以带动其他相关产业的发展，使体育健身娱乐业成为体育产业中快速发展的产业。一个产业的快速发展可以促进其他产业的协同发展，这些产业之间相互联系，形成整体，共同进步，从而带动整个地区经济的发展。另外，体育健身娱乐业的发展也会使地区经济发展更加稳定平衡，比如我国的北京工人体育馆就是非常典型的例子，工人体育馆会举办各类活动，其中包括体育赛事还有文艺演出等，每年工人体育馆内举行的足球赛事有很多，同时，除了体育赛事，还会有歌星举办的演唱会以及各种演出等。工人体育馆还有大量的健身设施，为人们提供健身服务，满足人们的健身需求。在工人体育馆中不管是场地、器械还是其他设施都得到了充分的利用，工人体育馆附近还有许多商家，包括体育用品商店、俱乐部、酒店等，从一定程度上说工人体育馆是一个综合性体育馆，不仅具有较大的规模，还能为地区发展带来很大的经济效益，同时带给人们不同的感受与体验。工人体育馆是一个依靠文化获取经济效益的场所，这里是文化创意产业的聚集地，不仅能够带来巨大的经济效益，还能带来巨大的社会效益。

体育健身娱乐业集群的逻辑范围如图 1-1 所示。从图中我们可以看出，在一定地区范围内，体育健身企业和体育健身娱乐业相关联，首先它们会出现一定程度上的集聚，带动体育服务业的发展，其中包括体育用品销售业或体育中介服务业等。其次体育产业的发展会吸引很大的人流量在该地区集聚，包括餐饮、酒店、商品零售业等。另外，政府也非常重视体育产业的发展，所以既能够产生经济效益又可以借助文化树立品牌形象的体育健身娱乐业也就应运而生了。最后，图 1-1 所涉及的体育健身娱乐业项目和产业种类并不具有普遍的代表性，随着社会的发展和科技的进步，产业集群也会发生变化。

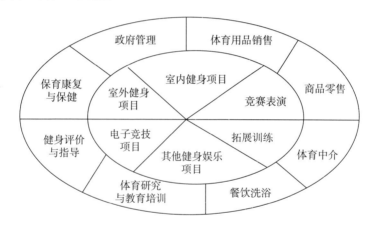

图 1-1 体育健身娱乐业集群的逻辑范围

3. 体育竞赛表演业集群

和世界上许多发达国家相比，我国的体育竞赛表演业还存在一定差距，但是体育竞赛表演业所能带来的经济效益不是任何一个行业可以小觑的。David Shilbury 教授认为在发达国家体育竞赛表演业已经形成了集群的模式，体育竞赛表演业有着自身的特点，他认为虽然体育竞赛表演业形成了集群的模式，但是不能从地理地区的集聚来概括，因为有另外一个学者波特认为集群除了在一定地区，还可以向外扩展，甚至国家之间也可以形成产业集群，尤其是在当前发展形势下，全球化的不断深入更是推动了服务业的快速发展，科学技术的进步和交通设施的完善为服务业向更多地区扩散提供了机会，所以 David Shilbury 认为，举办体育竞赛时相关的生产主体可以来自不同的城市，这样体育竞赛表演业形成了另外一种形式的集聚，并且形成了巨大的体育服务生产网络，同时可以产生一定的经济效益，也为体育竞赛表演业集群发展打下了基础。他具体以澳大利亚职业足球联赛（AFL）为例来解释了体育竞赛表演业集群的构成。以下介绍 David Shilbury 教授对体育竞赛表演业集群的理解，以供读者参考。

澳大利亚职业足球联赛，简称 AFL，每年能产生 2 亿多澳元的收益。澳大利亚职业足球联赛的收入来源包括很多方面，其中有门票、会费、赞助费等，和 AFL 合作的组织之间几乎都会存在经济联系，或者说是利益关系，其中一些主体机构与 AFL 的关联性比较强，比如一些电视台、广播电台或者报纸会购买 AFL 的转播权，在转播的同时帮助 AFL 进行品牌宣传，AFL 的发展和进步也会促进电视台或者广播电台的不断发展，两者之间相互连接在一起，成为利益相关的共同体，并且为整个集群的发展提供基础；另外还有一些体育用品生产商和 AFL 存在直接的经济关系，它们可以说是体育产业集群形成的补充机构，能够推动集群的发展和进步；在和 AFL 具有合作关系的组织中，并不是所有的组织都和 AFL 存在较强的关联性，比如当地政府、建筑商等，虽然关联性比较小，但是这些组织的存在为集群的发展提供了必要保障。David Shilbury 还提到，以上机构或组织都会不同程度地出现在集群中，其中还存在许多机构，随着社会的发展和产业的进步，集群中还会出现其他的机构，这些机构都为集群提供了前进的动力。AFL 集群的构成如图 1-2 所示。

根据以上 David Shilbury 对 AFL 集群构成的分析，我们可以得知体育产业集群不再仅仅是传统意义上的集群，许多发达国家会出现体育职业联赛和相关产业组成的集群，这也被称为体育产业集群，这种集聚的方式一方面推动了体育产业的发展，另一方面也提高了体育竞赛表演业的知名度，其中比较典型的例子有英国职业足球联赛以及美国的职业篮球联赛（NBA）。

4. 体育旅游产业集群

体育旅游产业集群也是一种产业组织形式，它表现为和体育相关的具

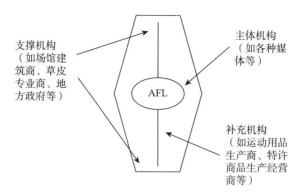

支撑机构
（如场馆建
筑商、草皮
专业商、地
方政府等）

主体机构
（如各种媒
体等）

AFL

补充机构
（如运动用品
生产商、特许
商品生产经营
商等）

图 1 - 2　AFL 集群组成机构

有吸引力的旅游企业或者相关部门在一定地区或空间的集聚，各个企业之间相互联系、共同进步，实现企业发展的最终目标，提高企业自身的竞争力。体育旅游产业形成的集群和体育息息相关，同时又具有强大的吸引力，形成了体育旅游核心行业、体育旅游相关行业以及相关机构，各个行业或机构之间存在必然联系。体育旅游核心行业是指在旅游事业中负有服务责任，为旅游者提供便利的行业，其中包括住宿、餐饮或者旅游用品销售业；体育旅游相关行业是和体育旅游相关联的一些行业的总称，包括供应本地设施、运动装备的行业，对装备和设施进行维护的行业，还包括其他宣传公司、咨询媒体以及清洁公司和绿化公司等。支撑和服务机构是对体育旅游产业起支撑和保障作用的部门，其中包括交通、金融、保险、通信以及政府管理部门。体育旅游产业集群的结构如图 1 - 3 所示。

在国外，冰雪和登山是发展比较好的体育旅游产业集群项目，例如在瑞士和瑞典等国家，具有丰富的天然体育资源，非常适合发展冰雪和登山等体育项目，同时这些项目为国家或者地区带来了较大的经济效益，比如，瑞士有比较著名的冰雪旅游度假区，每年冬季有大量国内外旅游者到瑞士游玩，其中瑞士旅游收入的 60% 都来自瑞士西北部，因此，此地形成了非常著名的体育旅游产业集群。Sara Nordin 对它进行了比较深入的案例研究，通过 Sara Nordin 的研究成果，我们可以了解体育旅游产业集群的多个方面。

5. 体育用品销售业集群

体育产业的发展必然会带动体育用品销售业的发展，进而产生体育用

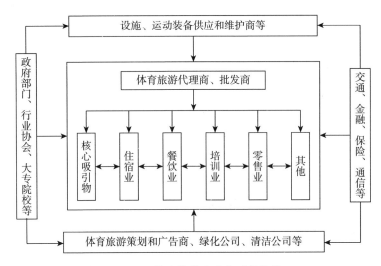

图 1 - 3 体育旅游产业集群的结构

品销售业集群。无论社会发展到哪一个阶段，也不管这个国家是发达还是落后，企业出现商业上的集聚是一种必然现象。近年来，随着科技的发展和进步，生产力也在不断提高，人们的生活和消费方式也发生了改变，商业集聚的步伐也在加快。蒋三庚提到商业集聚是一个普遍现象，当商业出现集聚时会有大规模的商业活动和服务集中在一个地区，并且该地区的经济、建筑业、广告业也会迅速发展，地区的商业向规模化和专业化发展。商业的集聚不仅会促进相关产业的发展，当商业集聚形成专业化规模时，当地人们的思想和观念也会发生改变，促进人们消费的增长，从而推动消费结构的改变，消费的增长会进一步促进商业的发展。各个商业企业集聚，利用集中的力量宣传企业的品牌，这在一定程度上可以降低企业的广告投入成本，同时集中的广告宣传提升了企业品牌的影响力，企业的广告效应增强，客流量增大，整体信誉也随之提高。

随着经济水平的不断增长，人们的消费观念也发生变化，尤其是随着人们对健康的重视程度增加，体育用品销售业也出现大量集聚现象。体育用品销售业在空间上的集聚使各个企业之间联系加强，逐渐地在该地区内形成密度较大的商业网点。比如，北京比较著名的体育用品商店在北京体育馆西路，这也是非常著名的北京体育用品一条街，具体位置在天坛路的东南方向，体育馆门口有一个很具代表性的标志——三个运动员雕像，

2008年奥运会使北京的体育用品一条街更加繁荣，体育用品一条街的规模也在不断扩大，现在体育用品一条街已经扩大到整个体育馆路。体育用品一条街体育用品种类齐全，无论是体育训练器材还是体育用具，其中包括各类体育书籍、体育杂志，也包括各类体育运动服，消费者在这里可以体验到全面的服务，同时满足自己对体育用品的各类需求。根据有关调查，在这里集聚的体育用品商业企业有100多家，体育用品业的发展同时也带动了其他行业的发展，包括服装、餐饮，还有医院、银行等。这里还有一些国家机构集聚，比如国家体育总局、中国篮球协会、国家体育总局训练局等。商业企业和国家机构的集聚推动了地区经济的大力发展，同时也让地区的品牌影响力更大，带动了体育用品销售业的发展。

现在很多大城市都出现了体育用品销售业集聚的现象，这也是由地区经济的发展和人们生活水平的提高所带来的，比如在沈阳体育公园、哈尔滨大成街集聚了很多体育用品商业企业，这些商业企业提供服装、鞋帽和各种体育用品器材，这里销售的产品层次不同，也包含不同种类的品牌，不仅能满足消费者对体育用品的需求，还能满足消费者对品牌的需要，它们都成为当地非常出名的体育用品商业地区。

二　东北地区冰雪体育产业集群解析

（一）概念界定

最初的产业集群是指在一定地区内有很多相关的企业聚集在一起，还包括一些供应商和协会，在这种情况下出现的集聚有利于使生产更加专业化，同时加速地区内的市场竞争，众多企业在地区内可以共同使用基础设施，加强和其他企业的交流，从而增强企业内部的实力，形成地区集聚，增强地区的竞争力，也增强了地区内的集聚效应。产业集群事实上就是产业在地区内集中，各个企业之间相互竞争、相互合作，借此增强企业的实力，可以说产业集群有利于企业产业结构的调整，同时优化企业内部结构，树立企业的品牌形象。

冰雪体育旅游是体育旅游的重点内容，是指在有冰有雪的条件下进行的各种娱乐、旅游活动。冰雪旅游业通过利用冰雪资源开展各种娱乐、游玩或者竞赛活动，并且进行冰雪文化交流，冰雪旅游业实际上就是将冰雪场、冰雪旅游企业以及各个组织进行整合，其中冰雪体育是冰雪旅游不可或缺的组成部分，当游客参加冰雪旅游活动时，可以体验到各种丰富刺激的旅游产品，在旅游互动中通过游客的亲身参与和体验，在一个目的地停留较长时间，体验该地的旅游资源和服务，获得身心的放松，这就是旅游的意义所在。而冰雪体育旅游同时还可以使游客锻炼身体，所以它更是一种健康的旅游方式。冰雪体育旅游的分类包括休闲型、民俗型、探险型以及赛事型等。冰雪体育是体育产业的有机组成部分，加上与旅游的结合，可以大大推动旅游业的发展。冰雪体育旅游在当代是一种新的旅游模式，它将体育和旅游结合，是冬季旅游的一大特色，成为推动东北地区以及国内旅游业发展的重要力量。

（二）冰雪体育产业集群的相关理论

1. 冰雪体育产业集群的内涵

国内对旅游产业集群的研究并不成熟，所以我国对冰雪体育产业集群的定义还没有统一，但是从产业集群理论可以知道，旅游产业集群就是提供旅游活动的组织，并为旅游者提供相关旅游服务，这样可以使旅游地区更具有知名度。旅游产业集群从构成上来说一定要包括两个方面，一方面是各个企业在一定地区内集聚，另一方面就是各个企业之间在地区内相互联系、竞争。旅游产业集群是旅游产业集聚的必然结果。

我国的冰雪体育产业发展时间不长，所以在集聚效果上并不十分明显。在我国，冰雪体育产业发展最好的地区是东北地区，这里有先天的气候和地理优势，有完善的基础设施，冰雪旅游产业集群的形成较快，已经初具规模。

体育产业集群和旅游产业集群构成了冰雪体育产业集群，冰雪体育产业集群实际上就是在一定地区内利用冰雪旅游资源，同时借助冰雪旅游企业这一主体，各个主体之间相互联系与竞争，从而形成完备的冰雪旅游服务体系。各个冰雪体育企业之间相互联系、相互协作，创新冰雪旅游的形式，树立良好的企业形象，提高冰雪旅游企业的竞争实力，推动地区旅游业的发展。

2. 冰雪体育产业集群的形成机理与形成条件

对于产业集群来说，它的构成理论有三个方面，其中包括交易成本、规模报酬理论以及外部经济理论。

冰雪体育产业集群是旅游产业集群的组成部分，但是并不完全与之相同，冰雪体育产业集群有着自身的优势和独特性，同时它的形成也具有自身的特点。冰雪体育产业集群以冰雪体育资源作为依托，各个冰雪体育企业在地区内相互联系，并且构成一个有机整体为地区提供科学的冰雪体育服务。但是，从目前来看，我国很多冰雪体育企业还缺乏一些驱动因素，比如创新能力。冰雪体育产业集群的形成需要特定的外部条件和内部条件，需要有丰富的冰雪资源以及政府政策的支持，另外冰雪体育企业应该不断增强自身实力，使产业更加多样化。

（三）冰雪体育产业结构的相关理论

产业结构是指各个产业之间或者各个行业之间形成的联系，从一定程度上可以体现国家的产业之间的情况。产业结构是以产业之间的各种联系作为研究内容，虽然国内对冰雪旅游产业还没有相对完整的定义，但是对旅游产业结构已经有了统一的定义。旅游产业结构就是旅游部门以及其他相关部门之间的经济联系，其他部门包括餐饮、交通等部门，本书中对冰雪体育产业结构的论述主要是游客在进行冰雪旅游时，享受食、住、游、购、娱等服务，这些经济主体共同构成了冰雪旅游产业结构。冰雪旅游产业结构是冰雪体育相关的各个经济体系之间的联系，相关资源在冰雪旅游中得到良好配置。

（四）东北地区冰雪体育产业集群发展现状

冰雪体育产业是一种标志性的旅游产业，传统意义上旅游产业属于第三产业。冰雪体育产业集群可以分为三大区，包括核心区、辅助区以及外围区，冰雪体育产业集群核心区是指为冰雪旅游提供餐饮、住宿等服务，是冰雪体育产业集群中必不可少的；冰雪体育产业集群的辅助区是对设备进行维护或维修，提供冰雪营销策略和相关咨询服务等，辅助区在一定程度上支撑着核心区的发展；外围区不再是冰雪服务企业，但是它是为冰雪体育服务提供保障的机构，包括行业协会、科研机构、高等院校及交通部门等。在一个产业集群中，核心企业是实力较强的企业，具有丰富的人力、物力、财力资源，并且在一个产业集群中占有重要的位置，以瑞典的奥勒为例，奥勒的冰雪旅游在全世界都具有举足轻重的地位，每年接待游客高达二三百万人，这个冰雪企业的集群，以度假公司为中心，还有其他提供娱乐、游玩、住宿的经济实体。在我国的东北地区，冰雪体育产业集群已经形成了一定规模，主要集中在亚布力冰雪旅游度假区以及吉林长白山冰雪旅游度假区，但是东北地区的冰雪体育产业集群还不够成熟，比如各个企业之间交流不够紧密，缺乏一定的创新能力，并且企业之间的竞争逐渐演变成恶性竞争，一些在地区内缺乏实力的企业发展受限，从而阻碍了企业的发展，也不利于地区内集群的壮大。

在东北地区，发展较好的冰雪体育企业非常有利于形成产业集群，比如黑龙江的哈尔滨和牡丹江等地区，这些地区内冰雪企业发展较成熟；而以吉林的长春为中心，这里形成了较为成熟的冰雪旅游带，并且树立了良好的冰雪旅游品牌；再以辽宁的沈阳为例，沈阳的中部具有丰富的冰雪自然资源，可以构建冰雪旅游体系，形成较为科学的产业集群。冰雪旅游的发展与多个方面息息相关，城市的人力、物力等资源都可以推动冰雪旅游的发展，在这些方面东北一些地区有着先天的优势，同时冰雪旅游产业的发展也会促进东北地区老工业基地的振兴，促进东北地区经济的发展。

第三节　东北地区冰雪旅游产业的联动发展

随着经济的发展和人们生活水平的提高，人们的生活方式也变得丰富多彩，旅游已经成为人们生活的一部分，尤其是冬季的冰雪旅游日趋火爆。东北地区利用丰富的冰雪旅游资源可以带动地区产业的发展，改善经济发展状况。

一　东北地区冰雪旅游发展资源优势分析

（一）气候优势

东北地区属于大陆季风型气候。自南而北跨暖温带、中温带与寒温带，特别是北部冬季寒冷，降雪时间长，雪质松软厚实，山地坡度平缓，高度适中，具备建造冰雪场的气候和地理条件。该地区冬季温度较低，河流冰封时间长，所以在开展冰雪旅游方面具有独特的气候优势，这些气候优势也推动了东北地区冰雪旅游项目的开发。

（二）体育项目优势

东北地区的体育旅游项目类型丰富，不仅有竞赛竞技项目，而且还有很多种类的民族传统体育项目，竞赛竞技项目包括速度滑冰、花样滑冰、滑雪、雪地足球以及雪地高尔夫等，民族传统体育项目包括溜冰车、狗拉雪橇以及雪地冰地摩托等，这些项目既可以满足人们健身和娱乐的需求，同时也可以成为竞技比赛的热门项目。

（三）设施资源优势

东北地区的冰雪场地大都很全面，综合性较强，比如亚布力滑雪场、长白山滑雪场、棋盘山冰雪大世界、北大壶滑雪场等，这些地方的冰雪旅游项目种类繁多，既有冰上项目也有雪上项目，它们利用当地丰富的自然资源，将冰雪项目与健身结合，使人们在感受北国自然风光、享受旅游带来的快乐的同时，还能有锻炼身体的机会，因此每年都会吸引大量的游客来这里游玩。

（四）民族体育活动优势

东北地区分布着很多少数民族，比如黑龙江的北部、辽宁西部和南部、吉林东部，这些地区拥有浓厚的民族风情，同时蕴含着丰富的人文与自然景观，并且少数民族在长期的发展过程中形成了独具民族特色的冰雪体育项目，有满族的抽冰猴、锡伯族的撑冰车、鄂伦春族的冰雪民俗活动等，这些民族特色体育项目对游客形成了很大的吸引力，这些丰富的项目为地区旅游的开发提供了条件，大大促进了东北地区冰雪旅游的发展。

二　东北地区冰雪旅游联动开发的对策

东北地区蕴含着丰富的旅游资源，尤其是冰雪旅游资源，旅游的开发凸显了地区的优势，并且带动了相关产品、市场、服务的整体发展，各个地区之间相互竞争、相互合作，在市场中共同发展和进步。

（一）产品联动

体育旅游项目的发展离不开产品，在东北地区发展冰雪旅游项目，需要开发多种类型的产品，各个产品都要有自己的特色，这样既可以发挥地区的优势，又可以使不同产品获得大众认可，同时推动地区经济的进步。

东北地区的冰雪旅游发展有不同的路线，展现各个地区项目的特色，地区之间形成合作竞争的关系，并且形成有代表性的精品路线。各地可以利用优势开发与旅游相关的其他项目。游客在亚布力冰雪场地游玩时，体验各个项目之后可以到吉林观看雾凇，紧接着到大连去体验舒适的温泉，这样可以体验三个省的独特项目，而这三个省也充分发挥了自己的独特优势，提供各种不同的产品，形成具有特色的品牌效应，提高产品的市场竞争力，推动地区旅游项目的发展。

冰雪旅游中旅游产品是其中必不可少的，并且旅游产品具有较强的开发性，可以为旅游企业的发展带来无限可能，同时规避一些旅游活动所带来的弊端。当一种旅游产品和旅游活动形成联系之后，会大大推动旅游业的发展。

（二）市场联动

旅游业的发展深受市场的影响，如果旅游企业想获得长足发展，就要对市场需求进行准确定位，同时尽可能多地提供符合市场需求的产品和活动。

旅游业在市场中需要根据不同层次的需求，进行项目开发，为游客提供合适的旅游产品。当前，许多游客在参与冰雪体育活动时都比较喜欢专业性的冰雪运动，这一点与以前有较大的改变。因此，许多雪场为了满足不同客户的需求，特别设置了金卡用户服务，为游客提供教练与陪练服务。从一般的冰雪旅游来说，大多数游客更喜欢得到放松，针对这一类型的游客可以设置大众冰雪、冰雪游戏等，这样就可以满足不同层次的游客需求，既丰富了旅游活动的内涵，又使体育旅游得到了更快的发展，同时使游客获得美好体验。

另外冰雪旅游还需要针对游客的不同年龄来提供服务和产品，一般参加冰雪体育活动的人在 20 ~ 40 岁，小孩和老年人相对较少，所以旅游企业要着眼于这一年龄段的游客。但是为了不限制企业的发展方向，企业可以开发一些适合少儿游玩的冰雪体育项目，比如坐冰车、玩冰球等，针对老年人可以多开发一些观赏性的项目，比如参观雪雕、观看雾凇等，还可以泡温泉、玩雪、赏雪。通过这样的设计，冰雪旅游企业既可以提供有针对性的项目，又满足了不同客户群体的需求，可以使更多的人喜爱冰雪旅游，同时扩大市场份额，增强企业在市场中的竞争实力。

（三）产业联动

人们参与冰雪体育游玩活动时，大多数消费都用于吃、住以及门票中，像其他方面的比如交通花费相对较少，其中尤其是购物一般花费较少，因为大多数人选择冰雪旅游主要是体验刺激和娱乐，对于其他需求则相对较少，所以冰雪旅游企业的主要经济来源是出租装备、冰雪器材费用和住宿餐饮费用等，但是事实上像购物这样的消费也可以作为冰雪场地的经济收入，由于行业发展的限制，这一需求没有被完全激发出来，所以，冰雪旅游企业可以进行销售模式以及管理模式的创新，了解消费者的需求，制定更高的战略，增加企业经济收入，以此获得更加长远的发展。

（四）营销联动

营销联动是指在现有的市场发展状况下，最大限度地挖掘东北地区的冰雪旅游资源，使资源充分与市场需求结合，同时建立多种营销渠道，包括国内以及国际的营销渠道，使营销符合现代化经营模式。东北地区具有丰富的冰雪资源，具备开发冰雪旅游项目的条件，并且东北地区冬季节庆活动较多，这一点也可以作为吸引旅游者的一大特色。同时，适时结合"互联网＋"技术，加强对冰雪旅游项目的宣传，可以通过召开宣传会或者博览会，让旅游者更加了解冰雪旅游，吸引更多的人到东北地区参加冰雪旅游活动。加强宣传，提高知名度，形成适合企业发展的营销模式。

第二章　冰雪旅游产业与东北地区
经济的振兴

第一节　东北地区经济发展概况

一　东北三省经济发展历史背景

东北地区的工业化历史悠久，可以追溯到19世纪末至20世纪初。在新中国成立后，国民经济有了飞速的发展，东北地区的工业化进程不断加快，经济发展水平也达到一个新的高度。国家实施第一个五年计划期间，大约有1/3的重工业项目分布在东北地区，由于政策的支持，人才、资金、资源源源不断地涌入东北地区，所以东北地区慢慢地成为以重工业为核心的工业化基地。

东北老工业基地一直对整个国家经济的平稳健康发展发挥着重要的作用。特别是新中国成立以来，东北地区为国家提供了大量宝贵的资源，包括占全国总量一半的原油、大量的木材和煤炭资源，在工业方面，还为国家制造了不计其数的机械装备和国防军事器械。改革开放初期，东北老工业基地的经济发展水平名列前茅，处于优势地位，遥遥领先于其他各个省份。那个时期，东北老工业基地在经济发展和社会主义工业化进程中一直发挥模范作用，为我国的社会主义建设、工业化进程的快速发展起到了很大的推动作用。

进入20世纪80年代，我国的经济发展越来越好，对外开放水平也有了很大程度的提高，再加上社会主义市场经济体制改革的不断推进，在这一全新的社会发展大背景下，东北老工业基地逐渐丧失了它自身的优势，传统的以重工业为主的经济结构很难适应新形势下社会主义市场经济的需要，由于新时期科技和信息技术的发展，一些新生行业蓬勃发展，而东北老工业基地很难快速吸收接纳这些新生事物，所以它的发展逐渐滞后，遇到了瓶颈期，很难协调平衡发展。那么究竟是什么导致东北老工业基地的发展陷入困境呢？

第一，国有经济在整个经济结构中占主要地位，并且自身的发展已经开始缺乏活力。东北老工业基地一直以重工业为主体，所以国有企业在其中占据主要位置，而且大中型的企业占多数，一般都为资源能源密集型产业。新中国成立初期，国家集中发展生产，东北地区在改革开放以前是具有较大的政策和现实优势的，后来由于改革开放政策的实行，尤其是"六五"计划时期，国家的政策发生了重大变动，开始关注农业、重工业和轻工业的比重，力求协调三者之间的关系使其均衡发展。除此之外，国家还提出轻工业优先发展策略，政策也越来越由重工业向轻工业倾斜，这样一来，东北地区的经济由于以重工业为主，其经济发展开始进入停滞甚至倒退的阶段。伴随着社会主义改革开放不断深入，国有经济的比重开始不断降低，虽然依旧起主导作用，但优势已经没那么明显了，再加上社会主义市场经济体制的不断变革，东北老工业基地很难跟得上时代发展的步伐。长期以来，东北地区仍保持着以重工业为主的经济结构，体制上传统保守，缺乏改革和创新，自身的体制结构又十分固化僵硬，这对非公有制经济的发展具有不利的影响，使经济发展丧失了足够的动力。

第二，产业结构失衡，以传统产业为主。农业仍然以种植业为主，农民还是靠粮食收成谋生，而且还采取传统的小农经济的耕作方式，没有形成一条完整的产业链；工业方面仍以重工业为主，缺乏创新意识，不重视技术和生产方式的升级，产业较分散，规模较小，很难取得较高的经济效益；工业与农业发展脱节，工业的领先并没有为农业的发展起到任何推动作用，农业机械化程度偏低的局面一直存在。

第三，企业压力大、负债率高。在市场经济大背景下，东北老工业基地受到其他轻工业和非公有制经济的冲击，发展变得缓慢甚至趋于停滞倒退状态，这导致大量工人失去工作，企业效益不好，工人工资收入较低。

第四，民营经济市场化程度较低。东北老工业基地国有经济占主导地位，民营企业和中小型企业一直在夹缝中求生存，缺少广阔的发展空间。

第五，器械设备老化，技术落后，整体竞争能力下降。在"一五"计划期间，国家对东北地区重工业投入大量的资金，那时购进了大量的工业化设备。但改革开放之后，特别是市场经济体系创建后，政策发生变化，东北地区工业设备大都老化，年久失修，技术也比较落后，不及时引进新技术，根本不能适应新的市场和时代需求，所以东北老工业基地的发展面临着重重压力。

第六，城市可用资源衰竭，可持续发展能力较差。随着煤炭、森林、石油等资源的不断开采，资源总量不断减少，资源开采难度也越来越大；再加上产业结构落后，规模和方式都很难适应可持续发展的要求。

正是上述种种原因造成了东北老工业基地经济发展滞后问题。近年来，国家针对东北老工业基地的发展提出了一系列举措，以加快东北地区等老工业基地的发展步伐，促进其产业结构不断更新与升级，以适应社会发展需要。对东北老工业基地的改造是党中央推进全面建设小康社会的重大战略决策之一。对于东北老工业基地的改造是改善我国国民经济结构的必然要求。东北老工业基地改造是走新型工业化道路的必然要求。老工业基地以前以传统工业为基础，过度依赖重工业，所以它具有耗能高产出低、产量高效益低的明显特点，如果想改造这种高投入低回报的生产模式，就必须加大政策、资金的支撑力度，对生产技术、设备进行换代升级，不断优化产业结构，引进高科技尖端技术及科学的生产方式，提高企业的生产效率，优化企业结构，使其能够更好地融入市场，增强企业的整体实力，提高水平，走新型工业化道路。对于老工业基地自身来说，必须要转变传统落后的生产经营方式和理念，加上国家的政策和资金支持，不断对企业结构和生产方式进行变革。东北地区要把握好这来之不易的机会，勇敢地去面对之前的种种困境，要学会迎难而上，懂得吸收和借鉴高新技术手段，完成自身的重塑与升级，让老工业基地恢复往日的辉煌，不断为振兴东北地区经济作出努力，为整个社会经济的发展作出贡献。

二　实施旅游牵动战略，促进产业结构调整

要实现老工业基地的升级，使老工业基地恢复正常的经济生产，应该采取有效措施来不断地优化产业结构，使其更好地适应社会和市场的发展需要。在产业结构升级过程中，必须坚持在第一、二产业平稳发展的前提下，不断加快第三产业的发展进程。因为第三产业是一个新的经济增长点，它能有效地促进国民经济的发展。要想使第三产业获得快速发展，必须调整产业结构，为第三产业的发展创造良好的环境和有利的条件，不断提升第三产业的比重，使其更好地为国民经济发展服务。

目前，我国居民的生活水平不断提高，人们开始更加追求生活质量，虽然生活水平有了很大的提高，但现在的人们生活节奏快，生活压力很大，所以旅游度假成为当代人缓解压力、放松心情的一个重要途径。因为旅游业关联性强、发展迅速，会带动众多新的经济增长点，所以很多国家越来越重视旅游业，甚至把其看作支柱产业，旅游业已成为第三产业中最为典型的代表之一。自从我国成为WTO的一员后，机遇与挑战并存，各个领域又都有了新的发展机会，同时也承受着更加严峻的挑战，对旅游业来说，这个现象更为明显。近年来国家出台了很多支持旅游业发展的规划和政策，已经明确指出发展旅游事业的重要性，由此我们不难推断出，旅游业会迎来很好的发展态势，具有相当广阔的发展前景。东北老工业基地要充分重视旅游业这一热门的领域，根据地区特色和实际条件，实行旅游开发策略，这将会是产业结构升级的一个良好机会。在北方可以将冰雪旅游作为特色，把握东北地区得天独厚的地理位置进行旅游资源的开发，完成经济结构的升级和转型，用旅游业来带动经济发展。

旅游具体包括"旅"和"游"两层含义。"旅"是指旅行，即旅游者的整个旅游路途的位移；"游"则是指游览，是一种娱乐、放松的项目。旅游把游览的对象和具体内容作为基本载体，满足人的身心等多方面的不同需要。近些年来，由于生产力水平的快速提高，人们有了更好的物质生活条件，开始更加关注生活质量的提高，更加重视满足自身的精神及情感方面的需要，所以旅游成为人们喜闻乐见的一种消遣方式，同时也带动了

消费的增长。当今旅游产业在世界的影响已经越来越大，旅游已经在社会生活的各个领域得以体现，变成一个非常热门的经济发展话题。从总体上来看，旅游产业具有以下经济效应。

（一）增加外汇收入，平衡国际收支

在商品经济不断发展的今天，国际上大多通过货币作为媒介来完成商品的交换环节。一个国家持有外汇的多寡，直接关系到这个国家的经济发展水平的高低和国际支付能力的高低。扩大国家外汇收入一般有以下两种形式，一是外贸创汇，二是非贸易创汇。采取吸引境外游客的方式来增加外汇收入，是增加外贸创汇的重要方面。旅游业主要提供服务，很少存在物质层面的交易，所以一是不需要提供实际的物质产品；二是就地创汇，不需要考虑对方国家或地区的贸易限制；三是节省开支，创汇便利，旅游产品不涉及设计包装、储运等复杂的环节，也无须烦琐地办理进出口手续，可弥补贸易逆差、平衡国际收支。

（二）加速货币回笼，减轻市场压力

一个国家发行的货币数量应当与市场上流通的商品数额保持平衡，否则会引发通货膨胀或通货紧缩问题，给社会经济发展带来弊端，不利于社会的和谐和稳定。每个国家都必须重视货币的投放和回笼问题。国家货币回笼途径主要有以下四种，一是商品回笼，即出售商品后换回等额的货币；二是服务回笼，即利用自身提供的服务收费获取货币；三是财政回笼，即通过各种税款的征收回笼货币；四是信用回笼，即通过吸收居民存款和回收贷款来回收货币。旅游产业回笼货币一方面包括商品回笼，另一方面也包括服务回笼项目，从经营特点上看服务回笼占据重要的地位。

（三）扩大就业，促进社会稳定

就业问题一直是社会发展面临的一个必须解决的难题，因为它是社会发展和平稳运行的根本保证，如果就业问题不能得到有效解决将会引发一系列社会冲突，阻碍社会进步。因此，国家一直在努力拓宽就业渠道，创造更多的就业机会，提高就业率。旅游行业也是劳动密集型行业，需要众多的人员参与，这就提供了大量的就业机会；旅游行业同时也是一个关联性强、综合性强的服务行业，在满足旅客日常活动中的食、住、行、游、购、娱等多方面的具体需求之外，也会促进其他行业的发展，增加更多的就业机会。

（四）带动相关产业的发展

旅游是一种综合性强、消费水平高的活动，这种活动不仅会刺激旅游行业的消费，也会给其他很多行业带来新的发展机会，一业兴起，百业昌盛。提供机遇的同时也对消费产品和服务的质量提出更高层面的要求，例如，轻工业、农副业、装饰业、商业等的发展，必须要不断革新生产技术，为旅游者提供更高质量的产品，同时还需要不断增强自身的服务意识，把为旅游者提供高质量舒适的服务作为宗旨，尽最大努力满足旅游者的各项需求。

（五）对旅游区内的经济发展有显著作用

大批的旅游者及资金和产业的进入会对旅游区的经济社会发展产生积极的影响，伴随着旅游区开发，旅游区就会出现与旅游匹配的食宿、游览观光、购物、娱乐等服务。与此同时，相关的配套设施和工作人员安排也势在必行，百业兴起将会给旅游区的经济发展和社会繁荣打下坚实的基础。

（六）文明与社会都在与时俱进

党中央、国务院振兴东北老工业基地的发展战略正在逐步推进并有力施行，东北地区是老工业区，应全力抓准时机，加快自身发展。东北地区有相当深厚的历史文化底蕴，可以加以利用并融合到旅游活动当中，全力发展冰雪娱乐项目，推进体育旅游业大发展。重振东北老工业基地的雄风，冰雪旅游产业可以在其中发挥重要的作用，充当排头兵。

第二节　东北地区冰雪旅游发展形势分析

一　对东北地区的冰雪旅游产业发展的调查与分析

（一）东北地区旅游产业发展的环境分析

我国想发展冰雪旅游，就要对这种旅游产品的市场和发展趋势进行一个细致的分析，东北地区作为我国发展冰雪旅游的主要地区，有必要对当地的旅游环境进行细致的分析。在这里，我们选取东北三省 2017 年全年和 2018 年春节期间的入境旅游人数和收入加以比较说明。

从表 2-1 来看，全年统计结果显示，东北地区辽宁、吉林和黑龙江在全国旅游人数及收入方面排名还是比较靠后的，旅游整体发展水平不高，市场的占有率和增长率都比较低，发展潜力还没有得到充分挖掘，旅游业发展的总体环境处于比较差的状态。而从表 2-2 来看，东北三省在春节期间的全国排名，无论从接待人数还是旅游收入方面都有一定程度的提升，这得益于春节期间东北三省的冰雪旅游对游客的吸引，很多游客在春节期间会慕名到东北地区参与冰雪旅游活动。

表 2-1　2017 年东北三省旅游接待人数、收入及排名

省份	接待人数	接待人数全国排名	旅游收入	旅游收入全国名次
辽宁省	5.06 亿人次	17	4741 亿元	19
吉林省	1.92 亿人次	24	3508 亿元	21
黑龙江省	1.64 亿人次	25	1909 亿元	25

资料来源：中国旅游研究院《中国国内旅游年度报告 2017》。

表 2-2　2018 年春节期间东北三省旅游接待人数、收入及排名

省份	接待人数	接待人数全国排名	旅游收入	旅游收入全国名次
辽宁省	2032 万人次	14	145.12 亿元	13
吉林省	1262.84 万人次	20	119.40 亿元	17
黑龙江省	1122.67 万人次	21	136.32 亿元	15

资料来源：中国旅游研究院《中国国内旅游年度报告 2018》。

（二）对东北地区文化产业发展所处的总体环境的分析

文化产业和旅游产业息息相关、互相促进。通过借鉴分析后得出，东北地区文化产业的发展更加趋向于特色文化的开发模式，这个地区无论是文化资源，还是地区经济的发展都不具备比较大的优势，也就是说，地区的文化资源不够丰富，社会经济的发展也不突出。文化资源量较少这一特点导致当地的发展价值不高，社会经济发展基础比较薄弱，科技水平较低。

第一，文化产业发展价值不高。文化资源数量少，类型不够丰富，缺

乏有层次的级别分类，知名度也相对比较低，推荐价值不高，因此东北地区文化产业的知名度不高。而且东北地区的文化资源结构呈地区性的分布，辐射性有待增强，由于发展基础薄弱，所以不适合大规模开发。

第二，东北地区社会经济发展基础比较薄弱，这也就意味着，无论是地区的经济生产总值，还是人均可支配收入，东北地区都是比较低的，当地的产业结构发展不是太均衡，第一、二产业的比重大，第三产业的发展相对来说还比较落后。从文化产业的发展来看，由于东北地区缺乏相应的经济基础，经济比较薄弱，当地的文化消费市场和环境还具有一定的局限性。

第三，科技水平低，相应的专业人才缺乏，这就导致东北地区文化产业不能够得到很好的发展。

二　对东北地区的冰雪旅游产业发展形势的调查分析

随着我国经济社会的不断发展、人民生活水平的不断提高和大众旅游的持续推进，冰雪旅游对于我国经济的综合带动作用逐渐显现，"冰雪旅游＋产业融合""冰雪旅游＋新农村建设""冰雪旅游＋新型城镇化""冰雪旅游＋城市综合竞争力"等新模式融入地方发展中，冰雪旅游正在成为广大老百姓对美好生活追求的一部分，逐步进入广大游客的日常消费选项和常态化生活中，正在成为新时代很多地区的战略性支柱产业。当前，国内冰雪旅游产业开发竞争愈演愈烈，东北地区的冰雪旅游面临众多的发展困境。

（一）冰雪旅游产业有扩大化的发展趋势

据中国冰雪旅游发展报告统计，截至 2020 年，在全国 34 个省级行政区中，除了港澳台和海南等少数地区尚未建成滑雪场馆设施外，其他省区市都建有滑雪设施。而且冰雪节庆活动众多，比如哈尔滨的国际冰雪节、长春净月潭瓦萨国际滑雪节、四川的西岭冰雪节、北京的龙庆峡冰雪节、内蒙古的阿尔山冰雪节都吸引了众多的游客和消费者前去游玩。

（二）地区之间形成多足鼎立的竞争局势

全国范围内的冰雪旅游产业主要由黑龙江、辽宁、吉林、北京、河北、新疆、内蒙古、四川、青海、甘肃、贵州等地形成多足鼎立的竞争局势。成都的西岭雪山滑雪场是我国南方地区规模最大、档次最高、设施最完善的大型高山滑雪场,而且风景秀丽、气候宜人,俨然成为滑雪爱好者的乐园;北京的莲花山滑雪场,还有河北的万龙滑雪场吸引了北京地区的滑雪爱好者;而黑龙江、辽宁、吉林当地的滑雪场更是东北地区的滑雪爱好者常去的地方。一些南方城市以滑雪场为代表的冰雪旅游成为当地冬季旅游的热点,浙江绍兴乔波冰雪世界、湖北神农架滑雪场、四川西岭雪山滑雪场、贵州六盘水玉舍山滑雪场等深受当地游客欢迎。东北地区虽然拥有得天独厚的冰雪自然资源,但在全国各省区市纷纷开展冰雪旅游的竞争态势下,压力巨大,那种一家独大、冬季必须去东北赏冰玩雪的传统局面已经一去不复返了,如何在新形势下抓住机遇、转变观念、迎难而上、破茧重生成为摆在东北地区各级政府及旅游企业面前一道必须破解的难题。

(三) 冰雪旅游成为重要的投资方式

万达集团投资在长白山建设了国际性的冰雪旅游度假区,在长白山度假区内,滑雪场雪道的长度大约为 30 公里,可以同时容纳近 8000 名滑雪游客在这里滑雪,该处的滑雪场是目前为止亚洲最大的滑雪场。这个度假区的开业给滑雪产业带来巨大的影响。地中海俱乐部主席兼首席执行官亨利·德斯坦先生断言:"长白山国际度假区是世界上最好的新滑雪度假胜地!"近些年来,我国冰雪旅游蓬勃发展,吸引各路资金纷纷进入冰雪旅游产业,以投资带动冰雪旅游发展的态势已经形成。

(四) 东北地区之间冰雪旅游竞争日趋激烈

冰雪旅游产业已经成为东北地区的支柱性产业,以哈尔滨地区为引领的滑雪场,无论在规模上还是档次上在我国都处于一个领先的发展地位,虽然当地占据着得天独厚的发展优势,但至少目前看来,发展形势还是比较严峻的,时代的飞速发展让冰雪旅游产业的发展在全国形成了多足鼎立态势。东北三省的一些冰雪旅游城市之间的竞争越发激烈,因为具有同样的发展优势,造成城市间既是合作方又是竞争激烈的对手。

从东北地区整体来看,黑龙江冰雪旅游产业的发展优势还是比较明显的（见表2-3）。同时我们也看出，东北三个省会城市——哈尔滨、长春、沈阳地区在冰雪旅游产业的发展模式上有许多相同之处，差异不明显，没有自身独特的发展优势，所以在某种程度上，这几个地区就失去了一定的竞争优势。而沈阳、长春当地的历史文化内涵比较深厚，有着较大的品牌优势，总体规模上也要比哈尔滨稍大一些，而哈尔滨当地则拥有具有较大影响力的国际性赛事和深厚的群众基础，为当地的冰雪旅游产业增添了比较大的竞争优势（见表2-4）。

表2-3　东北地区冰雪旅游开发现状

省份	冰雪活动数量	主要旅游景点	主要节庆活动	滑雪场数量	主要旅游产品
黑龙江	100余项	冰雪大世界、太阳岛、雪雕艺术博览会、兆麟公园冰灯游园会、雪乡、亚布力滑雪场、伏尔加庄园、万达娱雪乐园等	中国·哈尔滨国际冰雪节、中国·黑龙江国际冰雪节、冰灯艺术博览会等	124个	冰灯、冰雕、雪雕、滑雪、滑冰、舞冰帆、雪地马车、冰上摩托、冰雪比赛、冰雪科技交流会等
吉林	60余项	净月潭国家森林公园、莲花山滑雪场、南湖公园等	中国·吉林查干湖冰雪渔猎文化旅游节、中国·吉林国际雾凇冰雪节、净月潭瓦萨国际越野滑雪节等	45个	雾凇、温泉、滑冰、滑雪、雪圈、雪滑梯、雪地摩托、雪地高尔夫、放河灯、观冬捕等
辽宁	30余项	棋盘山冰雪大世界、关东影视城、东北亚滑雪场等	沈阳国际冰雪节、大连冰雪游园会等	38个	健身娱乐产品、雪圈、雪地摩托、马爬犁、狗爬犁、冰上碰碰车等

注：滑雪场数据来源于伍斌、魏庆华《中国滑雪产业白皮书（2019年度报告）》。

表2-4　东北三省省会城市冰雪节开发现状

冰雪节名称	中国·哈尔滨国际冰雪节	中国长春冰雪旅游节暨净月潭瓦萨国际越野滑雪节	中国·沈阳国际冰雪节
所在城市	哈尔滨	长春	沈阳
创办时间及发展轨迹	创办于1985年，每年1月5日开始，到2月末结束，2001年升级为国际性活动	创办于1998年，2003年与著名品牌瑞典瓦萨国际越野滑雪节结缘	1993年开始举办活动，2004年与日本好城市札幌合作举办第一届冰雪节，升级为国际冰雪节

续表

冰雪节名称	中国·哈尔滨国际冰雪节	中国长春冰雪旅游节暨净月潭瓦萨国际越野滑雪节	中国·沈阳国际冰雪节
所在城市	哈尔滨	长春	沈阳
对外合作伙伴	日本、加拿大、法国、韩国	瑞典诺迪维国际发展有限公司	日本札幌
著名赛事	国际雪雕比赛、国际冰雕比赛、亚冬会、第24届世界大学生冬季运动会	举办VOLVO短距离越野滑雪赛、FLS洲际杯资格赛、国际雪联越野滑雪短距离世界杯赛、亚冬会	世界杯滑雪空中技巧比赛
获得美誉	已成为我国最具影响力的十大节庆活动之一,亚布力是专业性顶尖滑雪场	伴随着净月潭瓦萨国际越野滑雪节的举办,其知名度不断提升	东北冰雪旅游第一站,冰雪与民俗完美结合的典范
冰雪节活动内容	活动内容分为五大板块:冰雪艺术、冰雪文化、冰雪旅游、冰雪经贸、冰雪体育。冬泳比赛、冰雪旅游洽谈会、汽车拉力赛、冰上婚礼、亚布力企业家高层论坛等	国际越野滑雪比赛、冰雪汽车体验活动、冰雪主题园区,分为净月潭、莲花山、新立湖、庙香山四大冰雪板块	中国·沈阳国际冰雪节暨盛京灯会、关东庙会、民俗活动、冰雪狂欢活动、体验互动活动、名品欣赏、节庆娱乐等

从近些年的发展情况来看,吉林的长白山、北大壶和松花湖具有比较强大的竞争优势、完善的设施、巨大的规模、优质的服务,使其冰雪旅游产业得到了比较好的发展,同时还有着地域组合的优势,这为其增添了魅力。特别是吉林长白山旅游度假区的建立并投入使用对黑龙江亚布力地区的冰雪旅游产业的发展造成了不小的冲击。亚布力滑雪场曾在中国占有非常独特的地位。无论从雪道的数量、长度、落差还是其他各项滑雪设施及综合服务水平来看,亚布力滑雪场都远远胜于国内的其他滑雪场,是开展竞技滑雪和旅游滑雪的最佳场地。但亚布力存在冬季气温偏低以及距离大城市相对较远等非常明显的劣势,这对相关产业的发展有着不利的影响。综合来看,吉林省具有更好的地理位置和更优质的滑雪资源,大有超越黑龙江的趋势。在国内冰雪旅游群雄并起、厮杀越来越激烈的竞争背景下,东北地区要想逐鹿中原,必须加强合作,形成冰雪旅游集群化发展模式。

第三节　东北地区冰雪资源开发与实际项目利用

一　冰雪资源的基本特征

（一）地区性

在炎热地区，温度过高，降雨量很大，云层堆积温度不够低是无法形成降雪的，更不用说形成积雪了。由于雪的形成与降落对纬度、海拔、气候的要求非常高，一般只有在高纬度和高海拔地区或是一些特殊气候地区才会出现积雪这一令人迷醉的旅游景观。

（二）时间和周期的特殊性

和其他资源不同，冰雪资源具有独特的时间和周期要求，只有在中高纬度的严寒季节才能出现，时间性和周期性变化明显。冰雪资源唯有在极其严寒冷峻的境况下才有可能成形。

（三）影响资源规模的限定性及有限的可再生性

冰雪资源的有限性体现在地区差异和时间的限制等方面。冰雪的形成需要既定的和特殊的自然环境下的温度、湿度，从目前世界现有的技术来看，人类在有限空间内制造的人工冰雪资源还无法与大自然鬼斧神工下的冰雪相媲美。正因为如此，冰雪资源的成形虽然对环境的要求很苛刻，但不可回避的是造就这一再生资源的技术已经存在，人工制造冰雪资源也将可期。

（四）物理的多重特性

冰和雪具有很多的物理特性，而且这些物理特性可以被人类加以有效的开发和利用。冰和雪的形态特征及一定的景观效应塑造了它们本身物理特性的表现方式。冰，晶莹、剔透，是纯洁的自然精灵的化身；雪花，纯净、洁白、可爱。冰雪这一化身小天使的物理性质更是让人不可忽视，有着很强的可塑性，被加工成各类艺术形态，供人品评欣赏，为人类的日常生活增添不一样的乐趣。

二 冰雪资源所具有的特性对冰雪资源开发产生的影响

（一）地区性限制

地区性是人类对冰雪这一有趣资源有效利用的最大阻碍，因为大量的冰雪用普通的方式运输比较难，所以，想要打破这一局限还需要进一步深化研究。

（二）时间性限制和周期性限制

冰与雪本身的物理特性使人类对它们的利用受周期的影响。

（三）规模性限制

冰雪资源总体来说在地球资源总量上占有很大比重，但环境条件及所在区位对其利用会产生限制，人类很难在短时间内对蕴藏丰厚的冰雪资源进行开发并利用。地球上几乎所有的冰川都均匀分布在平均海拔 3500 米以上的高峰及地球两端，大规模开发和利用根据目前的设备和技术条件还很难实现。地球上具备一定开发条件的季节性冻冰及季节性积雪规模是有限的。

三 冰雪资源开发方式和利用途径的多重性

冰雪资源具有多重效用和用途。景观效应是由冰雪资源的多重物理特性决定的，据此发展冰雪观光旅游项目。利用其可塑造性，可以制作艺术作品；利用它的形态及性质转化功能，可以生产淡水资源；利用它的冷藏功能，可以提升制冻工业生产水平等。

四 冰雪文化的内涵

（一）冰雪文化的概念内涵

冰雪文化是一种地区性的文化。它的形成在中国历史上源远流长，一代又一代人的奇思妙想和与时俱进，无不折射着中华民族的悠久的浪漫思想。

（二）冰雪文化的性质

冰雪文化的主要性质包括科学性、艺术性、运动性、体育旅游性、经贸性、饮食性、商品性等。这些性质随着人类社会的发展逐步融合到千家万户，与我们日常生活息息相关。

（三）冰雪文化的形成方式

就文化进步的过程来看，冰雪文化存在3种形成方式。

第一种方式是冰雪作为自然资源的存在，生活在冰雪生态环境下的各民族，随着时代的变迁适应气候地域性的偏差。第二种方式是冰雪的艺术形式，人类的生活来自对美的追求，不断发展的各个艺术形式又都来源于生活本身，聪慧的人类怎么可能会忽视晶莹剔透的、美好的雪花这一本身就是艺术的存在呢。第三种方式是客观实在性在冰与雪上的艺术表达。

五　开发与发展冰雪资源文化

（一）对于简单实用性资源的开发时期（17世纪以前）

在这一时期人类对冰雪资源的开发也有一些成绩。为生活所迫，我们的祖先不得不对冰雪进行开发和利用。一则为了满足生活用水所需，化冰为水，为人类生活所用、为牛羊吃饮、为植物灌溉。对冰雪的开发与利用，人类一度束手无策，但气候变化却将冰雪双手奉给人们。冰雪被利用率很高，则归功于人类的智慧。中国东北地区的赫哲人，早在元朝时期就开始将狗拉爬犁作为冰雪季节的交通工具，耐用又不浪费。以冰雪为材料，可以修建临时性的住所。居住在北美洲格陵兰和加拿大北部的因纽特人自古就有建筑雪屋的传统，中国东北的鄂伦春族在冬季外出打猎时挖雪屋过夜的做法也有较长的历史。

（二）开发实用性资源与开发冰雪文化共同发展（17世纪至19世纪中叶）

在对冰雪文化的开发逐步发展起来的同时，人类对冰雪资源进行了实用性的开发。其中的主要标志有，在冰上举行的运动以及冰雕等艺术形式的出现。冰雪运动项目的形成、发展与冰雪交通运输的发展是紧密相连的，在冰雪交通运输获得发展的基础上，冰雪运动项目逐步从冰雪交通运输中分离出来并得到有效的发展。早期形成的冰雪运动大致包括溜冰及滑雪。溜冰运动的正式形成是在17世纪初期。18世纪初，滑冰运动在美洲、欧洲开始盛行，19 世纪末被全球所知并成为国际性的体育比赛项目之一，冰雪运动在 19 世纪经欧洲中部传到世界各个角落。同时，冰雪资源开始通过另一种形式被开发出来，艺术的萌芽也在冰雪这一领域生根。冰雪在生产、生活实践中被创造出独特的艺术形式，比如，用水做原料制成杯子，冰镇水果，用冰雪制成各种各样精美浪漫的物件、各种冰灯、雪雕等。

（三）多元性文化开发的综合发展阶段（20 世纪中叶以后）

20 世纪初期，人们的一些观念在慢慢改变，实用性与传统性的资源开发方式逐渐被人们所摒弃，现代性开发成为一种时尚和潮流，例如，发展制冰工业需要利用天然冰，采集天然冰块用于生产和生活。一些国家利用地域优势直接开采天然冰是轻而易举的。在其他一些方面，对冰雪资源的文化发展也不再局限于浅显的层面。冰雪运动及冰雪艺术是对冰雪资源进行文化开发的两个主要形式。20 世纪中叶以后，在冰雪运动、冰雪艺术发展的推动下，冰雪旅游等项目也逐步发展起来，同一时期，与冰雪有关的饮食、商品方面也在快速发展。与冰雪资源有关的文化项目开发，得到广泛的关注和重视，被提到重要位置。在这些新观念、思想的影响下，冰雪文化也得到显著发展，20 世纪 80 年代以后，以一种急速扩散的形式开始风靡于各个冰雪旅游发展较好的国家和地区。同时我们也看到，对冰雪资源的开发形式、方向、内容以及战略等方面都有了一些转变，冰雪文化向更高层次、更深领域拓展。

六 东北地区的冰雪资源利用与开发现状

众所周知，凭借得天独厚的地域特点，东北地区一直是我国冰雪资源最丰富的地区，可以说，丰富的冰雪资源和优越的地理资源是大自然赋予东北地区的宝贵财富。东北属于北温带气候，每到冬季，冰雪是最常见的，这里室外最长的结冰期可达 5 个月之久。冬季较为漫长和寒冷，气候较为特殊，东北地区的大部分地区在冬季平均气温可低至零下 30 摄氏度至零下 20 摄氏度，东北地区有很多山地，长白山、大兴安岭、小兴安岭、张广才岭、完达山、大青山等山地总面积约占当地总土地面积的 60%，这里山体的高度一般都在 500～1000 米，这些山体的高度比较适中，坡度也比较平缓，冬季的降雪量丰厚，雪期也较长，雪的质量上乘，生态环境优良，非常适合开展冰雪旅游项目。这些良好的地域资源无一不是为冰雪活动准备的得天独厚的条件。丰富的物质资源由松花江、黑龙江、牡丹江、嫩江、辽河、松花湖所提供，一代又一代人依山傍雪在此繁衍生息。

东北人从古代开始就善于利用自己对冰雪开发的智慧。东北当地的人们善于发掘并利用动物或人拉的爬犁在雪地上作为运输工具，冰雪也可以冻住食物防止食物腐败；用雪造出的地下屋舍可以用来御寒保暖。东北地区的人们在古代就能很好地与冰雪打交道，但是封建思想根深蒂固，人们大多排斥新事物，所以冰雪技术一直没有得到很好的发展。直到20世纪二三十年代，近现代的冰雪科技才开始发展。1951年1月24日，冰雪表演大会在吉林省北山举办，为了让更多的人了解并对冰雪运动产生兴趣，1957年2月在吉林省通化市举行了新中国第一次大规模的冰雪运动会。为了使中国的冰雪运动水平有所提高，1959年国家体委邀请了俄罗斯联邦冰球队到我国指导并交流，同时，也表示接受其他冰雪运动发展较好国家的冰雪器具，并于1961年和1963年分别到波兰和罗马尼亚参加了国际性的冰雪比赛，使我国冰雪运动有了显著的发展。1979年，中国恢复了在国际奥委会的合法席位。1980年，中国冰雪项目的运动员们参加了在美国举行的第13届冬季奥运会，这是我国冰雪运动健儿首次参加冬季奥运会，也是新中国成立以来首次参加世界级比赛。从1980年到1995年的16年时间，我国共参加了10多次世界和亚洲级别的冬季冰雪运动比赛，参加比赛的运动队员超过200人，截至2018年平昌冬奥会，中国在参加的历次冬奥会中共获得金牌12块、银牌24块、铜牌19块。1996年2月，在哈尔滨举行了第3届亚洲冬季运动会，东北乃至中国人民有了一次向世界宣告我们的冰雪运动无论在体育赛事还是在文化特质上都不容小觑的机会，我国运动员在家门口同国外优秀运动员同场竞技，我们学到了很多先进的技术。2009年，第24届世界大学生冬季运动会在哈尔滨胜利召开，再一次全面地向世界展现了中国冰雪运动的精神面貌。

东北地区制作的各种与冰雪有关的如冰雕、冰灯、雪雕等艺术品基本起源于20世纪五六十年代，黑龙江省会哈尔滨市素有冰城的美誉，哈尔滨在 1963 年举办了第一届冰灯游园会，1985 年开始每年举办哈尔滨国际冰雪节。勤劳、淳朴、勇敢、热情、智慧的哈尔滨人化冰雪为艺术、赋予冰雪以生命，在千里冰封、万里雪飘的北国冬天，创造了融文化、体育、旅游、经贸、科技等多领域活动为一体的黄金盛会；东北的吉林省每年冬季都举办"中国长春净月潭冰雪节""吉林雾凇冰雪节""长白山冰雪旅游节"等一些享誉国内外的冰雪节庆活动；辽宁省每年都举行百万市民上冰雪活动。通过地方政府引领、市场化操控、社会大众参与等方式，东北地区的冰雪活动获得了很大的创新发展。东北地区现今已经建成了亚布力、长白山、松花湖、北大壶、棋盘山、二龙山、长寿山、万达滑雪乐园、雪乡等多个综合性冰雪旅游景区。根据智研咨询发布的《2020—2026 年中国滑雪场行业市场现状调研及未来发展前景报告》数据，2019 年黑龙江省滑雪场数量为 124 家，占全国的 16.1%；辽宁省滑雪场有 38 家，占全国的 4.9%；吉林省滑雪场有 45 家，占全国的 5.8%，合计 207 家，占全国的近三成，规模较大。黑龙江省每年都举行冰灯艺术博览会；黑龙江省内的齐齐哈尔、佳木斯、牡丹江、大庆、鹤岗、鸡西、黑河等大中城市也分别举行冰灯游园会、雪乡游、林海雪原行、冰雪游乐场等趣味性较强的特色旅游项目。近年来，吉林省的冰雪旅游开展得如火如荼，它们的一些冰雪竞技场地规格高，适合举行一些大型比赛，同时一些冰雪旅游场地服务设施齐全，一条龙服务已经初具规模。吉林省久负盛名的冰雪场地有吉林北大壶冰雪场、吉林市松花湖冰雪场、长白山高原冰雪训练基地、通化金厂冰雪场、长春净月潭冰雪场等，这些都是冰雪旅游比较好的目的地。

七 东北地区的冰雪旅游活动概况

（一）观赏型旅游项目

1. 冰灯

冰灯是勤劳智慧的中华民族对雪与灯光的塑造，灯和雪相映成趣。东北各民族用精明的大脑与纤巧的双手，让千姿百态、晶莹剔透、流光溢彩的冰灯艺术和谐统一。

2. 冰雕

冰雕是冬季东北地区常见的一种室外景观，它是以冰为主要材料，经过精心雕刻而成的艺术品种。冰雕一般分为圆雕、浮雕和透雕三种形式。冰雕在制作的过程中，对工具的选择和使用非常讲究，同时注重对雕品表面的处理，冰雕产品具有材质无色、透明的特性，折射光线的效果较好，一次雕刻出的物品立体感较强，形象鲜明。

3. 雪雕

雪雕是雕刻艺术的一种形式，主要就是将雪当作塑形的材料，把它捏合成固定的形状，再将其组合起来并修整细节，跟沙雕的原理颇为相近。

4. 冬泳

冬泳是人们冬季在室外水域自然水温下游泳，很具观赏性。东北冬季室外的河流湖泊都会结冰，人们会在冰面上开辟出一块长方形的水域作为冬泳场地。冬泳体现出东北人不畏严寒、勇于抗争、勇于实践的良好品质。

5. 冰雪文艺演出

冰雪文艺演出顾名思义是将文艺与冰雪结合，展示各种曼妙的歌舞与游戏。

6. 彩灯

彩灯是我国普遍流行的传统的民间综合性工艺品。彩灯艺术是灯的综合性的装饰艺术。在古代，其主要作用是照明，由冰雕刻而成的灯笼，中间放上蜡烛或者灯泡，成为照明工具。

7. 冰雪电影艺术节

东北地区的冰雪电影艺术节常邀请明星加入，开展娱乐活动等。

8. 冰雪摄影大赛

冰雪摄影大赛是以摄影的形式展现冰雪活动的艺术魅力。

（二）娱乐型旅游项目

1. 冰橇

冰橇是一种常见的冰上娱乐项目，它主要由橇台、堤坡滑道、平面滑道组成，大型滑道长度一般都在 400 米左右，会有十多米的落差，所以人们在乘坐冰橇时，会有一种千里直下的感觉，冰橇既惊险又刺激，是东北地区一项非常有趣的冰上体育旅游项目，每年都会吸引大量的游客。

2. 坐冰帆

冰帆这一冰上娱乐项目，首次出现是在 1954 年，它的构造以帆船和冰刀为主要灵感来源，将两者有机结合，船帆挂起，可以充分地利用风力，而冰刀和舵在下面能够实现自由转动，这样就可以充分地将风力化为速度，这一冰上体育项目吸引了众多的游客，因为它会给游客带来许多的惊喜，使游客在速度中感受到刺激，又能在整个娱乐过程当中体会到不一样的冰上娱乐项目带来的惊喜与惬意。冰帆是一个非常不错的冰上体育娱乐项目。

3. 打滑梯

打滑梯是东北地区冰上体育娱乐中非常经典的一个项目，它主要是由冰砌成不同造型、不同长度的滑道，游人可以乘坐不同的器具，从顶端滑向底部，在滑行的过程中体验飞驰而下的刺激和快乐，所以，打滑梯也是东北地区一个非常吸引人的冰上娱乐项目。

4. 乘坐雪地摩托

雪地摩托也是东北地区一项非常具有特色的冰上体育运动项目，摩托车的履带是特制的履带，是为了适应冰上运动的特点而设计的，既安全又有趣，既可以成人玩也可以家长携带孩子一起玩，是一项非常适合家庭集体游玩的冰上体育项目。

除了以上介绍的非常有特点的几种冰上体育娱乐项目之外，东北地区还有许多其他非常有趣的冰上体育项目，比如坐狗、羊、鹿拉的爬犁，坐上火车穿冰洞，滑雪板以及冰雪盆等，这些都是东北地区非常有特色的冰上体育旅游项目，每年都吸引着大量的中外游客。近些年来，我国经济的快速发展，以及人们消费方式的转变，大大地促进了东北地区冰雪旅游业的发展。

（三）游览型旅游项目

除了以上提到的娱乐型旅游项目，东北地区还有一些非常有特色的游览型旅游项目，总结起来有如下几种。

1. 坐马爬犁

坐马爬犁是一种非常大众的游览型旅游项目，很多游客在东北地区旅游的时候，都会体验这一项目。这个项目不仅安全，而且非常舒适，游客在坐马爬犁的时候，还可以欣赏沿途的冰雪风景，坐马爬犁是一项非常休闲的项目，受众范围也是比较广泛的。

2. 坐热气球

坐热气球也是一项非常经典的游览型旅游项目，热气球会上升到1000米左右的高空，游客可以在高空俯瞰冬季风光，领略不一样的风景。

3. 观雾凇

观雾凇可以说是一项非常受人喜爱的游览项目，因为雾凇是东北地区冬天特有的景致，具有浓厚的地域特色。冬天，雾凝聚在树上而形成的白色松散冰晶就是雾凇，俗称树挂。所以一般游客到东北地区旅游的时候，都不会错过这一项具有浓厚地域特色的旅游项目。

除了以上这些特色鲜明以及非常经典的游览型旅游项目之外，东北地区还有林海雪原行、雪乡行、参观东北虎林园、乘坐直升机欣赏市容地貌等活动。这些游览型的旅游项目，都能带给游客不一样的视觉和听觉感受，以及心灵的满足感。

（四）竞技型旅游项目

在东北地区，除了冰上体育旅游项目以及游览型旅游项目以外，还有一些竞技型旅游项目也受到游客的普遍喜爱，其中有一些是冬奥会的比赛项目。竞技型旅游项目主要有滑冰（包括速度滑冰、花样滑冰等）、滑雪（包括高山滑雪、自由式滑雪、越野滑雪等）、雪地足球、雪地风筝比赛等，其中很多项目都是冬奥会的比赛项目，具有广泛的群众基础。随着社会的不断发展，人们的思想观念以及生活方式都发生了巨大的改变，越来越多的人会选择一些旅游项目来放松自己，同时由于2022年冬奥会将在我国举行，国家也加大力度推广冰雪体育运动，越来越多的人开始了解冰雪竞技体育旅游项目，并且参与其中，冰雪体育在我国正呈现蓬勃发展的势头。

（五）民俗型旅游项目

民俗型旅游项目是东北地区非常有特色的旅游项目，越来越多的中外游客被东北地区的民俗型旅游项目所吸引。

1. 冰雪婚礼

冰雪婚礼是东北地区非常有特色的民俗型婚礼，情侣可以在浪漫唯美、洁白无瑕的雪地里举行一场别具一格的雪地婚礼，雪地婚礼既浪漫又简单，既普通又与众不同。

2. 东北大秧歌

东北大秧歌绝对算是一种举国皆知的娱乐项目，非常具有东北冬季特色，人们穿着风格迥异的服饰，而且衣服颜色都非常喜庆。其中，人们会用到不少乐器如唢呐、锣鼓等进行伴奏，秧歌队的成员在热闹的伴奏里舞蹈，欢快的场面非常适合游客体验。

（六）购物型旅游项目

购物型旅游项目有很多种，包括一些有特色的冷饮（冰棍、冰糕、冰点、冰激凌）以及热饮（咖啡、牛奶、茶、油茶），还有一些山珍野味（冻豆角、木耳、山野菜等），冰雪旅游纪念品，冰雪交易会上的各种商品、书画作品等。另外，冰糖葫芦也是一种受众非常广的食物。

（七）冰雪展会型旅游项目

冰雪展会型旅游项目包括雪雕艺术博览会、各种专业论坛、国际冰雪节等专项经济技术洽谈会等。

创立于 1985 年的哈尔滨国际冰雪节于每年 1 月 5 日开幕，与日本札幌雪节、加拿大魁北克冬季狂欢节、挪威奥斯陆滑雪节并称世界四大冰雪节。2019 年 1 月 5 日开幕的第 35 届哈尔滨国际冰雪节以丰富的内容、庞大的规模、完美的效果，让哈尔滨成为国内冬季旅游热门城市。这次冰雪节包括许多非常有趣又有特色的项目，冰雪节期间还举办冬泳比赛、冰球赛、雪地足球赛、高山滑雪邀请赛、国际冰雕比赛、冰上速滑赛、冰雪节诗会、冰雪摄影展、图书展、冰雪电影艺术节、冰上婚礼等赛事和活动，让人们能更好地享受到冰雪节日的乐趣，充分地发挥了冰雪的特色，又很好地适应了社会发展的现代性、观赏性、趣味性，冰雪节能够更好地把我国的冰雪文化发扬光大，让更多的人认识和了解我国的冰雪文化。

为了更好地把我国东北地区的冰雪文化推向全国乃至世界，把我国的冰雪文化做得更大更好，哈尔滨人创造了冰雪大世界的冰雪奇观，使冰雪大世界成为每年冬季到哈尔滨的中外游客必须要去的著名景点。哈尔滨冰雪大世界创立于 1999 年，是哈尔滨市人民政府迎接千年庆典神州世纪游的活动之一，冰雪大世界园区的冰灯、冰雕、雪雕等景观设计匠心独运，场面宏大而震撼，充分展示了北方名城哈尔滨冰雪文化和冰雪旅游的魅力。2019 年是冰雪大世界开园第 20 年，作为世界上最大规模的冰雪主题乐园，本届哈尔滨冰雪大世界总占地面积 60 万平方米，用冰 11 万立方米，用雪 12 万立方米，冰雪景观群数量上百个，互动娱乐项目 30 余处，集合了 12 大项数百场精彩活动，再现冰城梦幻般醉人的胜景，充分地将我国的冰雪文化推向世界，也为我国冰雪文化的进一步发展奠定了基础。

除此之外，比较著名的盛会还包括哈尔滨太阳岛国际雪雕艺术博览会。2018 年 12 月 28 日，第 31 届哈尔滨太阳岛国际雪雕艺术博览会大型主塑《星河之旅》落成迎客。第 28 届中国·哈尔滨太阳岛国际雪雕艺术博览会由松北区委、区政府主办，哈尔滨市太阳岛风景区管理局、哈尔滨市太阳岛资产经营公司承办，以"相逢雪博会·梦回哈尔滨"为主题。哈尔滨太阳岛国际雪雕艺术博览会不仅是雪的视觉艺术盛宴，更会让游客体验到足以铭记一生的感动，因为游客会在哈尔滨太阳岛国际雪雕艺术博览会邂逅生命中"最美雪世界"，体验与雪相遇时的快乐。哈尔滨市一系列经典雪雕作品和活动，唤起游客对雪雕艺术的热爱，让游客体会到回家的感觉，全方位展现哈尔滨独特的梦境般的欢乐雪世界。

第四节　文化视角下的东北地区冰雪旅游创新策略

一　东北地区冰雪旅游创新发展的政策和措施

东北地区因其得天独厚的地理条件和环境优势，成为我国冰雪旅游产业发展的开创地区，无论是发展规模还是基础设施的建设，或者是在全国的知名度，都是首屈一指的，但是随着产业发展的不断推进，东北地区的冰雪旅游产业也存在一些问题，比如管理上的纰漏、严重的同质化竞争、专业人才的缺乏、技术设备的落后、追求短期效益等，这些都让东北地区的冰雪旅游产业面临着更加严峻的发展形势，要想让东北地区的冰雪旅游产业得到更加健康的发展，就需要提出新的发展举措。

（一）促进产业融合，推动相关产业的不断发展

现如今，各产业之间相互融合、相互促进，而旅游产业和文化产业率先得到了非常好的发展和融合。可以将东北地区当地的特色文化进一步挖掘和提炼，找出新的文化产业的发展方向，将当地的文化内涵更好地凸显出来，让景观和设施都能充分体现出东北当地的文化内涵，同时，还要让这种文化内涵更好地渗透进冰雪旅游产业的发展中，让冰雪旅游产业能够时时刻刻体现当地深厚的文化底蕴。不仅如此，还要加大宣传和推广的力度，吸引国内外游客来感受东北地区丰富的文化内涵，体验当地的文化产品，让游客能够对东北的文化产生新的认知，同时也要大力推广冰雪旅游产品，提升游客对东北地区冰雪旅游的感知度。

在推进产业融合政策和措施的实施过程中，还要充分利用内部和外部所具有的优势和影响力，大力发展冰雪旅游，让相关产业得到更高质量的发展，要抓住发展机遇，进行长远谋划，制定出能够适应当下旅游产业发展的策略，并且能够时刻把握国家的发展重点，适时地对发展策略和方案进行调整，以此来保证方案能够适应时代的发展需求。还要着重创新，推出新的冰雪旅游产品，推出既具有吸引力又具有地区特色的产品，使东北当地的冰雪旅游产业发展能够更具有生机和活力。

（二）政府主导，建立文化产业和旅游产业协调发展的机构

当代人们在旅游的时候喜欢品味当地的文化，体验当地的人文特色，要想让文化产业和旅游产业得到协调发展，就需要政府建立一个平台，并制定相应的政策，比如优惠政策等，同时也可以制定能够促进文化产业和旅游产业融合发展的措施，并加以完善和改进。这些措施制定完成之后，也要很好地落实下去，并且不定期地检查措施实施的成效，对措施实施过程中产生的问题进行逐一解决，这样才能让文化产业和旅游产业得到更好的发展。不仅如此，相关部门和政府还要对这两大产业的发展进行保护，包括发展过程中产生的成效、产权问题等，同时还要建立一个公平发展的环境和平台。

文化产业和冰雪旅游产业的协调发展是一个非常复杂并且难度很大的

工程，所以，东北地区的相关部门和组织要建立一个相应的协调机构，将部门之间的职能和职责进行统筹安排，将彼此之间的利益关系充分协调好，这样才能更好地让文化产业和冰雪旅游产业得到发展，才能使两者得到高质量的融合发展。

（三）实施文化品牌战略，彰显品牌内在灵魂

一方面，要将东北冰雪旅游产业中的文化内涵充分挖掘出来，打造一个又一个的旅游精品，让游客能够感受到冰雪世界的文化底蕴。一个产业要想得到快速发展，就要有自己内在的东西，内在魅力在某种程度上来说能够给游客带来好的体验，这就需要相关部门和工作人员将东北冰雪旅游产业中的文化内容进行设计和宣传，将深厚的文化底蕴充分显现出来。比如，黑龙江当地的民俗表演就是一种非常有特色的文化，可以用这种文化将当地的魅力体现出来，还可以充分利用当地的优势，利用独特的冰雕技艺创造出领先全国的冰雕作品。也可以将民俗和特色文化作为依托，打造极具东北地域特色的文艺活动，从而让东北的冰雪旅游产业得到快速发展。而独特的冰雪文化成为哈尔滨的精神地标，我们称哈尔滨为冰城，就说明冰雪文化的普及度高、普及面广。受冰雪文化的浸润和熏陶，哈尔滨人形成了独特的冰雪性格、冰雪性情、冰雪情怀。哈尔滨人的直爽犹如松花江冰块那样清莹透彻，哈尔滨人对生活的洒脱如同漫天飘雪那样自然飘逸。冰雪文化形成哈尔滨城市独特的生活方式和消费理念，哈尔滨人爱冰雪、玩冰雪已经深入生活和生产方式，冰雪文化衍生出更多的形态，比如冰雪饮食文化、冰雪服饰文化、冰雪建筑文化、冰雪出行文化、冰雪休闲文化、冰雪娱乐文化等。冰雪文化的创新、冰雪文化的融合已经成为哈尔滨的新产业、新经济。冰雪文化与哈尔滨的城市形象已经高度融合，哈尔滨以冰雪为载体托起其美名与信仰。

另一方面，还可以将东北当地的特色通过各种各样的方式凸显，将冰雪旅游产品进行改进和完善，打造出龙头产品，不仅要优化冰雪旅游线路，还要不断地提升游客的自我感知度和体验度，让他们能够有不一样的体验和感觉。还要将那些已经成为全国旅游特色的景点进行完善，不断地提升这些景点的观赏价值和游玩价值。不仅如此，还可以按照冰雪景区建

设的标准，建设更具有竞争力的产品，增加相应的休闲娱乐要素，举办各式各样的活动，吸引游客的眼球和关注度，进而提高东北地区冰雪旅游产业的竞争力。

除此之外，还要将当地的文化资源进行整合，打破各地区、各企业之间独立发展的局面，进行宏观调控，让彼此之间能够协调发展，并且不断挖掘冰雪文化的内涵，增强其魅力。

众所周知，东北地区是我国最早开发冰雪旅游产业的地区，从原来的冰灯游园会，一直发展到现在形式多样的雪博会、冰雪节、滑雪节等，已经让全国乃至全世界知道东北冬季就是冰雪的世界，那漫天飞舞的雪花是东北的精灵。虽然从总体上来看，东北地区冰雪旅游产业的发展相对要专业一些，形式虽然多种多样，但是大多数都是通过借鉴进行改造的，缺少自己的东西，同时也缺乏一定的新意，东北当地的特色文化没有得到很好地凸显。因此，东北的冰雪旅游产业要想得到更好的发展，就要有更高端的创意渗入其中，无论是产品的设计开发，还是资源的整合利用都需要进一步设计。冰雪旅游产业因为受到地域和环境的限制，同时作为一种特色文化的载体，从某个层面上来说，在东北地区还是具有比较大的优势的。所以，东北地区相关部门和机构，要更加认真地对冰雪产业未来的发展进行规划，将东北当地产品品牌的影响力进一步扩大，改变原有的发展模式，争取冰雪旅游产业能有更大的收益，从而促进当地经济的持续发展。

（四）实施企业引领战略，推进企业跨行业跨产业经营

时代的不断进步，让冰雪旅游产业得到了更好的发展，科技的发展也让冰雪产业享受到诸多便利，所以，东北地区的冰雪旅游产业也可以在技术结构上做一些适当的调整，将产业之间进行融合和渗透，实现跨产业发展。要积极引导冰雪旅游企业跨产业调整和发展，推出新的策略和方案，做出新的探索。

（五）实施人才优先战略，增强产业融合发展后劲

当今社会不仅是科技的竞争，更是人才的竞争，产业的发展更是如此。东北地区作为我国冰雪旅游产业发展的"领头羊"，理应拥有众多的人才储备和资源，但事实上并非如此，在东北当前的大环境下，各方面人

才外流情况严重，东北地区的冰雪旅游专业人才也逐渐流失和减少。面对这种情况，就需要东北相关部门和企业提出相应的措施和策略，并制定相应的政策和措施来吸引人才，留住和引进高水平的人才。还要对当地所拥有的冰雪旅游管理人员进行培训，提高他们的综合素质。要引进相应的文化创意产业人才到当地发展，让他们为旅游产业今后的发展出谋划策，而这些人才的引进都需要政策的支持。

除此之外，还应该定期举办培训，提高冰雪旅游人才的专业技能和综合素质，还可以在高校中开设相关的专业，培养相应的人才，加大培养力度。要学习国外的经验，根据东北当地的实际情况制定相应的政策和措施。

二　基于文化创新的冰雪旅游产业发展对策

（一）政府大力支持，提供必要的政策保障

国外众多文化产业发展的事例和经验告诉我们，国家文化观光战略的制定对一个地区的发展有着较大的推动作用，同时政策和资金的支持也起到重要的作用。东北地区的冰雪旅游产业要想得到更好的发展，就需要政府和相关部门对其进行大力的帮助和扶持。东北当地可以成立相关的促进协调机构，健全机构成员和职责，定期和各政府部门协调，比如与宣传部、文化局、旅游局等单位建立有效的沟通机制。政府还可以制定相应的扶持政策，借以推进东北地区冰雪旅游产业的良性发展。

（二）建立相应的产业观光体验园区

1. 设立冰雪文化主题，开发相关资源

东北地区可以将相关的冰雪景点园区设置成冰雪文化主题，然后设立相应的节庆文化活动，并且设立诸多系列，比如冰雪体育文化系列、会展文化系列、休闲体验文化系列等，每个系列都可以设立相应的活动，丰富游客的直观体验。同时还要充分利用好当地的冰雪相关资源，让资源发挥其自身的作用，推动衍生产业的发展，比如，冰雪动漫产品的开发就是非常好的发展方向。

2. 建立一个完善的发展体系

努力提升东北地区冰雪旅游服务的品质，让游客既能体验到丰富的冰雪文化，也能得到优质的服务和享受，这就需要在餐饮、交通、住宿、娱乐等方面制定相应的政策和措施，充分考虑到游客的所需所想。

3. 对东北地区冰雪旅游现有的体验模式进行改进和创新

可以借鉴国外丰富的经验，对东北地区冰雪旅游景区内的情景和设计进行相应的创新，在现有的基础上，推出新的体验模式，让游客可以得到一体化、综合化的全新体验，避免给游客造成单一枯燥的感觉。

4. 对东北地区的冰雪旅游产品进行改进和创新

一般来说，旅游产品是依托一个地区的文化产业和旅游产业而设计出来的，所以，就要对当地的文化和冰雪旅游产业进行创新和提升，提炼出更加有创意的冰雪旅游产品。还要对营销策略进行进一步的改进，建立新的融资机制和平台。

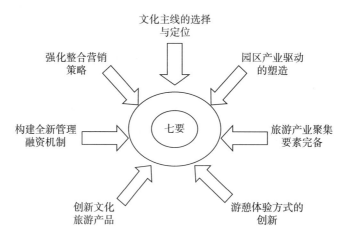

图 2-1　文化产业园区建设七大构成要素

（三）建立东北地区冰雪文化博物馆

东北地区是中国最早发展冰雪旅游产业的地区，所以具有很多优势，比如，规模大、发展快、产业集群效果好等。长期以来，东北地区的冰雪旅游产业已经成为其他地区学习和效仿的榜样，并且在国际上都有着非常高的知名度，这么高的起点让东北地区冰雪旅游在之后的发展上有着很大的优势。因此，东北地区不仅享有美誉，而且还是冰雪旅游胜地，有着长久的冰雪旅游历史，有必要也有资格和资质建立冰雪文化博物馆。

一个博物馆的建立是一个地区文化发展水平的体现，所以，无论是博物馆内部产品的陈列，还是博物馆整体的建设，都是一个复杂的工程，在建立的过程中不仅要符合东北地区的实际情况，还要充分体现东北冰雪旅游产业的发展现状。博物馆不仅可以作为东北地区冰雪旅游产业的一个景观，还可以成为一个文化遗产。

（四）为东北地区冰雪旅游申请非物质文化遗产

东北地区不仅是我国冰雪旅游、冰雪文化的发源地，也是冰雪运动的发源地。这里许多极具代表性的活动和项目都成为我国冰雪旅游产业的代表，而这些项目经过挖掘整理之后，都有可能申请非物质文化遗产。比如哈尔滨当地的冰雕艺术极具代表性，俨然已成为东北地区与其他地区文化交流的"大使"，还是走向世界的名片。哈尔滨的冰雕艺术曾在美国纽约展示，让全世界的人民都能够看到我国独特的冰雪艺术品。东北地区当地的民俗和传说，因为具有独特的异域特色，而披上了神秘的面纱。还有独特的冰雪餐饮技艺更是让世人惊叹，同时也是东北地区的文化代表和象征。

除此之外，享誉世界的东北文化还有冰上杂技和花样滑冰等艺术表演项目，这些艺术表演形式都是东北地区冰雪体育的代表。东北地区的冰雪画家还开创了冰雪画派，首创冰雪画让我国的冰雪文化在世界上有了新的突破。所有这一切都让东北地区的冰雪旅游产业有了更加广阔的发展前景，为申请非物质文化遗产增添无限可能。

（五）建立冰雪文化教育培训基地和咨询服务中心

冰雪文化教育培训基地和咨询服务中心的建立，对东北冰雪旅游产业的发展有着很大的促进作用。可以在东北地区设立相应的设计院、艺术中心和设计中心，并且建立专业化、系统化的设计队伍，将冰雪俱乐部作为发展的基础，联合各地高校和职业院校开展一系列的战略合作，加大人才培养力度，并且建立相应的教育基地，为东北地区乃至全国冰雪旅游产业提供高端人才。同时还要和众多的专业机构保持紧密的合作，设立冰雪体育学院、冰雪旅游产业研究院，培养专业的教练和运动员，并制定相应的政策和措施，加大培养和研究力度，提高软实力，充分利用各种资源的优势，稳定东北地区冰雪旅游霸主的地位，不断推动和促进东北地区冰雪旅游产业的快速发展。

（六）创新冰雪影视文艺作品，扩大冰雪旅游知名度

这种方法是来源于韩国的一部电影带动当地旅游的事例，方法其实并不陌生，许多影视综艺作品都在某种程度上对城市的发展起到了推动作用。而且一部好的影视作品对城市来说也是一种非常有利的宣传和推广。因此，一部好的文学作品在某种程度上来说可以挖掘出一个景区潜在的发展动力，甚至还可以将一个地区的旅游产业推向一个新的发展层次。所以，我们不能忽视文艺影视作品带来的影响和作用，东北当地的相关部门和政府应该对这方面加以重视。

创作艺术作品和文学作品可以广泛征集群众的意见，从民间吸收好的创意和好的素材。比如，可以将东北地区的冰雪文化作为创作主题，拍摄相关的电视剧、电影或宣传片，或者制作新颖的综艺节目，以此打开并扩大当地的知名度。比如，自从 2013 年《爸爸去哪儿》节目在雪乡拍摄播出以后，雪乡旅游呈现井喷式增长，让村民、旅行社和景区都受益匪浅。也可以开展相应的舞台演出活动，利用品牌优势，将旅游产业和文化产业更好地融合，形成具有强大影响力和品牌优势的产业。在冰雪旅游产业发展过程中要不断跟上时代的步伐，跟着时代的潮流，对市场的风向有精准把握，对游客的消费心理能够做到清晰了解，清楚未来的发展方向，从而推出符合时代发展的旅游产品。并且在主题上也要加以创新，不仅要能吸引游客的目光，更要能持久地发展下去。

（七）借助数字化和网络化的营销形式，建立多渠道营销

现代产业的发展都和科学技术有着紧密的联系，数字化、网络化已经成为我们生活中必不可少的一部分，而这也成为许多产品传播的一种手段。为此，东北地区的冰雪旅游产业要想得到好的发展，就需要紧跟时代发展的潮流，利用互联网等科学技术去推广和宣传当地的旅游文化。可以加大在中央级新闻媒体上的宣传力度，比如新华网、人民网、中国新闻网、中国经济网、央广网等；在 App 和传统纸媒上加以宣传；在微博、论

坛、博客上与网民互动；充分利用新媒体进行宣传，如利用微信、快手、抖音等短视频网站，优酷、爱奇艺、腾讯视频等长视频网站，YY、映客、斗鱼等直播平台进行宣传。

第五节　冰雪旅游是东北地区新的经济增长点

随着我国国民经济的不断发展，人们的消费观念不断发生变化，越来越多的人钟情于借助旅游来休闲和放松自己，冰雪旅游是我国东北地区的特色旅游产业，冰雪旅游具有鲜明的地域特色，是众多游客的选择。丰富的人流带动了物流的发展，而物流又转化为财源，很好地促进了地区经济的发展。据相关旅游专家的测算，旅游业每赚到 1 分钱，相关产业就能挣到 7～8 元钱，经济效益相当可观。冰雪旅游将白雪变成"白金"，地区冰雪项目的发展，到最后可见的就是经济利益，同时冰雪资源的地域性决定了冰雪旅游的跨地区性、跨国际性，旅游者来自各国各地，为了同一个冰雪旅游目的地而结伴前行。旅游业的发展还会带动相关产业的发展，产生巨大的经济利益，对东北地区乃至我国国民经济的发展有着非常大的促进作用。

（一）增加国民收入，加大创汇力度

东北地区冰雪旅游项目的相关数据充分地显示东北地区冰雪旅游项目可以带来丰厚的利润。比如，2018 年春节黄金周，黑龙江省旅游产业呈持续增长态势，7 天累计接待国内游客 1122.67 万人次，同比增长 11.21%，实现国内旅游收入 136.32 亿元，同比增长 13.16%。2018 年春节期间，吉林省累计接待游客总人数 1262.84 万人次，实现旅游总收入 119.40 亿元，同比有较大幅度增长。2018 年春节期间，辽宁省累计接待游客 2032 万人次，同比增长 11.5%；实现旅游总收入 145.12 亿元，同比增长 12.1%。这些数据都可以非常充分地显示东北地区冰雪旅游所带来的丰厚利益，冰雪旅游行业的发展对于地区经济的发展起到非常大的拉动作用。

（二）扩大经贸，增强国内外的经济技术交流

冰雪旅游项目除了可以带来巨大的经济效益之外，同时也带动了相关

产业的发展。扩大了经贸，增强了国内外的经济技术交流，以冰雪为媒介，加强了国内外的经济技术交流。历届的东北地区冰雪节经贸洽谈会都会相应地促进该地区经济贸易活动的发展。这种以冰雪为媒介、以经济技术进行交流的方式，打破过去单一的地方产品经贸洽谈会的模式，适应了社会发展的时代性，同时越来越专业化、国际化，越来越多的国家以及社会团体参与到这项活动当中。国内外企业的经济交流和贸易活动，以及签订相关的协议，由此产生了巨大的贸易额，东北地区许多企业以冰雪为媒介开展招商引资、物资交易、经济技术合作活动，使对外经济合作水平不断提高。

（三）拓宽就业渠道，增加国民收入

冰雪旅游项目的发展带动了相关产业的发展，形成了一条巨大的经济链。而且以冰雪活动为内容的冰雪旅游是劳动密集型的服务行业，以食、住、行、游、购、娱等为内容的项目的开展，需要大量的劳动力，也就为该地区提供了大量的就业机会，相关就业人员经过短期的培训就能够任职。同时冰雪旅游业的发展会拉动其他行业的发展，从而拓宽就业渠道，更好地促进地区经济的发展，提高人们的生活水平。

（四）牵动相关产业的发展

为了更好地发展东北地区的冰雪旅游产业，满足冰雪活动的需要，与冰雪旅游产业相关的服务行业就必须要相应地提高其的质量与水平，提升其相应配套功能，比如宾馆、饭店、商场等，这为建筑业、装饰业提供了商机，冰雪旅游行业的发展带动了这些行业的发展，所以冰雪旅游行业的发展与其相关产业的发展是相辅相成的。

（五）扩大内需，促进消费

随着我国经济的不断发展，人们有了更多的时间、精力和金钱，旅游经济得到了前所未有的发展。冰雪旅游项目是当下人们非常热爱的一种旅游项目，同时冰雪旅游也是休闲文化的一种，所以会受到很多游客的喜爱，冰雪旅游又是需求性高的一种消费性文化活动，在实施消费行为的同时扩大了内需，而内需的扩大又加速了国家的货币回笼，促进了国民经济

的增长，经济的增长又提高了人们的消费水平。

（六）推动城乡联合

冰雪旅游产业的地域并不限于城市的城区，一些旅游项目会设置在农村山区，将农村山区的冰雪基地和城乡接合部的旅游活动景点相结合，更好地促进城乡地区之间的交流，同时缩小城乡之间的差距，有效地带动了当地经济的发展。一些当地农村剩余劳动力会去冰雪旅游地打工赚钱，冰雪旅游的推广还可以带动周边农村的副食品加工基地建设和市场贸易，从而可以服务旅游、富裕农村，更好地促进城乡地区优势互补、协调发展。

（七）提升城市品位

东北地区冰雪旅游闻名世界，东北地区冰雪旅游项目非常具有地区特色，吸引着大量中外游客，让越来越多的人认识到我国的东北，更好地提升了城市品位和国际地位，相关冰雪活动的开展，促进了城市建设和环境改善，加快了东北各城市与国际接轨的进程和速度。

第三章　冰雪旅游资源价值形成
与实现机制

第一节　冰雪旅游资源价值内涵及构成要素

一　冰雪旅游资源价值内涵

（一）旅游资源价值的含义

对于旅游资源来说，旅游价值是旅游资源衍生出来的一种附属价值。越来越多的人对资源价值的肯定和选择，让旅游资源价值的实现变为可能。旅游资源的价值起初指人们通过观赏、游览各种风景及旅游资源从而达到身心愉悦、开阔眼界、增长见识的目的。但从经济学角度出发，旅游资源的价值从根本上来说即人们主动、自愿地为旅游过程中享受的舒适环境或者文化熏陶买单。所以，要想对旅游资源价值有更深层次的认知，一定要明确它的构成方式。其中，旅游资源本质属性的价值构成是最不容忽视的，我们不能只是简单地考虑它作为旅游资源的附加值。从该层面考虑，旅游资源价值可以分为使用价值与非使用价值两部分，同时这两部分包含的具体内容如图 3 - 1 所示。

在旅游资源的这两方面价值中，使用价值是旅游者直接消费旅游资源，从而满足自身的物质或精神需要，即不存在任何中间行为，旅游资源直接为旅游者提供服务。简单来说就是旅游资源以出售旅游商品和提供服务的方式使旅游者享受到便利。使用价值又分为直接和间接两种，二者以是否和旅游者直接发生接触为主要区分标志。首先是直接使用价值，即旅

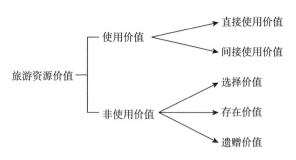

图 3 - 1　旅游资源价值的内容

游资源在旅游活动中直接为人们提供各种服务，满足游客各项需求的价值。其次是间接使用价值，字面理解为不是由旅游资源直接提供的服务与价值，而是辅助于直接使用价值的一种价值。

　　旅游资源的非使用价值具体指至今还没被人们开发使用，但以后可能会被发掘利用的旅游资源的价值，旅游资源的非使用价值主要体现为以下三个方面。一是选择价值，指人们既想花费金钱去消费旅游资源，同时还想预付一部分费用以延续对该资源的消费机会，确保自己有对这种资源的选择权利，以满足未来消费该旅游资源的需要。我们一般把游客为自己未来的选择权而预先支付的消费称为旅游资源的选择价值。二是存在价值，指人们的出发点不是为了获取个人利益，而是为了旅游资源的存在而自愿进行消费。存在价值是人们对旅游资源的道德层面的考量，是与经济价值相对的，例如，人类对自然资源或其他物种的保护和关怀。三是遗赠价值，遗赠价值指的是人们自愿消费的目的是保护旅游资源，可以说这种消费不是为了满足旅游者自身需求，而是把旅游资源馈赠给后代使后代来享受它所带来的价值。

　　从宏观角度来看，旅游资源有以下几方面的价值，一是游历价值，指参观对象对各种自然景观的参观；二是经济价值，指旅游资源可以作为旅游行业及其相关行业的营销对象；三是公益价值，目的是改善和保护人类所生活和居住的自然环境；四是科研价值，人们可以对旅游资源中的自然资源和人文地理进行科学研究；五是史学价值，旅游资源可以为研究人类社会活动和历史轨迹提供直接素材；六是艺术价值，旅游资源特别是艺术品可以用来传承传统文化。

（二）冰雪旅游资源价值的概念

冰雪旅游资源的价值需要根据旅游者和旅游资源经营者的变化而变化。具体表现为冰雪旅游资源经营者凭借分析旅游者实际需求、勘察旅游资源来评估旅游资源的价值，只有做好这些工作才能对旅游资源做进一步的开发计划，并且依据计划进行具体的运行经营（包括营销、维护、服务等），把开发的冰雪旅游资源以游乐设施、旅游产品和服务等形式营销给旅游者，以满足旅游者的各项需求，从而获得经济利益，旅游资源的经济价值由此得以实现。同时，旅游者则是依靠获取旅游地的资讯（尤其是和冰雪旅游资源相关的信息），享受经过开发后的旅游产品的暂时使用权，对旅游资源进行参观和游览，满足人们的娱乐需求和精神需要，实现旅游资源的娱乐和审美价值。从冰雪旅游爱好者自身来看，冰雪旅游资源价值最根本的表现是旅游者为了享受安逸的环境、优美的自然风光或是人文景观而进行的自愿消费行为。从冰雪旅游资源经营者的角度出发，他们一方面对冰雪旅游资源进行开发，另一方面对企业进行经营管理，在这个过程中会付出一定的劳动和艰辛，依据马克思的劳动价值理论，冰雪旅游资源的经营者创造了价值。另外，从经营者的角度来说，冰雪旅游资源本身的天然价值和旅游资源经营者付出的劳动价值构成了冰雪旅游资源的价值总和。因为有了旅游者和旅游资源经营者的参与，冰雪旅游资源的价值才得以体现，应该说旅游者和旅游资源经营者是互为相对的主客体，他们之间既相互作用，又相互影响和制约。正因为这样，我们对冰雪旅游资源价值做如下定义：冰雪旅游经营者通过挖掘、经营冰雪旅游资源借以吸引旅游者进行自愿支付行为，从而在旅游者的消费过程中获得的各种价值的总和。

同时我们也看到，冰雪旅游资源所依附的环境和自身条件的制约等因素也会对冰雪旅游资源的价值产生一定影响。所以，要想更加精准地理解冰雪旅游资源价值的概念，就要弄清楚冰雪旅游地系统内的资源本身和它依赖的环境、时间和空间等因素。换句话说，就是为了让旅游者能够既享受到旅游资源本体，又能够观赏到优美的外在环境，达到内外一致的紧密融合，就一定要创建一个整体的、系统化的资源价值体系，把旅游资源所依附的环境、时间和空间资源价值进行连接和统筹规划，实现其整体价值。如此一来，便能够看出冰雪旅游资源本体与环境资源其实存在某种共存的逻辑关系，时间与空间资源直接影响到旅游者的旅游质量以及选择和喜好。在这四种资源配置中，任意一个资源要素变动都关系到冰雪旅游资源价值的总体状况，并且每个资源要素又是由若干个动态的因素共同构成的。

（三）冰雪旅游资源价值的特点

自然旅游资源和人文旅游资源构成了冰雪旅游资源的两种形式，因此，冰雪旅游资源具有自然旅游资源价值和人文旅游资源价值的属性，并且这两种价值相互融合、相互作用。不同于一般商品的价值属性，冰雪旅游资源价值有如下特性。

1. 稀缺性

冰雪旅游资源之所以具有稀缺性，是因为这种资源不是无穷无尽的，它的总量是有限的，人类对它们的开发保护成本越来越高，并且人类的需求从来不会停止，所以它具有很强的稀缺性。

2. 整体有用性

冰雪旅游资源价值的实现很大程度上依赖于其整体的作用，如果其中一项因素改变必然会影响其他因素的稳定性，从而影响整体的效果和作用。

3. 共享性

共享性指的是全体旅游者一起共享冰雪旅游资源所提供的服务，无法限制或阻止他人获得服务。

4. 外部性

外部性包括外部经济性和外部不经济性。外部经济性指旅游活动有益于他人或社会，并且受益者无须为此支付任何费用。例如，带动旅游资源所在地的经济发展、推动基础设施的建设、优化自然和人文环境、增强旅游资源所在地的声望等影响力。外部不经济性则指旅游活动的存在给他人或社会造成的负面影响，但是造成损失的人并没有为损失买单和负责。例如，给当地造成的文化冲击、给附近居民造成的困扰以及对自然环境和社会环境的污染等一系列行为。

5. 不可分割性

冰雪旅游资源在物质形态上是不可分割的，旅游者必须在保证其完整性的基础上对其进行消费，并且所有旅游者都有权利享有旅游资源。

6. 无须转移所有权

商品价值的交换一般是通过转移所有权来实现的，不过冰雪旅游资源比较特殊，其价值一般不通过所有权转移，而是通过提供使用权或提供服务的形式来实现，可以循环往复地来体现自身价值。

二 冰雪旅游资源价值的构成要素

（一）冰雪旅游资源价值的衡量标准

前文谈过，自然旅游资源和人文旅游资源是构成冰雪旅游资源的两种主要形式，因此，冰雪旅游资源除具有一般自然旅游资源的价值外，其价值构成还具有独特的方式。我们可以借鉴国内外通用的对自然旅游资源价值评价的一些相关指标，如整体景观的独特程度、影响范围和程度，景区舒适程度以及服务水平等，以此来分析冰雪旅游资源价值的构成因素。同时再融入冰雪旅游资源所特有的季节性、地域性等特征，设定适合旅游的范围和适合旅游的周期等指标变量。另外，冰雪旅游资源还是特殊的人文旅游资源，具有一定的人文价值，蕴含着很多独特的文化内涵，例如，冰雪自然景观艺术、冰雪建筑、服饰等各方面的文化，其中，冰雪艺术是一个尤为重要的部分，本书归纳出冰雪景观设计的艺术层面的指标变量。冰雪旅游资源、设施、产品、服务和旅游经营者在开发运营中表现出的文化内涵就是冰雪旅游客体文化，我们可以从以下几个方面来对冰雪旅游客体文化进行解析。

1. 旅游文化的异质性

冰雪旅游地景点的关键是独特性，同时，它的独特性凭借文化的异质性得以表现。旅游文化的异质性决定了该旅游资源对旅游者吸引程度的强弱。冰雪旅游地一旦可以满足旅游者的实际需求，并能融入冰雪旅游的文化内涵，设置各种独特的娱乐项目，就会形成自身独特的竞争优势，从而吸引更多的旅游者。

2. 主题文化的概念化

不同的旅游文化在发展过程中经过一系列演变，会形成某个具有明显倾向性的主题，并且越来越强调突出这一主题，使之渐渐地概念化，最终上升为冰雪旅游地景区的特色和核心所在，使该地具有一定的凝聚力和独特的情怀。冰雪旅游地的景区主题文化缺失会导致旅游资源的开发和管理混乱，景区的特点和优势不够鲜明，不能给旅游者留下深刻的印象，难以形成感召力，缺乏竞争优势。

3. 旅游项目设计的参与性

一个旅游项目的设计要想吸引眼球，不但要点明主题文化，而且要丰富完善文化的表现形式。在进行冰雪旅游项目设计时，应尽可能地使旅游资源能够满足旅游者的观赏需要，与旅游者的兴趣有效结合起来，为旅游者提供最称心如意的高质量服务。

4. 旅游文化展示的适宜性

异质文化对旅游者来说是有利有弊的。优点在于旅游者会觉得异质文化很新鲜，能够满足他们的猎奇心理，由此带动他们进行消费；但缺点在于旅游者对异质文化感到陌生，会让他们产生焦虑和不安的心理，导致沟通和交流困难。所以，冰雪旅游文化展示的适宜性显得更为重要，适宜性指的是要尽可能让旅游者感到新鲜，同时尽可能地规避一切可能会让他们产生焦虑和困扰的问题。

在发展冰雪旅游产业的过程中，也涉及保护生态环境的话题，只有与大自然和谐相处，才能保证冰雪旅游产业健康科学可持续地发展下去。在冰雪旅游大发展的情况下，更需要注重对生态环境的保护。在开发旅游资源时要尽可能不改变资源的原始状态，要最大限度地保留自然生态的本来面貌。所以我们一直强调生态资源的完整性、景观设计的生态性等指标，这符合国家一直提倡的生态文明建设理念。

综合以上指标，本章构建了冰雪旅游资源价值评价指标体系框架，具体如表 3 - 1 所示。

表 3 – 1　冰雪旅游资源价值评价指标体系框架

指标变量	分析变量	指标变量	分析变量
景观独特程度	X_1	项目设计的参与性	X_9
景观设计的生态性	X_2	文化展示的适宜性	X_{10}
景观设计的艺术性	X_3	适游周期	X_{11}
环境舒适程度	X_4	适游范围	X_{12}
规模与丰度	X_5	服务质量	X_{13}
知名度与影响力	X_6	生态资源的完整性	X_{14}
旅游文化的异质性	X_7	环境的保护	X_{15}
主题文化的概念性	X_8	生态环境的协调性	X_{16}

资料来源：吴伟伟等《冰雪旅游资源的价值构成与体系构建研究》。

通过以上冰雪旅游资源价值评价指标体系，我们可以看到冰雪旅游资源价值的各个方面。为了清晰明确地理解冰雪旅游资源价值的构成要素，本书秉承整体系统的原则去构建评价指标体系，并且根据构建的指标体系框架设计了调查项目。

利用因子分析法，我们获得了衡量冰雪旅游资源价值的三个主要因子，其中因子 1 主要包括景观独特程度、环境舒适程度、规模与丰度、知名度与影响力、适游周期、适游范围、服务质量，这些指标大多体现的是冰雪旅游资源对于经济的作用和价值，因此我们把它定义为经济要素。因子 2 主要包括景观设计的艺术性、旅游文化的异质性、主题文化的概念性、项目设计的参与性、文化展示的适宜性，这些指标体现的是冰雪旅游资源在文化层面的作用与价值，因此被称作文化要素。因子 3 主要包括景观设计的生态性、生态资源的完整性、环境的保护、生态环境的协调性，这些指标代表的是冰雪旅游资源在生态方面的价值，所以称之为生态要素。

经过以上探究，我们可以看出文化要素是冰雪旅游资源价值的主体构成要素，这证明了冰雪旅游资源价值具有很深远的文化内涵。同时我们也看到，冰雪旅游资源价值的构成要素主要包括经济要素、文化要素和生态要素这几个方面，它们都对旅游资源价值的实现发挥着不可取代的作用。

（二）冰雪旅游资源价值的体系构建

冰雪旅游资源价值体系主要由经济、文化和生态三个要素构成。根据冰雪旅游资源价值的构成要素，本书创建了冰雪旅游资源价值体系，具体如图 3-2 所示。

图 3-2　冰雪旅游资源价值体系

1. 经济价值

当冰雪旅游资源被看作自然旅游资源时，它是天然的、原始的资源，要从属于特定的地理位置和气候条件，并且能够按照自然规律不断更替、再生、恢复和增殖。但是假如冰雪旅游活动强度变大，人们对资源的开发速度就会超出资源自主恢复的速度，并且冰雪旅游者又有观赏游览自然和人文景观的双重需求，同时又想参与冰雪休闲娱乐项目。这就要求冰雪旅游资源开发者投入更多的时间和精力，去发掘建造新的冰雪景观，完善冰雪游乐设施，同时开发更多新颖有趣的娱乐项目和旅游产品，这一系列举措都让冰雪旅游资源经历社会再生产的环节，从而衍生出它独特的经济价值。

2. 生态价值

生态价值是冰雪旅游资源的"潜在价值"，冰雪旅游资源的存在条件苛刻，并且冰雪资源十分稀有，这就决定了它具有很大的生态价值。冰雪旅游资源的地域性特点十分显著，只有特定的地理地区才存在这种资源，并且同时要满足环境、温度、气候、地貌等各方面的要求，所以冰雪旅游资源的存在具有很大的局限性。除了这些，冰雪旅游资源还在很大程度上依赖于季节和气候变化，只有有雪的冬季才能提供室外冰雪旅游资源，所以，它存在的客观条件很严苛，会受到多种因素的制约。也正是因此，才更能体现出冰雪旅游资源的稀有性。因冰雪旅游资源有限，不可能随时被开发使用，所以要想让旅游业平稳长期运行下去，必须深刻了解它的稀有性，充分理解它的价值所在。在进行景观设计时，要注意还原生态的原始面貌，让旅游资源的开发在生态环境良好的前提下进行，这样才能确保冰雪旅游资源的可持续发展。

3. 文化价值

文化价值是指满足人类精神文化层面需要的价值，如冰雪旅游资源所独具的文化艺术价值、美学欣赏价值、科学研究价值等。冰雪旅游资源的文化内涵十分丰富而深刻，涵盖了冰雪建筑、冰雪交通、冰雪艺术、冰雪服饰、冰雪饮食等多方面的文化内容。冰雪旅游资源的文化价值具体表现为旅游者在参观人文景观后产生了一定的文化共鸣，对参观对象的文化历史有了深入的了解，从而丰富自身的精神境界和文化素养。

冰雪旅游文化总体上有以下三方面特性。①普遍性，冰雪旅游活动越来越热门，促使冰雪旅游文化越来越受到重视并且广泛地传播，成为新的经济增长点。②渗透性，冰雪旅游文化与人们日常社会生活息息相关，它来源于社会生活，同时也反作用于社会生活，对社会生活产生一定的影响。③交融性，冰雪旅游文化的交融性是多种文化碰撞的结果。形式多样的旅游文化与冰雪旅游地的文化互相冲击作用，达到相互交流借鉴甚至部分融合的效果。其中，冰雪旅游文化在文化交流中是作为媒介存在的，它发挥着沟通和调节的重要作用。

冰雪旅游文化的类型主要包括如下几个。①冰雪旅游主体文化，即冰雪旅游者文化。旅游者来自不同国家和地区，生活环境各不相同，地方风俗和文化特色的熏陶，使旅游者形成了以地域民族文化为代表的旅游性格。所以来自世界各地的冰雪旅游者都具有各自原生的文化背景，他们所固有的文化会与冰雪旅游地的文化在接触交流中融合，使人们之间的关系变得更为密切。

②冰雪旅游客体文化，主要是指冰雪旅游资源、设施、产品以及冰雪旅游管理者在经营和管理中蕴含的文化内涵。冰雪旅游资源是旅游客体，是冰雪旅游得以顺利开展的物质前提和保障，包括自然旅游资源和人文旅游资源两种类型。自然旅游资源包括雪山、冰湖、雾凇等自然场景或气象景观。人文旅游资源则包含冰灯、雪雕、冰雪娱乐项目等各种冰雪观赏和娱乐活动。文化因素和审美价值构成了冰雪旅游资源所蕴含的丰富而极具吸引力的文化内涵。冰雪旅游产品包括旅游线路、旅游商品和旅游纪念品

等，具备独特的物质和精神上的双重特性。比如说冰雪旅游纪念品，它主要依靠形象生动的外观、独特的造型艺术、精湛的工艺来体现冰雪旅游资源所在地的主题文化，应塑造形象鲜明的旅游吸引物，并且能巧妙地与当地民俗、地理环境和社会特征等紧密融合，来体现出独特的地域性特征。旅游者进行游玩时，通常愿意购买当地的旅游产品作留念，保存记忆，以便日后回味这次有趣的旅途；也有很多旅游者把它带回去馈赠给亲朋好友，和他们分享旅游地的特色以及自己难忘的旅游经历；也有一些旅游者以收藏各地的旅游纪念品为乐。与一般的旅游商品相比，冰雪旅游商品通常融入冰雪元素，以突出资源的独特性和冰雪文化的深层次内涵。

③冰雪旅游中介体文化，具体指旅游行业文化和旅游企业文化。旅游行业文化即政府和旅游主管部门制定的有关旅游的主题内容、设备设施、服务水平、收费标准、安全保障等方面的规章制度，以有效地规范与管理旅游行业，推动旅游企业平稳运行，营造一个健康和谐的行业环境，促使旅游企业不断适应市场需求，提升竞争力。旅游行业文化还包括高质量、高水准的服务，以冰雪为例，冰雪场地及其附属设施、旅行社、交通、住宿、餐饮和购物各方面的服务都有严格的标准，企业不得私自更改。旅游企业文化包括旅游企业的价值观念、道德观念、企业精神和管理理念等各个方面。旅游企业文化还包括培训相关工作人员，以确保为旅游者提供高质量的服务，不断对员工进行理论知识的培训及专业技能的锻炼，提高员工的工作能力和职业道德修养。

④冰雪旅游社会环境文化，是以旅游者原来所在地与冰雪旅游地的文化背景和社会环境为基础，两种文化之间互相碰撞和交流从而衍生出全新的文化关系。这种全新的文化关系的产生与旅游者的地理位置转移具有密切关系。冰雪旅游地的独特文化内涵由当地的风俗和地域特色共同决定，它是冰雪旅游地在长期的发展演变过程中，由于经历了文化的沟通、碰撞与融合慢慢形成的具有地域性特色的旅游文化传统。这种旅游文化传统可以被视为一种社会性遗传，它形成之后便相对稳定，同时具有很强的独立性，并且对以后冰雪旅游文化的发展和传播发挥着巨大的作用。

冰雪旅游资源的经济价值、生态价值和文化价值是一个系统的、相互制约又彼此联系的整体，任何一种价值的缺失都给其他价值带来消极的影响，影响整体价值的发挥。

第二节　冰雪旅游资源价值的形成与实现

一　东北地区冰雪旅游的历史与现状

（一）东北地区冰雪旅游发展历史

东北地区冰雪资源十分丰富，历史更是源远流长。鄂伦春、赫哲等少数民族一直都保持着冰雪狩猎的习俗。冰雪体育项目在 20 世纪 40 年代后才演变为体育竞技项目，冰雪旅游这一新颖的旅游模式才被开发出来。新中国成立后，我国不断加强体育事业建设，以黑龙江为例，从 20 世纪 60 年代开始逐步创建了尚志乌吉密滑雪场、长寿山滑雪场、海林双峰滑雪场（当时为军用滑雪场）。20 世纪 80 年代，国家为了推广冰雪运动，促进旅游行业的蓬勃发展，又修建了尚志亚布力滑雪场和桃山滑雪场。到了 90 年代，国家又对亚布力滑雪场进行大规模的改造和扩建，以便其可以承办国际性的大型冰雪体育赛事。与此同时，玉泉国际狩猎场、玉泉威虎山、宾县二龙山、鸡西麒麟山等众多小型初级冰雪场地也应运而生，满足了人们日常娱乐需要。截至 2020 年底，东北地区已经拥有 200 多家滑雪场地。在国家的不断支持下，东北地区的冰雪旅游行业正在蒸蒸日上地发展着，拥有广阔的前景。

1992 年，国家旅游局正式对东北地区进行"冰雪风光游"专项旅游产品规划。1997 年，东北地区各省旅游局实地考察观摩了地区内的各大冰雪场地，并且第一次将开发冰雪旅游当作东北地区旅游业发展的中心和主体方向。东北地区具备天然的冰雪旅游资源基础，每年冬季的 11 月到第二年 3 月，累计积雪量多达 50～200 毫米，因此，很多地方都具备开发冬季冰雪旅游项目的物质条件。

东北地区各省旅游业发展"十三五"规划的目标是创建冰雪旅游品牌，把东北地区各相关城市打造成世界冰雪旅游名都，比如，把牡丹江市打造成中国雪城。其中黑龙江省重点打造了 20 个精品旅游景区，比较著名的有太阳岛、冰雪大世界、亚布力滑雪旅游度假区、吉华滑雪场、齐齐哈尔明月岛旅游区、黑河卧牛湖风景区（红河谷国际旅游滑雪场）、威虎山风景区、海林中国雪乡风景区等 8 个景区，这些景区都具有开发冰雪旅游的资源优势和地域特色。

（二）东北地区冰雪旅游发展现状

从 20 世纪末开始，东北地区各城市先后举办冰雕雪塑观赏、冰雪度假与冰雪游乐等新颖的旅游活动，这些活动都以冰雪为核心。除此之外，东北地区还创办了各种滑雪节、地区国际冰雪节、地区文化旅游节、国际泼雪节、中国雪乡旅游节等旅游节庆活动，不但获得了可观的经济效益，带动整个地区的经济发展，而且也创造了良好的社会效益和生态文化效益。

近年来，东北地区冰雪场地的数量快速增加，规模也不断扩张，出现了一系列大型的冰雪场地，如亚布力滑雪场、万达长白山滑雪场、松花湖滑雪场、北大壶滑雪场、棋盘山滑雪场、二龙山龙珠冰雪场、乌吉密冰雪场、玉泉山冰雪场、牡丹峰冰雪场、月亮湾冰雪场、名都冰雪场等，除了具备丰富的冰雪资源外，它们较强的接待能力和高质量的服务更是受到人们的青睐。

总体来看，东北地区冰雪旅游目前的发展势头非常喜人，各级政府和社会各方面都大力支持冰雪旅游的开发建设，冰雪旅游的阶段性开发获得了初步的胜利，收到了良好的成效，达到了预期的经济和社会目标，东北地区的"冰雪旅游接待地"地位日益稳固，东北地区冰雪旅游板块集群逐渐成形，并且具有了一定的名气与声望。比如黑龙江省客观上已经形成了"一条黄金扁担（301 国道）、两个白金筐（哈尔滨市、牡丹江市）"的冰雪旅游总体格局。但目前冰雪旅游还未完全成熟，供需之间还存在一定的矛盾亟待解决，冰雪场地的数量、质量需要不断地调整，冰雪场地需要进行组合及优化升级，冰雪旅游产业发展还不是很平衡，冰雪设施的管理方面还不够严格规范，难以获得可观的经济效益。同时我们也看到，近些年来，冰雪运动特别是冰雪旅游受到越来越多人的欢迎和喜爱，受众越来越广，年龄范围也逐渐扩大，不仅中青年人，老年人和少年儿童也参与其中，但冰上竞技运动参与人员却没有明显增加，冰雪运动的受众与冰上竞技运动参与人员存在明显两极分化趋势。

二　冰雪旅游资源价值的形成与实现机制

一般来说，东北地区冰雪旅游景区特色活动一年开展一次，并且每次都设定某个具体的园区计划主题。较著名的景区活动既包含冰雪艺术精华，同时又囊括了各种冰雪娱乐活动，内涵十分丰富，形式也多样。园区规划占地面积大约都在 20 万平方米，对于雪量和冰量的需求大约在 10 万立方米，园区内都是规模大、冰雪艺术景观较为丰富、冰雪娱乐活动比较多样化的冰雪旅游景点。一般景区的冰雪旅游资源有自然旅游资源和人文旅游资源两种，这充分反映出冰雪旅游资源的种类和特色。另外，冰雪旅游资源价值的稀缺性、整体有用性、共享性、外部性以及不可分割性等特征在此也有十分明显的体现。东北地区冰雪旅游景区具有代表性的冰雪旅游景点是冰雪旅游资源的典范和代表作，充分体现了冰雪旅游资源的价值和意义。

(一) 冰雪旅游资源价值形成效果分析

要想如实精确地对冰雪旅游资源价值的形成效果进行分析，我们第一步就是要做好冰雪旅游资源价值形成效果的评价工作。首先建构出评价冰雪旅游资源价值形成效果的指标体系，明确各项评价指标的权重，其次以问卷形式展开调查，最后根据相关数据进行实际评价，并且分析评价结果，得出结论。

1. 评价指标体系的构建

为了使评价结果尽可能的真实可靠，具备一定的实际意义，在构建冰雪旅游资源价值形成效果的评价指标体系时要严格遵循以下一些原则。

(1) 系统性原则

冰雪旅游资源价值主要包括经济价值、文化价值和生态价值几方面，它们之间互相联系、缺一不可，因此具备很高的系统性和整体性。所以设定评价指标时，要充分考虑各个因素，多方位、多角度地分析冰雪旅游资源的价值。

（2）可比性原则

为了便于分析比较不同地区冰雪旅游资源价值评价结果，在指标体系中，相同指标针对的评价对象应采用统一的衡量标准和尺度，这样才能保证分析比对结果的科学性和公平性。

（3）简洁性原则

对于评价指标的描述要直观明了，指标的含义要简明准确，防止指标、内容之间存在覆盖重叠现象。此外，在保证指标整体性的原则下，对指标的总量要尽可能地加以控制。

冰雪旅游资源价值评价指标体系基本沿袭冰雪旅游资源价值评价指标体系框架。具体包括 1 个一级指标，即冰雪旅游资源价值；3 个二级指标，即经济价值（B_1）、文化价值（B_2）和生态价值（B_3）；16 个三级指标。

2. 冰雪旅游资源价值形成效果评价指标的权重

冰雪旅游资源价值形成效果评价指标的权重是通过层次分析法来确定的。第一个提出层次分析法（Analytic Hierarchy Process，简称 AHP 法）的人是美国运筹学家萨帝，他在 20 世纪 70 年代末提出该分析方法。这是一个定性与定量相结合的能够用来解决复杂的社会、政治、经济、技术等诸多决策问题的方法，这种方法可以系统化、模式化、科学化地最大限度还原决策者复杂的决策思维过程，能被用作多目的、多层次、多角度的决策问题的解决。该方法特别适合用于决定各个评价指标的权重因子。层次分析法的基本过程是，把一个完整的问题切分为单个的组成元素，并且依据支配关系对这些元素进行归纳分类，让它们按顺序和逻辑组合成递阶层次结构，然后对两两元素之间进行一一比对分析，由此进一步明确各个元素在决策中的权重。

为了确定各指标的权重，向 12 位冰雪旅游方面的专家发放比较各个不同层次评价指标重要程度的调查问卷，请专家根据他们的判断给出两两评价指标相对重要性的程度值。取值空间为 1~9 的整数，依据的评分取值准则如表 3-2 所示。

表 3 - 2 评分取值准则

分值	解释
1	表示 u_i 与 u_j 比较，具有同等重要性
3	表示 u_i 与 u_j 比较，u_i 比 u_j 稍微重要
5	表示 u_i 与 u_j 比较，u_i 比 u_j 明显重要
7	表示 u_i 与 u_j 比较，u_i 比 u_j 强烈重要
9	表示 u_i 与 u_j 比较，u_i 比 u_j 稍极端重要
2，4，6，8	2，4，6，8 分别表示相邻判断 1~3，3~5，5~7，7~9 的中间值

将调查所获得的数据进行处理并求均值，构造两两比较的判断矩阵，运用层次分析法计算出各指标的权重，如表 3 - 3 所示。

表 3 - 3 各指标权重值

变量	B_1	B_2	B_3
	0.50	0.30	0.20
X_1	0.112		
X_2	0.123		
X_3	0.123		
X_4	0.141		
X_5	0.167		
X_6	0.167		
X_7	0.167		
X_8		0.168	
X_9		0.198	
X_{10}		0.198	
X_{11}		0.222	
X_{12}		0.214	
X_{13}			0.297
X_{14}			0.203
X_{15}			0.297
X_{16}			0.203

（二）形成较高冰雪旅游资源价值的因素分析

根据前面分析的价值形成机制，我们来进一步探究为什么冰雪旅游资源具有极高的价值。东北地区对冰雪旅游的重视程度越来越高，因为东北地区在社会经济条件、城镇化水平、生态环境、社会面貌、基础设施和交通便捷方面都有了很明显的进步和发展，冰雪旅游所在地的安全程度、社会开放程度也在不断加大，居民整体素养也上升到一个新的水平，所以政府更加重视冰雪旅游形象的树立，逐步将工作重心转移到消除冰雪旅游所带来的负面影响上，同时出台一系列政策以支持冰雪旅游业的发展，这些措施和策略都对冰雪旅游资源价值的形成起到很大促进作用。同时，随着我国经济水平的提高、游客消费水平的提高以及游乐时间的增加，人们的生活方式发生了翻天覆地的变化，人们开始投入更多的金钱及时间以满足精神方面的需求，并且冰雪旅游具有深厚的文化底蕴，在冰雪旅游过程中，旅游者能感受到其蕴含的独特文化魅力与艺术气息，从而丰富自身的精神世界。冰雪旅游资源非常稀有，同时又和其他旅游资源有很大的差别，所以它能够吸引游客，让人们对冰雪运动和冰雪文化具有浓烈的新鲜感，这都促使游客自愿对冰雪旅游资源进行支付，加快冰雪旅游资源的开发进程，推动冰雪旅游资源价值的形成。

按照冰雪旅游资源经济价值、文化价值和生态价值协同性的计算公式，我们不难得出结论，冰雪旅游资源经济价值、文化价值和生态价值协同性较大，这表明冰雪旅游资源的各部分价值构成是均衡合理的，所以十分有利于景区形成较大的冰雪旅游资源价值。同时，在对冰雪旅游资源进行开发时，开发者一般都会对现实的经济环境、社会环境和生态环境做充分的考察与分析，预测外部环境可能给冰雪旅游资源开发带来的制约影响，同时也分析有利因素和不利因素，再与外部互相配合，确保资源开发过程中可以协调各方、克服困难。除此之外，开发者还会分析冰雪旅游资源的开发可能给经济环境、社会环境和生态环境所带来的负面影响，促使冰雪旅游资源的开发可以更有益于发展经济，优化社会及自然环境，满足人们的文化生活需要。这一系列措施都能推动冰雪旅游资源的开发与外部的经济、社会以及生态环境相互协调、交流融合、和谐发展。

三 东北地区冰雪旅游感知形象测量体系

(一) 东北地区冰雪旅游季概况

东北地区旅游产业中最重要的内容就是冰雪旅游季，而且已经成为东北地区旅游产业的一个重要品牌，有非常大的影响力。而冰雪旅游季的时间一般从每年的 11 月到次年的二三月，大概在 100 天，空间上包括东北地区的众多城市和冰雪体育场馆。

从地理位置来看，东北地区因独特的地理位置和气候因素成为我国为数不多处在高纬度的地区，东北地区有很多独特的自然景观，同时也有丰富的人文风情。进入 21 世纪，东北地区旅游业得到了长足发展，作为东北特色旅游的冰雪旅游吸引着世界各地的游客来此体验参与，其国际影响力不断提升。除此之外，东北地区还有多样化的城市建筑，这些城市建筑也为东北地区旅游产业的发展提供了资源。特别是哈尔滨的建筑呈现西方建筑的风格，其中以俄罗斯风格的建筑为主，同时也融合了法国、古希腊、古罗马的建筑风格。有数据显示，东北地区现存的极具代表性的建筑有 500 多座，其中，享有盛名的有爱奥尼和科林斯柱式的美术馆和纪念馆，还有哥特式的基督教堂，这些极具异国风情的建筑物也成为东北地区旅游资源中的一部分。

在东北地区的冰雪旅游产品中，极具特色的有冰雪景观、主题活动和特色美食。冰雪景观中有让人惊叹的冰雕、雪雕、雪屋，还有雪地城堡，这些独特的冰雪文化和景观，让游客有不一样的体验；形式丰富的主题活动会让游客流连忘返，乘冰帆、坐爬犁、参加冰雪运动会等项目吸引了国内外众多游客；极具当地特色的冻梨、冻柿子等美食给游客带来了不一样的味觉体验。

东北地区的冰雪旅游在国内外市场都有较高的知名度和影响力。国内的市场主要集中在北京、上海、广州、南京、福建等地，有数据显示，这些地区每年到东北地区游玩的游客人数占游客总人数的三分之一以上，除此之外，山东、江苏等地的游客人数也在逐年增长。国外的市场主要集中在韩国、朝鲜、蒙古国、日本等地。

东北地区冰雪旅游的景区大部分位于市区及郊区，所以游客无论是住宿还是出行、购物都非常方便。东北地区既有五星级的酒店，也有舒适的经济型旅店，能够满足不同层次的游客的需求。出行也是非常方便的，公交车线路贯穿整个景区。

（二）东北地区冰雪旅游季旅游感知形象测量内容

对冰雪旅游季的旅游感知形象测量内容指的是测量对象的属性或者特征，因为旅游形象最突出的特点是抽象性，所以要想对旅游形象进行一个很好的测量，就需要明确测量内容是什么。根据调查分析，本书将东北地区的冰雪旅游季旅游感知形象分为以下三个方面：认知、情感和总体形象。

1. 认知形象测量内容

认知是一个人对外部客观世界的感觉、判断和想象，认知形象的测量内容比较丰富和宽泛。一般来讲，我们可以把旅游者认知形象属性概括为八个维度：安全舒适、冒险、自然程度、观光设施、度假区气候、文化、物价低廉、易沟通等。同时，将吸引物和特性概括为九个方面：自然资源，通用设施，旅游设施，娱乐和休闲，文化、历史和艺术，政治经济，自然环境，社会环境，当地氛围等。

通过对相关理论和文献进行研究后对认知形象属性又做了部分补充，最后形成了相关的分类标准。具体如表3-4所示。

表3-4 认知形象属性分类标准

旅游资源	旅游景点、冰雪主题活动、寒冷地区民俗、冰雪景观与特色建筑
旅游活动	休闲娱乐、交通便利、住宿场所、购物
旅游环境	特色的异国情调、风景与观光旅游、消费水平
社会环境	服务质量、基础设施、城市印象

2. 情感形象测量内容

（1）认知属性情感评价

认知属性情感评价是指冰雪体育游客的认知属性的种类，可以通过设置选择一些形容词或者是反映偏好的词语来进行统计分析，诸如可以设计包括没有提及、正面评价、负面评价、正负兼有等情感词语加以辨析。

（2）情感形容词统计

通过设置一些情感形容词进行问卷调查，可以了解游客对冰雪旅游景区的情感体验和认可程度，通过这些调查可以直接了解游客对冰雪旅游景区的喜好程度，调查的结果可能是正面的，也可能是负面的，从中可以得知游客对旅游景区的感受，这对景区经营者改进经营、提高服务水平有一定的督促和借鉴意义。

（3）情感形象测量方面

在这一方面的测量中，主要采用的是 Russel 的"感情环状模式"作为调查基础，将 Echtner 和 Ritchie 提出的相关问题作为前提，然后根据游客的描述，从"愉快的—不愉快的""兴致勃勃的—昏昏欲睡的"这两个维度来确定游客的偏好，如表 3 - 5 所示。

表 3 - 5   东北地区冰雪旅游季情感形象描述

维度	具体内容	
情感	愉快的—不愉快的	例如：愉快、高兴、开心、不开心
形象维度	兴致勃勃的—昏昏欲睡的	例如：兴奋、无聊、大失所望

3. 总体形象测量内容

总体形象主要是由描述游客对旅游地感受的词语构成，一般为形容词和名词。在东北地区冰雪旅游的总体形象中，以用来形容旅游形象整体性和唯一性的相关词语作为关键词，然后统计出现次数最高的事物或者词语，并根据频率进行排序。游客满意度是分析游客总体认知形象的关键信息，可以通过调查游客的体验信息对游客的满意度进行测量分析，如表 3 - 6 所示。

表 3 - 6   冰雪旅游景区旅游体验信息分析

体验的心理感受	具体表现状态
兴奋感 （旅游体验大于旅游期望）	兴奋、激动、流连忘返等

体验的心理感受	具体表现状态
镇定感 （旅游体验等于旅游期望）	安静、平淡等
失望感 （旅游体验小于旅游期望）	失望、遗憾、沮丧等

（三）旅游感知形象测量方法

感知形象一般是指游客在旅游过程中对旅游地的总体印象和评价。一般可以用结构化和非结构化相结合的方法对游客的感知形象进行测量。

1. 内容分析法

内容分析法一般是指对外界传播的内容所包含的信息量进行客观、系统的定量描述，目的是得出事物的本质特性和确切内容，为判断提供依据。网络游记是游客对旅游地直观感受的真实体验记录，这些体验可以作为对游客感知形象评价的主要依据，并运用相关软件进行词频统计从而得出相应评价。

2. 问卷调查法

问卷调查法是了解游客对旅游过程感受的最直接有效的方法，在问卷调查法中，将调查问卷分为三个部分，第一部分可以收集游客的基本信息，比如性别、年龄、收入、文化程度等；第二部分可以用来了解游客对东北地区冰雪旅游的认知形象和情感形象并进行相应的评价，同时还要对这些因素所占比重进行综合的分析；第三部分可以设置相关的开放性问题，了解游客对东北地区冰雪旅游季的总体形象。

问卷调查的范围以东北地区一些重点的冰雪景观景点场馆为主，研究对象为在东北地区的游客。采用随机抽样的方法，将制作好的问卷在景区内发放，让游客当场填写并回收。为了提高问卷调查的效率，与景区内的相关人员进行了沟通和交流，共同发放问卷进行调查。

（四）东北地区冰雪旅游季旅游感知形象测量标准

1. 网络游记的测量标准

在认知形象的测量中，调查者根据词频的高低对其进行排序，位置靠前的，说明这种因素对于游客的影响力是比较大的。词频指的是在单位时间内，词语在一定范围内出现的次数，具有直观性和简便性。而在情感形象的测量中，好的形容词词频越高，说明游客越满意。在总体形象中，调查者根据相关的游记内容，将出现次数最多的词语进行排序，从而来研究和分析东北地区冰雪旅游的固有形象和特殊形象。

2. 调查问卷的测量标准

在问卷调查中主要采用的是李克特五级量表，数字"1"表示"不赞同"，"2"表示"不太赞同"，"3"表示"中立"，"4"表示"比较赞同"，"5"表示"赞同"。分数越高，代表游客越满意，同时还能够通过综合分数的高低来反映游客对东北地区的旅游感知形象是否满意。

第三节　基于产业发展的冰雪旅游资源价值提升路径

秉承着冰雪旅游资源价值提升的原则，以前文提出的冰雪旅游资源价值提升策略为基础，为解决冰雪景区冰雪旅游资源价值实现程度低下的问题，我们从产业发展与形象提升两个角度出发来探讨相应对策以提升景区冰雪旅游资源价值。

一　产业发展方面

首先是产业发展方面，要整体提升景区冰雪旅游资源价值，核心在于创建冰雪旅游产业及保障体系，落实到具体方面就是让冰雪旅游建设更加规范化，这需要政府强有力的宏观调控和行业管理，同时要不断地加强宣传，进一步开拓冰雪旅游客源市场。

（一）加强标准化建设

东北地区各省政府在冰雪旅游资源开发时要特别重视建设过程的标准化，对开发完成的项目要打开市场，大力宣传，打造良好的品牌形象，推动游客的二次消费行为以及发挥他们的带动和宣传作用，赢得良好的口碑。

在保证冰雪旅游产品多样化的基础上，还要考虑旅游接待的质量。东北地区的旅游者中除了本地游客外，外地游客主要来自香港、广州、北京、上海等发达城市，这些地区经济发展水平较高，其公共设施与服务水平远远优于旅游地，这些平时生活质量较高的游客对于接待设施与服务质量的要求也会更高，比如，在雪场质量、餐具卫生、配菜口味、饭店配套设施各个方面都具有很高的要求和期待，所以在进行冰雪旅游市场调研时，一定要重点考虑旅游接待质量水平问题。

（二）加强政府宏观调控和行业管理

在冰雪旅游资源开发过程中，政府所扮演的角色是至关重要的。要跟随市场经济发展的步伐，必须要转变职能，进行强有力的宏观调控，严格规范行业标准及准入规则，特别是要做好冰雪旅游资源开发过程中的规划，加强冰雪旅游市场管理工作，避免重复建设和不良竞争问题的出现。某些冰雪旅游项目存在一定风险，因此必须加强安全管理工作。这需要政府建立健全安全监督体系，规范相关企业运营的标准和条件，同时依据要求进行审批，不能有一丝懈怠。同时还要从旅游业发展的长远角度考虑，讨论并制定冰雪旅游活动的安全保障体系，分析潜在的安全隐患并且提出相应解决策略，避免旅游者在旅游过程中发生安全问题。此外，还要不断完善冰雪旅游相关法律法规的建设规范工作。

政府和相关主管部门要坚持收集和整理冰雪旅游的相关数据，使之系统化、规范化，同时要定期更新数据，这样遇到问题才能灵活实时地采取策略加以有效应对。冰雪旅游投诉和信息管理工作同样不容忽视，冰雪旅游的投诉工作指处理和解决旅游者的投诉问题，在不侵犯消费者合法权益的前提下也要维护旅行社的合法权益。信息管理工作指旅行社、宾馆、饭店和旅游地等各方面信息的搜集和管理工作。要时刻注意国家旅游部门方针、政策的最新动态，结合旅游地实际情况制订旅游活动开发计划，做到能够科学合理地预测冰雪旅游市场，做好旅游产品的推广和宣传工作。

（三）加大宣传力度，进一步开发冰雪旅游客源市场

明确目标市场是东北地区各省冰雪旅游客源市场开发的重中之重。欧美发达国家地理位置距我国较远，并且自身具备冰雪旅游业发展的条件，

游客一般很少选择到东北地区旅游，东北地区各省主要目标市场是面向国内的。旅游能够让人暂时忘记生活压力和工作烦恼，获得精神上的放松和愉悦。在有了足够的旅游动机后，充足的可支配收入和时间也是旅游活动实现的重要条件，例如春节前后的黄金周。因为旅游需要一定的消费，所以可支配收入是影响旅游活动顺利进行的重要因素。这样看来，东北地区各省主要的目标市场应着眼于那些经济发达、人均可支配收入较高的城市，同时还要重点考虑吸引本地的旅游消费者。除此之外，也要深入研究考虑不同阶层旅游者，分析不同目标层的旅游动机、消费习惯、审美品位等各个方面，这样才能为他们量身定制最适宜的旅游服务。

要打破"酒香不怕巷子深"的传统理念，学会不断开拓市场，具备足够的危机意识。到现在为止，全国已经有很多城市开发了冰雪旅游项目，哈尔滨、沈阳、长春等东北城市每年都会举办冰雪节活动，近年来，东北地区的冰雪市场逐渐失去了独特的优势和地位，甚至部分城市为了打造冰雪娱乐项目，宁愿投入大量资金建造室内冰雪场以满足人们的娱乐需求。东北地区各省在全国冰雪市场所占的份额有逐渐走低的趋势，冰雪资源所具备的独特优势也在日益消减。要想吸引更多的旅游者消费，必须要不断开拓市场，提升品牌的知名度。要通过各种途径、方式，如经贸洽谈、文化交流、节庆活动等形式大力开展宣传活动，提升品牌的知名度。同时要借助媒体，例如国内外报纸、杂志、电视、电台、网络等平台开展冰雪旅游的推广和宣传工作，特别是重视"互联网＋"模式的宣传，以刺激消费、开拓市场。针对宣传时间，可以适当地考虑预先宣传或者反季宣传等独特的手段方式，同时还需加大宣传的范围和力度，可以在全国各个卫视播放广告，并且邀请各地的媒体记者实地进行报道采访，转播冰雪旅游盛况，利用快手、抖音等短视频手段扩大宣传面，让更多的人看到东北地区冰雪旅游的独特魅力，从而吸引更多潜在消费者，让他们对冰雪旅游产生无限的好奇与向往。

二 形象提升方面

站在形象整饰的角度分析，要更好地实现一个景区冰雪旅游资源价值，很关键的因素就是丰富冰雪旅游地文化内涵，创造冰雪旅游地的独特品牌优势，落到实处就是设计新颖独特的旅游项目，完善和优化旅游资源以吸引更多客源。

（一）开发具有地区特色的旅游项目

通常认为最理想的冰雪旅游时长在 3 ~ 7 天，特别是元旦和春节两大节日前后，更是冰雪旅游最火爆的时间节点。由于人们生活方式的改变，不再拘泥于传统的过节方式和习俗，越来越多的人选择旅游来度过节日。但由于交通、住宿、时间等多种因素的影响，人们会更倾向于短途旅行。东北城市居民很多，因此冰雪旅游市场很大。同时，当寒假到来时，很多学生会选择外出旅行，那么冰雪旅游便成为他们最好的选择。因为客源充足稳定，再加上得天独厚的自然冰雪旅游资源优势，开发者更应该打造出趣味独特的旅游项目以满足旅游者的需求。

东北地区各省冰雪旅游资源丰富，但要想合理利用这些资源，吸引到更多游览者，就要把精力放在开发那些参与性强且费用不高的旅游项目上，以扩大市场。同时要结合一定的冰雪文化和艺术，不断丰富其文化内涵，创造性地利用冰雪资源。还可以应用先进的科学技术手段，让人们在传统的娱乐活动中感悟到全新的科学魅力。

（二）开发多元化旅游资源市场

扩大旅游资源市场实质上是经济行为，旅游资源开发务必要紧紧围绕市场这个中心，不能肆意而为，一定要根据市场需求和形势进行旅游资源开发。同时要不断拓宽市场，推销旅游产品，做好品牌的宣传与推广，只有做到这些，才能让旅游资源具备充足的吸引力，从而实现它的价值。

东北地区的天然环境使其具备丰富充足的冰雪旅游资源。所以，更要把握好市场形势，并且结合地区特色，打造出精品旅游项目。任何地区的旅游资源都是一个统一的整体，不能脱离其他资源而独自存在。以冰雪旅游资源作为支撑的东北地区旅游业也要考虑和其他资源的开发相结合，因此旅游资源的开发必须站在宏观的角度，顾全大局，将整个地区的旅游资源开发看作一个整体且不可分离。所以，要想做好旅游资源开发工作必须要统筹全局，具有长远的眼光和打算。

一定要做好品牌的宣传和推广工作，开发冰雪旅游资源一定要遵循市场规律，打造品牌效应，不断设计具有明显的地域风格的旅游项目，完善各项旅游设施建设，在各方的共同努力下，东北地区各省景区的冰雪旅游资源一定会实现其自身的价值。

第四章　东北地区冰雪旅游产业经济效应及其调控

第一节　冰雪旅游经济效应的理论基础及作用机制

一　冰雪旅游经济效应的理论基础

（一）旅游地理学理论

1. 旅游资源

无论从哪个层面来说，旅游资源对旅游业发展都起着非常重要的作用，那什么是旅游资源呢？旅游资源指的是那些可以引起旅游者兴趣的自然景观以及历史文化遗产，还包括人们自主开发的众多旅游产品。从另一个层面来讲，旅游资源也可以分为自然资源和人文资源两个层次，旅游资源不仅包括山川、河流等自然资源，也包括民俗等人文资源。而旅游资源的产生需要有一定的地域性，本身还必须具有一定的价值，这样才能吸引旅游者来当地旅游。同时，旅游资源还有一个非常重要的特点——直接观赏性，能够直接被旅游者所消遣，从而满足他们的需要。进一步对旅游资源进行划分，则可以将自然资源划分为地理环境、水文、气候环境、生物四个方面，将人文资源划分为人文景观、风俗民情、传统文化、娱乐四个方面。

2. 旅游地生命周期理论

德国著名学者克里斯·泰勒曾在 20 世纪 60 年代对旅游地生命周期这

一名词做了概括，他是以欧洲的旅游发展现状为研究基础，通过调查和分析总结出来的，而现如今，在学界，受众多学者认可的旅游地生命周期理论则是由加拿大著名学者巴特勒总结提出的。巴特勒认为旅游地的演变需要经过六个阶段和过程。

①探查阶段。在这个阶段中，人们在旅游的时候不会对目的地做一个完整的旅游方案和规划，而且大多数的旅游地缺乏必备的基础设施，游客非常少，旅游性的活动没有给当地社会经济和自然环境带来任何的改变，属于旅游业发展的开端，处于初级阶段。

②参与阶段。在这一阶段中，旅游性活动已经具备了一定的规模和形式，产生了一定的规律，而且出现了比较明显的淡季和旺季差别。因此，当地的居民在逐步地适应因为旅游淡季和旺季而带来的种种变化，从而改变自己的生活习惯和方式。同时，客流量在不断地增加，为了让来当地旅游的人能够享受到更好的服务，旅游地就必须建立一些基础设施来提供服务。旅游地相关政府和部门看到了旅游业带来的经济增长，从而采取了众多的举措去不断地改变当地的交通等基础设施。

③发展阶段。在这一阶段中，旅游市场已经初具规模，并渐渐趋于稳定，旅游业的相关设施也趋于完善，游客能够看到科技和现代相结合的影子，游客的需求能够得到满足。当地政府和相关部门为了寻求更好的发展，引入资金来改变当地的生存条件和环境，经济也在不断地增长。

④巩固阶段。在这一阶段中，旅游目的地开始具备功能性，有了非常明显的区分，同时旅游目的地的相关部门和单位也已经意识到完善的旅游设施才能满足游客多方面的需求。同时，在这个阶段中，游客的数量会多于旅游目的地当地的居民数量，但与此同时，游客增长率却表现出下降的趋势，这个阶段的旅游业开始和其他行业建立一定的联系，人们在日常生活中可以看到各种各样的旅游广告。但是，旅游目的地居民却觉得外来的大量游客严重影响到了他们的日常生活和工作，从而产生厌烦的感觉。

⑤停滞阶段。在这一阶段，旅游业的发展带来的负面影响让社会经济、环境中的一些问题不断凸显，旅游环境容量也趋于饱和，新游客较少，大多都是故地重游的老游客，而且先前建立的旅游设施因为没有得到

很好的开发和利用而闲置，资源缺乏合理配置和利用。

⑥衰落或复苏阶段。在这一阶段，旅游目的地开始呈现衰落趋势，对游客的吸引力开始减弱。旅游业的衰败导致房地产出现大量转卖的情况，而众多旅游设施也失去了原有价值，比如，宾馆成为退休住宅，餐厅被闲置等，甚至有些旅游地成为无人问津的地方，原先热闹非凡的地方如今看来破败不堪。而这些地方想要复苏，就需要一个特定的条件——改变旅游吸引力。要想达到这个条件需要做好两方面工作，一是建造更多的建筑来吸引游客，二是加大开发旅游资源力度，开发新的市场。

3. 旅游地空间竞争理论

旅游地空间竞争理论主要指的是，如果众多旅游地集中在同一个地方就会引发相关的空间竞争，旅游地之间的吸引力存在或大或小的差距，也会在一段时间内出现上升或者下降的情况。因此，这个地区的市场结构就会因为这些变化而发生改变。

一般来说，如果在同一个地区内，有些旅游地之间有着相同特征或者是具有相似特征的话，就会产生空间竞争的情况，除此之外，如果在同一个地区，旅游地之间无论是从风俗还是从风格上都具有不同特点的话，反而会产生互补的情况，但是还是会受到各种各样因素的制约，也会存在一些竞争。

（二）旅游地经济地理学理论

从某个层面来说，旅游是一个具有强系统、高关联度的产业，而且旅游产业还具有一个非常明显的特征——经济性，这也在某种程度上表明了旅游产业的发展和经济发展有着非常大的关系，但是经济的发展也会受到旅游产业的空间结构等因素的制约。而到目前为止，众多学者和专家对于旅游产业发展的集群理论研究还是从经济地理学开始着手的，由此可以看出，旅游产业的经济效应和经济地理学有着非常密切的关系。

1. 中心地理论

中心地理论主要研究区位结构是如何形成的，也就是其形成的原理。这一理论最早是由德国的一个著名学者克里斯·泰勒在 20 世纪 30 年代提出来的，当时克里斯·泰勒在做相关的研究时受到了杜能和韦伯区位论的影响，因此，中心地理论也是建立在"理想地表"上的，而这个"理想地表"所具有的一个基本特征就是，每一点都有接受一个中心地的同等机会，而这个点和其他任意一个点所达成的相对通达性只和距离有关，且成正比，而且不管方向如何，都有一个统一的交通面。不仅如此，克里斯·泰勒还指出了中心地的概念，认为中心地就是能够向住在附近的居民提供各种服务的地方，由此指出中心地的功能就是向周围的居民提供贸易、金融、文化等服务，而且中心地提供的服务还有等级之分，根据服务范围大小分成高级和低级两个等级，高级主要是指那些无论是服务的上限还是下限都比较大的商品，比如奢侈品、高端品牌等，相对应地，低级的主要指那些无论是服务的上限还是下限都比较小的商品，比如水果、蔬菜等。除此之外，根据职能的不同又将中心地分为高级中心地和低级中心地，高级中心地一般具有量少、范围大、种类多等特点，反之，低级中心地则具有量多、范围小、种类少的特点，在这两种中心地之间的就是中级中心地。

根据这个理论，我们可以总结出来，中心地所提供的商品和种类决定了中心地的级别，也就是说，中心地所提供的商品和它的等级是相对应的，在整个中心地的体系中，高级中心地是主要的，周围分布着几个中级中心地，在这些中级中心地的周围分布的则是低级中心地，而且，一定等级的中心地不仅提供和它等级相对应的商品和服务，还可以提供比它低级的商品和服务。中心地理论为之后的研究奠定了一个很好的基础。这个理论之所以能够和地理学、区位理论进行融合，是由其特点和重要性所决定的。

中心地理论在旅游经济学中是一个非常重要的部分，不仅对旅游经济的空间结构产生了一定的影响，而且对旅游中心地和市场之间的关系也产生了一定的影响。从中心地理论来看，旅游中心地的服务范围主要包括交通、信息、接待管理等方面。而且旅游产业的中心地等级不同，中心性也会产生相应的变化。一般来说，等级比较高的旅游中心地所能提供的服务更多，服务质量和水平也更高，因此其吸引力也更大，不仅如此，这种旅游中心地还能为游客提供低一级中心地的服务，从而构建了一个比较完整的中心服务体系。

那么旅游空间结构到底是什么呢？从空间结构来看，中心点就是我们这里所说的中心地，其结构经过不断更迭交替，不断变化发展，从而形成了具有更大规模和机构的中心地，但是其组织形态并没有发生太大变化。首先，空间结构是由点、线、面这三个方面构成的，点就是上文提到的中心地；线，通俗来讲就是旅游线路；面则指的是旅游地的功能区。从中心地理论来看，旅游产业中的中心体系则是将高级、中级、低级的中心地综合起来的一种体系。因此，这就要求开发者或者是从事旅游产业的企业在进行旅游地开发和实践的时候要充分考虑到高级、中级、低级之间的关系和特点，这样才能平衡旅游地之间的供求关系，促使旅游业健康文明地发展下去。

2. 核心—边缘"理论

"核心—边缘"理论是由美国著名地理学家约翰·弗里德曼提出的，这个理论主要研究的是城市空间相互作用和扩散的问题。在这个理论中，弗里德曼指出，核心地区指的是城市或者城市的集聚地区，这个地区的工业比较发达，技术水平也比较高，而且这个地区中资本相对来说比较集中，人口也比较密集，因此，经济发展也是比较快的。而在这个理论中，弗里德曼又对边缘地区做出了一个概括，他指出，边缘地区指的是经济发展比较落后的地区，在这个基础上，弗里德曼又将其分成两个部分——过渡地区和资源前沿地区，过渡地区又被分成两类——上过渡地区和下过渡地区。不同的地区之间，社会经济的发展状态也是不同的。

这个理论对地区是如何发展的进行了比较清楚的解释，并对地区之间的联系也做了相应的研究。随着社会的不断发展，经济空间结构的变化经历了四个阶段：前工业化时期、工业化初期、工业化后期、后工业化时期。每个时期的产业结构比重都不一样，在前工业化时期，社会生产力水平低，各个地区之间没有稳定的联系，经济结构以农业为主，工业占比低，而且城市发展也非常缓慢，没有完整的城市体系。到了工业化初期，出现了城市，资源开始从边缘区流向核心区，因此，核心区的发展要快于边缘区，两个地区之间的差距逐渐拉大，而且这个时期工业所占比重有所上升，经济发展速度加快。到了工业化后期，工业占比大、发展快，资源开始出现回流的趋势。直到社会进入后工业化时期，无论是技术还是资源都开始向边缘区流动，整个社会趋向于一种平衡发展的状态，同时也形成了完整的城市发展体系。

"核心—边缘"理论很好地将空间结构和经济发展联系在了一起，在旅游产业的发展中也得到了很好的应用，许多学者和专家利用这一理论去探究旅游产业的空间结构，并根据这个理论提出旅游产业中每个旅游地区的空间结构都是由核心区和边缘区构成的。核心区一般有比较大的发展优势，无论是自然景观还是地理位置都占据了比较大的优势，因此，在开发中，核心区的旅游资源会得到充分的利用。与之相对应的则是边缘区，边缘区没有核心区那么大的发展优势，也没有巨大的旅游市场和吸引力，因此，边缘区的发展要比核心区慢，再加上地区之间存在竞争，所以，旅游地区就形成了核心—边缘的空间结构。

"核心—边缘"理论在旅游产业中有着非常重要的作用，利用旅游核心区发展的带动作用，来促进边缘区的发展，在旅游产业发展中是一个非常重要的部分，而对于那些刚开始发展旅游产业的地区，要想得到很好的发展，需要将重点放在旅游核心区的发展上，这样才能在核心区发展的同时，利用其带动作用推动边缘区发展，从而提高整体竞争力。对于那些旅游核心区比较单一的地区来说，要抓住发展重点，将核心区和边缘区结合起来发展，如果有些地区的核心区比较多的话，需要形成一个复合型的结构体系，从而推动整体的发展。

二　冰雪旅游经济效应的作用机制

冰雪旅游经济的效应机制指的就是构成冰雪旅游产业经济效应系统的各个因素有关的工作方法以及各个因素之间相互联系、相互作用的规则和原理。由于冰雪旅游是一种特殊的旅游形式和产业，因此，冰雪旅游产业也具有旅游产业的突出特点——经济性。通过调查和研究，本书发现冰雪旅游产业产生经济效应的作用机制主要有以下几个。

（一）旅游业的经济特性

从经营模式来看，旅游产业其实算是一种出口产业，无论是旅游地的资源还是设施，抑或服务都是有形的，或许有人会觉得这些资源、设施都是一种商品，但是不同的是，这些资源、设施都是以提供服务为前提而存在的，它们之所以不是商品，是因为没有进行交换，而旅游者购买的不是旅游地的设施和资源，更准确地来说，游客购买的是一种"体验"。人们通过这些自然资源、人文资源来获得一种身心上的满足，所以，旅游产业又被人们称作"无形产业"。

不仅如此，旅游产业还具有综合性特点，整个旅游过程会受到多个经济部门的影响，因为游客在酒店、餐厅等地方进行消费，这些消费所产生的效益则是通过相关的基础设施和服务等实现的。比如，游客有购买纪念品和特产的需求，因此就会刺激当地生产，于是，就业岗位增加了，经济收入也就增加了。

（二）冰雪旅游经济效应传导过程

以上介绍的是冰雪旅游产业的经济效应，下面介绍一下冰雪旅游产业的经济效应传导过程，这个过程从某个角度来说是建立在旅游乘数这一理论基础上的，游客在旅游地购买了相关的旅游产品，这种消费可以提高当地的经济收入，从而提高当地经济发展水平。不仅如此，冰雪旅游产业还具有较强的关联性。在冰雪旅游产业中比较突出的就是服务，要想让冰雪旅游产业得到更好的发展，其服务和物资供应就要达到一个较高的水平，这就需要从游客处获得相应的收入用来提供服务和物资，因此也刺激了相关行业的发展，增加就业岗位，市场的需求被满足，循环往复，从而促进旅游地的经济发展和当地居民的收入增加。

三　冰雪旅游经济效应的驱动力系统

通过调查和研究，从系统论层面来看，一种事物会根据一定的结构组成一个系统有序的整体，并通过和周围环境相互作用来推动自身的发展。因此，我们可以发现，推动事物发展的动力就是整个系统内部存在的联系和作用。为此，想要探讨推动冰雪旅游产业经济效应发展的动力系统，就可以从系统论方面分析，并将其分为两个方面——内生驱动力和外生驱动力。

（一）内生驱动力系统

内生驱动力系统指的是冰雪旅游产业经济效应系统中存在的动力因子经过相互作用，形成一个综合性的系统和结构，而这个系统主要包括旅游市场、经济效益、产业结构、产业规模等因子。不仅如此，这个系统还是冰雪旅游产业发挥相关效应的前提和基础，一旦缺失这个系统，单纯地依靠外部条件的改变来推动经济发展的可能性是比较小的。

1. 冰雪旅游市场驱动力

有关调查显示，推动一个市场发展的有三个驱动力，分别是消费、投资和净出口。在这三个驱动力中，消费和投资是内需，净出口是外需，消费根据社会发展水平和个体情况又可以分为生存需要驱动力、经济驱动力、个性化消费驱动力几方面。在这几个驱动力中，经济驱动力和个性化消费驱动力对我国消费影响较大。一般来说，要想提高投资需求有以下几种方式：第一种是通过投资来促进资本积累，从而提高资本增长率，并相应带动产出增长率提升；第二种是可以通过投资来引进新的技术，从而刺激内生增长；第三种是利用投资促进就业岗位的增加，从而刺激经济的增长。在冰雪旅游产业的发展中，经济效应主要就是促进相关资源的个性化发展，创新管理模式和理念，并不断地改进和完善相关的发展模式和设施，力求促进冰雪旅游资源能够尽早地实现资本化发展，从而促进冰雪旅游产业的可持续发展。

2. 冰雪旅游产业发展驱动力

促进经济发展的一个重要手段就是对当前产业结构进行优化和升级，产业结构的优化和升级从某个层面来说对经济发展的稳定性和可持续性有着非常大的影响。旅游产业的结构指的是每个旅游地区和部门以及旅游经济活动组成部门的构成之间的比例关系。一个旅游产业的产业结构是否合理，从某个层面来讲，对旅游产业发展的速度和规模有一定影响，并且还关系到产业发展速度和规模是否能够和当前的社会经济发展相适应，从而推动相关产业的发展。综观我国的现状，冰雪旅游产业的发展是符合当前我国发展大背景的。并且冰雪旅游产业还是东北地区极具特色的产业，要把冰雪旅游产业作为促进东北地区经济发展的一个重要手段，因此冰雪旅游产业的经济效应在此刻就显得更加重要了。所以，要通过各种方式和方法去找出产业结构中的潜在效益，才能充分发挥冰雪旅游产业经济效应的推动作用。

（二）外生驱动力系统

冰雪旅游产业的经济效应除了受到内生驱动力的影响，还要受到外生驱动力的影响。外生驱动力系统是通过各种外生动力因素之间的相关作用来影响冰雪旅游产业的经济效应，外生动力因素主要有宏观环境、技术进步、政府驱动力等。

1. 宏观环境驱动

冰雪旅游产业的特点之一就是较高的消费水平，所以，参与者的可支配收入相对来说要高一些。因此，冰雪旅游产业的发展要以高经济发展水平和较高的可支配收入为前提。而近些年，冰雪旅游产业得到了较快的发展，这是因为我国的国民经济有了较快的发展，人民的收入也在不断地增加，所以才促进了这个产业的发展。调查数据显示，当一个国家人均GDP突破1000美元时，这个国家的旅游业就会得到较快的发展，游客也会大幅度地增加；如果突破3000美元的话，休闲旅游就会变成度假旅游，旅游业将会迎来一个高速发展的时期；当人均GDP达到5000美元时，国家将迎来成熟的度假旅游时期，休闲需求和消费能力日益增强并呈现多元化趋势；当人均GDP达到6000美元时，国家将进入多元化旅游的发展时期；当人均GDP达到8000美元时，旅游消费将进入爆发式增长期。目前我国人均GDP已经达到1万美元，可以说，我国的旅游业正处于一个全面大发展时期，经济的快速发展为冰雪旅游产业的健康发展提供了坚实的保障。

2. 技术进步驱动

信息技术的不断发展，让人们的生活更加便捷，社会中的各个行业和领域都有信息技术的身影，旅游业也是如此。随着科学技术和网络的发展，通过网络营销，人们发现了新的商机，于是，网络营销以燎原之势在市场中不断扩大，传统的营销理念不再适用于现如今的旅游产业，新的营销模式让旅游产业更具系统化和规范化，冰雪旅游产业也是如此。最开始，我国的冰雪旅游产业主要集中在东北地区，华北和西部地区有少部分的冰雪旅游产业，但随着人们出行方式的不断变化，交通越来越便捷，人们外出游玩的次数也越来越多，成本也越来越低，消费需求也在不断地扩大，冰雪旅游在地域上不断扩大。不仅如此，科学技术的发展使人工造雪进入常态化，即使是缺乏冰雪资源的地区也可以利用相关技术来开发冰雪旅游项目，进而提高当地的经济水平，刺激冰雪旅游产业的发展。由此可见，科学技术的进步对于冰雪旅游产业的发展起到很大的促进作用。

3. 政府驱动力

什么是政府驱动力呢？简单来说，就是有关部门和单位制定专门的法律和政策，来规范旅游市场，促进冰雪旅游产业健康文明发展。因此，在这一方面，政府有着非常重要的导向作用。不仅如此，相关部门和单位还可以充分利用舆论的导向作用来净化市场环境，比如，各部门可以通过各种手段和方法去推广冰雪旅游产业，提高冰雪旅游产业的吸引力，吸引游客到此消费，这样不仅可以扩大市场，还能够吸引外来投资。

四　冰雪旅游经济效应的作用方式

冰雪旅游产业的经济效应主要依赖于冰雪旅游的供给，从而获得一定的收入，增加就业岗位，促进经济的发展。

1. 冰雪旅游供给的内容及特点

冰雪旅游供给内容具有复合性的特点，其内容主要有冰雪旅游资源、设施、交通和服务等，属于基础旅游供给，基础旅游供给的好坏反映了旅游地所能提供服务的质量和水平，供给的数量和规模则反映了当地的发展状况和发展前景。除了基础旅游供给之外，还有辅助旅游供给，主要有供电、供水、道路、排污等公共设备系统，这些公共设备系统的规模和水平则反映了旅游地发展的真实水平，规模大、水平高的公共设备系统能够让旅游地的活动更加丰富有趣，让人们能够享受到更好的服务，从而吸引更多的游客来此消费，这也是推动冰雪旅游产业发展的重要动力。

冰雪旅游供给的特征主要有以下几个表现形式。首先，冰雪旅游供给在时间和空间上是固定不变的，因此就说明了其供给水平会受到时间和空间的制约，如果冰雪旅游产业供给在一段时间内保持非常平稳的发展态势的话，就不会对冰雪旅游产业的需求产生大幅度的影响。其次，冰雪旅游产业供给还受到地理分布的制约，所以，冰雪旅游产业的发展必须以特定的空间为前提，不能只利用运输对供给进行调节。最后，冰雪旅游产业供给还有比较强的整体相关性，可以说在各行各业都能看到这个产业的身影。

2. 冰雪旅游产业经济效应实现路径

冰雪旅游产业经济效应的实现有三种方式：直接式、间接式、诱导式。由于冰雪旅游产业属于一种特殊的旅游产业，一方面其发展形式和其他旅游产业存在相似的地方，同时它也有属于自己的行业属性，这一特殊属性主要表现在冰雪旅游产业必须依赖一定的地理环境而发展，所以在对旅游资源进行开发时，对旅游产品进行生产加工的时候往往会出现垄断的现象。而且冰雪旅游产业的消费水平比较高，参观景点需要门票，想要参加滑雪活动，就需要购买或租借相关的装备，缴纳相关的学习培训费用，因此，冰雪旅游产业的持续时间比较长，参与性也比较强，所花费的时间和其他旅游产业相比要多一些。除此之外，冰雪旅游的重游性比较高，这一点在发达的欧美国家得到了很好的体现，许多游客将滑雪度假当作每年旅游中很重要的一部分。所以，基于冰雪旅游产业具备的这些特殊属性，其经济效应也产生了不同的作用。

冰雪旅游产业经济效应的实现有三种方式，第一种是直接效应阶段，冰雪旅游产业通过各种方式获得的收入可以对各个部门和企业发挥应有的作用，比如增加就业岗位等。而且，冰雪旅游产业的经济效应主要依靠相关的旅游产品直接实现，其中交通和住宿等也是实现经济效应的相关途径。在这一阶段中，因为冰雪旅游产业具有持续周期长、参与热情高等特点，所以游客在旅游过程中的支出会比较多，旅游带来的经济效应和其他产业相比就会更高。不仅如此，冰雪旅游产业还具有季节性的特点，从前冬季是各个旅游景点的淡季，旅游地基础设施的使用效率会降低，但是冰雪旅游产业得到开发后，相关设施的使用效率得到了大幅度的提高，经济效应自然而然就提升了。第二种是间接效应阶段，冰雪旅游产业的各个部门和企业在获得经济效益之后，还要进行再生产，因此，相关部门和企业还要上缴一些税金给国家，而这部分税金会被政府间接用来改进和完善相关的基础设施，或者被用于支持福利事业建设，从而取得效益。在这一阶段中，冰雪旅游产业经济效应一般是通过基础设施建设来实现的，只有不断地改进和完善相关基础设施才能给游客提供更好的服务，让游客的身心感到愉悦，吸引更多的游客来此消费，刺激需求，刺激经济的发展，但是这些都要结合当地的实际情况来进行。第三种是诱导效应阶段，和前两个效应阶段有关的企业和部门中的员工利用收入来购置相关的生活用品和服务，从而带动相关行业的经济发展。这三个阶段循环往复，使冰雪旅游产业的收入可以实现分配和再分配，从而对相关行业产生连锁效应，这就是冰雪旅游产业消费的诱导效应。

第二节　东北地区冰雪旅游产业经济效应的评估

一　东北地区冰雪旅游经济规模分析

东北地区的冰雪旅游产业经过二十几年的发展，总体来看，其水平在全国的冰雪旅游产业中位于前列。经过调查发现，东北地区的黑龙江、吉林、辽宁地区年均冰雪旅游人数从 20 世纪 80 年代的 60 多万人次上升至现在的六七千万人次，而且还呈现持续上涨的趋势。从增速来看，吉林省近年来的增速要比其他两个省的增速高一点，年均增长大概在 20%左右，从冰雪旅游收入来看，三个地区不分伯仲，每年都保持一定的增速。

到目前为止，东北地区的黑龙江、吉林、辽宁的冰雪旅游发展态势还是比较好的，但是发展速度和规模还存在一定的差距。黑龙江地区作为我国冰雪旅游产业发展的源头，无论是旅游人数还是旅游收入方面都表现出了比较大的发展优势，不过近些年吉林和辽宁的发展速度比较快，特别是吉林省近年来在冰雪旅游人数和冰雪旅游收入上大有超越黑龙江省的趋势。

二　东北地区冰雪旅游与经济增长关系分析

我们选取东北三省不变价收入（S）和不变价国内生产总值（G）进行研究，利用得到的数据对整体旅游发展和经济增长之间的关系进行对比和分析，从中得出结论。

第一，通过调查和分析，发现虽然在短期内，黑龙江地区和吉林地区在冰雪旅游收入和经济增长的时间序列上呈现不平稳的趋势，但是这两个地区的旅游收入和经济增长却存在一种稳定的均衡发展关系。利用协整方程对其进行分析后得出，吉林地区和黑龙江地区在旅游收入和经济增长之间存在正相关的关系。从长期来看，吉林地区的旅游收入每出现 1% 的变化，经济增长就会同向变动 0.5097%，而黑龙江地区的旅游收入每出现 1% 的变化，经济增长就会同向变动 0.5453%。但是通过分析后发现，辽宁地区和东北地区整体在冰雪旅游收入和经济增长上的时间序列不平稳，而这两个地区的旅游收入和经济增长之间也不是一种稳定的均衡发展关系。

第二，通过 Granger 因果检验分析后发现，从长期来看，吉林地区的经济增长是冰雪旅游收入的 Granger 原因，但冰雪旅游收入不是经济增长的 Granger 原因；黑龙江地区的经济增长是旅游收入的 Granger 原因，同样的，旅游收入并不是经济增长的 Granger 原因。这一结论其实从某种程度上来说是符合这两个地区发展现实的。由于辽宁地区和东北地区没有通过协整方程的检验，所以这两个地区不能够进行 Granger 因果检验，因此，也就不存在任何 Granger 因果关系。

第三，通过误差修正模型进行计算后发现，吉林地区冰雪旅游发展的修正系数的绝对值是 0.0261，这一数值表示这个地区的调整力度相对缓慢，而经济增长的绝对值是 0.2599，说明在这一方面吉林地区能够对其进行相对迅速的调整。因为黑龙江地区在 GDP 波动的时候会偏离长期均衡状态，系统则会以 0.0032 的调整力度将其调整为均衡状态，同时，当旅游收入发生偏离的时候，系统的调整力度则是 0.6664。

东北地区冰雪旅游和经济增长之间存在的长期均衡的发展关系仅仅存

在于吉林地区和黑龙江地区，因此也就说明了经济相对比较发达的辽宁地区并不存在这种长期的均衡发展关系。而黑龙江和吉林地区的冰雪旅游和经济增长之间的拉动力度都不是太大，其中，黑龙江地区的协整系数为0.5453，要比吉林地区稍大一点。

通过 Granger 因果关系检验后，可以发现，这个 Granger 因果关系只存在于吉林地区和黑龙江地区，并且经济增长都是冰雪旅游的 Granger 原因，冰雪旅游不是经济增长的 Granger 原因，因此，这两个地区的冰雪旅游对经济增长而言至少在目前看来并不是一种因果关系。

通过误差修正模型来看，在短期内，吉林地区和黑龙江地区的旅游收入和经济增长之间的相互作用不大，两个地区 GDP 的增长对冰雪旅游的作用要相对大些，而冰雪旅游对 GDP 增长的作用则比较小。

三　东北地区冰雪旅游产业关联效应分析

本书在对东北地区冰雪旅游产业的关联效应分析中，利用比较数据列和参考数据列的方法进行分析，这两种数据列的拟合程度可以利用关联系数的大小进行判断，关联系数大的产业和旅游产业的相互依赖程度就比较大，旅游产业的发展对该产业产生的拉动效应就会比较明显。而冰雪旅游产业和农林牧副渔业、工业、交通、仓储、住宿餐饮业这五个行业之间关联效应的评价是利用灰色关联度进行计算的。通过调查黑龙江、吉林、辽宁的旅游业和其他行业之间存在的关联度，得到吉林地区的关联系数为0.3089~0.4521，各个行业之间的关联度从大到小的顺序为：交通、仓储、工业、住宿餐饮业、农林牧副渔业。辽宁地区的关联系数为0.3089~0.4521，各个行业之间的关联度从大到小的顺序为：交通、仓储、住宿餐饮业、工业、农林牧副渔业。黑龙江地区的关联系数为0.5004~0.6370，各个行业之间的关联度从大到小的顺序为：交通、仓储、住宿餐饮业、工业、农林牧副渔业。而东北地区整体的关联系数为0.2085~0.5185，各个行业之间的关联度从大到小的顺序为：住宿餐饮业、交通、仓储、工业、农林牧副渔业。

把这些数据和大小关系排列后发现，黑龙江地区的冰雪旅游业和交通、仓储业的产业关联度比较大，吉林地区位于第二，辽宁地区最小。而综合关联度系数的大小能够显示出行业之间的相互依赖程度以及旅游产业的拉动力度。综合来看，吉林地区、黑龙江地区、辽宁地区的产业关联度系数最大的是 0.39326，属于一个比较小的数值，说明冰雪旅游产业的关联度不大。不仅如此，黑龙江地区作为我国冰雪旅游业的发源地，这个地区冰雪旅游产业的发展对于其他行业的拉动力度在东北地区是比较大的，同时，吉林地区冰雪产业虽然没有黑龙江地区那么久的发展历史，但是其拉动力度已经接近黑龙江地区的水平，位于第二。到目前为止，辽宁地区的行业关联度比较小，和黑龙江地区、吉林地区存在比较大的差距。

除此之外，通过对比和总结后发现，行业关联度最高的是住宿餐饮业和交通、仓储，最小的是工业和农林牧副渔业。这一发展特点比较符合旅游产业的发展特点，作为一个综合性较强的服务业，旅游产业与较多行业和部门有着非常密切的关系，和工业、农林牧副渔业也存在一定的间接关联效应。

四　东北地区冰雪旅游产业经济效应预测分析

利用 BP 神经网络模型对影响旅游收入和旅游需求的主要因素进行科学专业的预测，并对东北地区冰雪旅游产业经济效应的发展趋势进行综合分析后发现，在未来的一段时期内，东北地区冰雪旅游产业的旅游收入和需求将会得到大幅度增加，会进入一个快速发展的阶段。在这种发展态势下，可以通过增加需求来拉动旅游消费，从而刺激经济增长。随着我国经济的不断发展，人们生活水平的日益提高，未来东北地区的冰雪旅游产业的经济效应将会有一个较大的提升空间。

第三节　东北地区冰雪旅游产业经济效应的调控

一　东北地区冰雪旅游资源品牌整合的基础

经过二十几年的发展，东北地区已经打造出一个属于自己的冰雪品牌，并且开发了大量的旅游精品，在国内有着十分重要的地位，在国际上也产生了不小的反响。与此同时，也存在许多问题，比如，东北地区的冰雪旅游产品存在档次低、形式单一、服务质量较低等问题，而且，在旅游产品的开发中，东北地区还出现了无视秩序的竞争、恶意竞争、管理混乱的情况，而这些问题成为制约东北地区冰雪旅游产业发展的重要因素。

东北地区拥有的众多冰雪旅游资源为当地品牌的整合提供了前提条件，而众多的冰雪旅游资源，可以被分为以下几类，观光类有冰雕、雪雕、冰灯等；运动休闲类有滑冰、冰球、冰壶、滑雪等；除此之外，还有许多有关冰雪的节庆活动，比如冰雪节、滑雪节、雪雕艺术节等，还有许多专业赛事，比如各种级别的冰雪赛事等，这些活动都受到众多游客的好评。而东北各地区也打造了自己的亮点，比如黑龙江的特色就是滑雪，辽宁地区最突出的就是室内冰雪旅游产品，吉林地区最有特色的就是节庆活动，而这些地区在对冰雪旅游进行开发的时候也考虑到了互补性。

（一）地区内部冰雪旅游品牌整合

东北地区的冰雪旅游品牌要想得到很好的整合就需要遵循一定的原则，其中要将市场需求作为前提，要开发那些极具吸引力和文化底蕴的旅游产品，这样才能实现资源的合理配置和高效利用，从而提高冰雪旅游的竞争力和吸引力。同时，还要根据当地的实际情况和发展特点，实现错位有序的发展，因此在对东北地区冰雪旅游品牌整合的时候应该做到以下几点。

1. 将核心冰雪旅游产品进行整合

将以滑雪为核心的冰雪旅游产品进行相应的整合，从而打造出能够满足不同市场需求、不同档次和规模的旅游产品。对此，相关部门和单位要不断采取措施巩固东北地区在国内滑雪市场中的地位，不断扩大东北地区冰雪旅游在国际上的影响力和号召力。采取有效措施，加大投资力度，可以将黑龙江地区的亚布力滑雪度假区作为整个冰雪旅游体系中的发展核心，充分发挥其功能和作用。同时，还要不断地改进和完善相关的基础设施，不断地扩大冰雪运动基地的规模，提升档次。除此以外，还要不断地改进和完善吉林省北大壶地区的相关基础设施，提高景区体验和观光的影响力和吸引力，将长白山的优势和特点充分发挥出来，将长白山打造成为亚洲的阿尔卑斯山。要不断地采取措施，推动辽宁及周边地区冰雪旅游产业的发展。

2. 将节庆冰雪旅游品牌进行整合

我国最早举行的冰雪旅游节庆活动是黑龙江省哈尔滨冰雪节和冰灯游园博览会，而在近些年，东北的许多地区都在举办各式各样的冰雪节和冰灯游园会等活动，其中，吉林省推出的最具当地特色的就是查干湖冰雪捕鱼旅游节以及吉林国际雾凇冰雪节，让众多游客慕名前来，受到广泛的好评。同时，在长春瓦萨国际冰雪节举办期间，当地还将冰雪节庆活动和经贸洽谈活动结合在一起，不仅吸引游客，还充分发挥旅游产业的经济效应。吉林地区还将冰雪文化和体育旅游、经贸活动结合在一起，形成极具当地特色的冰雪节庆活动，从而提升了旅游地的档次。

3. 将冰雪观光旅游品牌进行整合

在众多的冰雪旅游产品中，观光类产品主要有极具特色的冰灯、冰雕、雪雕等，其中只有在特定的气候和地理位置条件下才能形成的雾凇是东北地区最具特色的观光产品。而设计者在进行旅游产品开发的时候也会根据地域的特点和原有的基础设施进行有针对性的整合，其中重点打造哈尔滨的"冰"、牡丹江的"雪"、吉林的"雾凇"等冰雪旅游品牌。同时，还将雪地摩托、冰上马车、冰滑道、冰帆等极具娱乐休闲特点的旅游产品进行结合，从而提高品牌的参与度，提高游客的参与性和体验性。

4. 将冰雪民俗文化旅游品牌进行整合

分布在东北地区的少数民族众多，比如满族、达斡尔、鄂伦春、朝鲜族等，少数民族风俗民情已经成为当地冰雪旅游中的特色，在国内享有盛誉的查干湖冰雪捕鱼旅游节上就有极具民俗特色的满族祭祀表演，在长白山冰雪旅游节上有极具特色的朝鲜族风情表演，这些都吸引了众多游客前来观看，特色鲜明的民族风情和冰雪旅游结合之后也成为东北地区的一大特色。除了这些民俗风情的表演之外，东北地区的民俗美食也受到许多游客的欢迎。因此，在对东北地区旅游资源进行开发的时候，一定要注意挖掘具有特色的民俗文化，这样才能形成极具吸引力的民俗文化品牌。

（二）冰雪旅游跨地区品牌共建

通过调查分析后发现，由于冰雪旅游资源本身就存在重复相似性，而东北地区旅游产品的开发也存在盲目效仿的现象，因此，东北地区就出现了旅游产品重复开发、雷同产品多、种类少、缺乏自身独有特色的现象。在这种情况下，相关部门和单位应该根据本地区的发展特点和基础，找到适合自己的发展方向，并采取正确的措施和政策去进行旅游产品的开发，并且在开发中要适应当前旅游产业合作的发展形势，可以通过跨地区进行品牌共建，从而实现旅游资源的高效利用和空间重组，利用先进的科学技术，实现资源共享、信息共享，从而获得最大的经济效益，让东北地区的旅游产业能够更加长久地发展下去。

1. 旅游合作竞争博弈战略的理念

这一理念主要强调的是合作和竞争并重，其中包括旅游需求、市场营销等之间的博弈。而这一战略的核心是要不断地推动旅游产业的创新发展，让旅游产业能够顺应当地有利的方向发展下去。旅游过程中的诸要素都是能够推动旅游产业进行创新的因素，比如，参与者创新指的就是引入新的旅游者，这样可以扩大旅游市场，还可以获得较大的收益。对当前东北地区冰雪旅游产业进行分析后发现，在发展过程中更多的是地区之间的竞争，地区之间的合作比较少。因此，在今后的发展中，相关部门和单位应该以合作竞争博弈作为发展战略，为旅游资源的整合提供专业的指导，最大限度地提升冰雪旅游产业的经济效应。

2. 冰雪旅游产业跨地区品牌共建的模式

东北各地区冰雪旅游产业之间的竞争和合作可以通过跨地区品牌的共建来实现。而跨地区品牌共建需要将旅游市场需求作为发展的前提条件，然后通过相关部门的推动以及居民的积极参与来实现，在品牌共建中要遵循相关的原则，根据当地的实际情况有针对性地选择品牌共建，这样才能达到发展的目的。跨地区品牌共建这一措施可以提高东北地区冰雪旅游产业的竞争力和吸引力，能够推动东北地区旅游产业更加长久地发展下去。

3. 冰雪旅游产业跨地区品牌共建的方向

在进行跨地区品牌共建时应该将滑雪旅游、冰雪节庆、冰雪休闲娱乐作为品牌共建的重点。

（1）跨地区滑雪旅游品牌的共建

在滑雪旅游品牌的共建中应该以黑龙江地区为主、以吉林和辽宁地区为辅，由于黑龙江省滑雪旅游品牌发展的基础设施比较完善，所以应该将其作为滑雪旅游市场的主要发展地区，而吉林省面向的主要是国内客源，辽宁省主要面向的是周边地区客源，所以要采取分梯度、分层次地发展，满足不同旅游市场的需求，进行全面开发。

（2）跨地区冰雪节庆品牌的共建

在冰雪节庆品牌建设中，虽然冰雪节庆活动的发源地是哈尔滨，但是近些年来吉林的冰雪节庆活动不仅在数量上增速明显，规模上也发展迅速，而且吉林还将经贸洽谈和民俗风情有机地结合在一起，很好地发挥了其优势。在加大力度推动吉林地区冰雪节庆活动发展的同时，东北地区的冰雪旅游节庆活动还可以依靠黑龙江哈尔滨和牡丹江这两个地区进行发展。

（3）跨地区城市冰雪休闲品牌的共建

在娱乐休闲品牌的共建中，辽宁的冰雪旅游资源和吉林、黑龙江等地区存在一定的差距，早在 20 世纪 90 年代，辽宁冰雪旅游产业的发展要落后于黑龙江和吉林两个省，进入 21 世纪，辽宁的冰雪旅游发展比较迅速，无论是游客数量还是旅游收入都位居前列，而且辽宁省的基础设施和服务质量要高于吉林和黑龙江地区，可以说辽宁是冰雪旅游产业发展的后起之秀。而在辽宁冰雪旅游产业的发展中，其发展重点是依靠热点景区发展旅游项目，主要依靠的是沈阳、大连等城市发展休闲度假旅游项目。在这种发展形势下，东北地区的娱乐休闲品牌的共建中要将新兴的滑雪旅游项目作为发展方向，将城市周边的资源很好地利用起来，对旅游资源进行合理开发，可以开发一些参与性强、体验性强的娱乐休闲项目，并结合当地的地区特色对品牌进行共建。

二　东北地区冰雪旅游产业集群的培育

旅游产业集群指的是那些位于优越的地理位置或者拥有众多优势资源的旅游地形成的空间集聚体，主要包括旅游企业、关联企业和众多辅助企业及机构等，经济全球化和集群化的发展是旅游产业集群产生的根本原因。当地区内的企业之间有了共同的利益，从而相互合作、相互发展，这就形成了产业集群。冰雪旅游产业集群化发展，可以促进提高东北地区冰雪旅游产业的竞争力，能够让资源得到高效利用和合理分配，从而加快各企业的发展。东北地区冰雪旅游产业的发展现状主要表现为空间集聚，形成了一定的发展规模，但是规模的形成并没有带来较好的经济效应，而且企业之间也没有形成一个良好的共生关系，还处在无序甚至恶性竞争阶段，而要想提升当地旅游产业发展的竞争力，最好的方法就是培育旅游产业集群。

（一） 旅游产业集群的含义

随着东北冰雪旅游产业的不断发展，旅游产业的规模也在不断扩大，旅游产业自身以及各产业部门通过密切的联系朝着集群化的方向发展。而这种产业集群中不仅包括存在竞争关系的各旅行社，还包括景区、餐饮企业的集群，除此之外，还包括材料供应商、信息行业等企业的集群。旅游产业集群就是要将酒店、旅行社和景区等相关企业作为发展核心，发挥旅游产业的带动作用，推动相关产业的发展，从而提升旅游产业品牌效应。

（二） 冰雪旅游产业集群的模式

旅游产业集群因为地区的不同、发展现状的不同，也会有不同的运营方式，从而形成多样的发展模式。而那些正处在旅游产业集群发展初期的地区则是以旅游部门和游客为中心，将与旅游业相关的其他关联产业作为主体来发展，而其发展模式也是由参与旅游产业运作的相关部门组成。

随着旅游产业集群的不断发展，高端的旅游资源成为发展的核心，更多的产业参与其中，从而形成了极具吸引力的产业集群模式。而当旅游产业有了一定的影响力，游客数量和规模也在逐步增长时，旅游产业集群将会朝旅游吸引物的培养和产品开发的方向发展，而旅游文化也成为发展的核心，这时候的旅游产业集聚发展模式则是以游客和市场的需求为主的。

黑龙江、吉林、辽宁地区的冰雪旅游产业发展阶段不同。其中，具有较高市场影响力的黑龙江省冰雪旅游产业的发展态势良好，表现在海内外游客人数的不断增加，所以，黑龙江地区可以采用以游客和市场需求为主的产业集聚发展模式。吉林作为增速较快的地区，其经济效应与黑龙江地区的并没有多大的差距，因此可以采用以资源吸引力为主的产业集聚发展模式。而辽宁的产业关联度要低于以上两个地区，所以，辽宁地区可以采用以旅游资源开发和客源互动为主的产业集聚发展模式。由于东北各地区的产业集聚发展模式不尽相同，所以，要将产业链进行整合，将旅行社、住宿餐饮业、场馆、交通运输业等作为主导，将基础设施作为辅助，为游客提供一站式的旅游服务。

（三）冰雪旅游产业集群的实现途径

实现冰雪旅游产业集群式发展，即可以在景区、旅行社、住宿餐饮业以及旅游产品的销售部门中选择具有较高品牌效应的企业，建立一个具有较大竞争力的冰雪旅游核心企业群，在建立核心企业群中，可以通过各种各样的方式，建立相关的企业集团，培育品牌化、规模化、国际化的企业，使其成为冰雪旅游产业发展的主力军，并通过这些企业的不断发展，发挥其带动作用，带动其他企业的发展，从而提升东北地区冰雪旅游产业的发展水平，并提高经济效应。

同时还需要建立相关的辅助产业群，也就是那些能够为冰雪旅游产业提供相应基础设施的企业或者单位，比如银行保险、卫生体育等。这些基础设施企业可以为冰雪旅游产业的发展提供物质保障，同时还能实现资源和信息的共享，提高服务质量和水平。

除此之外，还需要建立一个强大的"智力"服务体系，推动与旅游产业相关的企业集团和旅游行业协会、培训机构等部门和单位的合作，建立一个"智力"服务体系，为游客提供高质量高水平的服务。旅游行业协会还可以帮助相关企业对当前的市场发展动向进行分析和预测，从而提供专业的信息和数据，旅游培训部门则为相关企业培养高质量的人才。

三　东北地区冰雪旅游空间布局的优化

对当前东北地区冰雪旅游产业的发展进行分析后发现，冰雪旅游产业在空间上缺乏合理的分布，发展也存在不平衡的问题。比如，就以东北地区极具特色的滑雪运动来说，滑雪场在东北地区的分布就出现了"北重南轻"的问题，而产生这种问题的原因之一就是气候条件和地理位置，所以就可以看到黑龙江地区因其优越的地理位置建设了众多滑雪场。而吉林和辽宁地区因为起步较晚，滑雪场的数量不像黑龙江地区那么多，资源没有那么丰富，但是吉林也有其发展特点，就是相关的旅游项目比较多。目前相关部门和单位需要在原有的分布格局上，对当地冰雪旅游产业的发展重点进行进一步的优化和调整，从而解决恶性竞争等问题，进一步提高经济效应。

根据相关调查研究，结合东北地区冰雪旅游产业发展现状以及未来发展趋势，本书认为，东北地区可以将"四核双轴三区"作为发展重点。将哈尔滨、长春、大连、沈阳作为"四核"，将哈大铁路、中俄边境作为冰雪旅游产业发展的"双轴"，将黑龙江、吉林、辽宁地区作为"三区"，打造品牌功能区，四核带动双轴发展，构建各具特色的旅游品牌，从而形成独具特色的东北地区冰雪旅游网络和发展体系。

第四节　东北地区冰雪旅游感知形象

一　基于网络游记的东北地区冰雪旅游季旅游感知形象分析

1. 数据获取与分析

相关数据主要是从几家旅游网站中得到的，比如携程旅游网、途牛旅游网等。在对样本进行筛选的时候，以叙述文本为条件，共选出符合相关要求的游记200篇，而在这些游记中，有124篇游记记录自助游，占比62%，还有76篇游记记录的是跟团游。在对数据进行预处理的时候，为了方便统计，将游记进行编码，编码由数字组成。

不仅如此，我们使用 ROST CM6 对相关数据进行处理，将游记中和调查研究无关的内容剔除，最后将处理过的游记复制到同一个文档中，共获取444595个字符。在对高频词进行分析的时候，通过分词分析和词频分析，对文档进行处理，从而获得描述东北地区冰雪旅游感知形象的高频词语，对游客的感知形象进行一个初步的了解。在对文档进行处理之前，先设置了一个自定义的词语字典，比如冰雪大世界、长白山、棋盘山、雪博会、纪念塔、冬泳表演等，最后用相关软件进行过滤，将无关的词语进行过滤，从而在文档中获得高频词及其频率。

除此之外，我们还将相关的调查和研究与网络游记内容进行结合，将认知形象分为四个主要方面——旅游资源、旅游产品、旅游环境、社会环境，还有 14 个次要方面。在对内容进行分析的时候，将每篇游记作为一个单元，对游记进行编码，分析单元如果涉及主要方面包含的一个或者多个次要方面的话，就将其设置为"1"，否则就是"0"。在对情感形象进行分析和综合后，确定了四个评价结果：没有提及、正面评价、负面评价、正负兼有。其中，有关形容词的评价则是运用了相关的研究，从游记中提取出能够反映游客偏好的词语，从而确定游客对旅游地的情感形象偏好。在总体形象的分析中，则是通过对形容词的统计，根据其出现的频率来确定旅游地形象的整体性和特殊性。

2. 认知形象评价分析

本文对游记中认知形象的属性和频数进行总结和分析，从而明确游客对东北地区冰雪旅游认知形象的感知度，如表 4-1 所示。

表 4-1　认知形象属性频数统计

属性	A (663)				B (373)				C (441)			D (261)		
频率	A_1	A_2	A_3	A_4	B_1	B_2	B_3	B_4	C_1	C_2	C_3	D_1	D_2	D_3
	141	181	160	181	85	123	99	66	171	165	105	91	60	110
	6	1	5	2	12	7	10	13	3	4	9	11	14	8

从表 4-1 中可以看出，主要因素的排序为旅游资源、旅游环境、旅游活动、社会环境，其中旅游资源出现的频率最高，为 663。在次要因素中形象属性的排序为主题活动、冰雪景观与特色建筑、异国风情、风景和观光旅游、寒冷地区的民俗。而这些出现频率较高的因素则反映了游客对旅游地产生了比较深刻的印象，在整体上属于比较突出的部分。

其中，出现和被提及最多的就是主题活动、冰雪景观与特色建筑这两个方面，几乎每篇游记中都有所提及。由此可见，主题活动、冰雪景观与特色建筑是东北地区冰雪旅游中最突出的形象内容。而在众多的主题活动中，最受欢迎的就是哈尔滨冰雪大世界，也是游记内容中被提及最多的。其次就是雪博会、冰灯游园会等，除此之外，还有亚布力、长白山、查干湖冬钓、棋盘山、太阳岛、防洪纪念塔、中央大街、万达滑雪乐园等，这些景点的提及频率相近，说明在感知形象中它们给游客的感觉没有太大出入。东北地区旅游形象中最为突出、提及最多的就是冰雪大世界、雪博会、中央大街等。除了这些以外，还有181篇游记提及冰雪民俗，其中美食方面提到了冰糖葫芦、冻柿子、冻梨，还有极具当地特色的东北红肠等。在冰雪景观与特色建筑方面，游记中多次提到东北地区的特色建筑。而这些特色建筑也成为东北地区旅游形象中的一大特点。在众多的特色建筑中，排名在前列的有圣索菲亚大教堂、清真寺、沈阳故宫、长春伪满皇宫等，这些建筑都有一个共同特点，就是极具中国和异国风情，因此给游客留下了深刻的印象。

3. 情感形象评价分析

（1）对认知属性情感进行评价

在对认知属性情感进行评价时是从认知属性的方面展开的，主要是从众多的网络游记中去判断游客对东北地区冰雪旅游季感知形象的态度，从而获取到游客对认知属性的评价结果。

旅游资源方面的评价如表4-2所示。

表4-2　旅游资源认知属性情感评价

单位：篇

认知属性	没有提及	正面评价	负面评价	正负兼有
冰雪旅游景点	21	145	7	29
冰雪主题活动	15	155	12	15
寒冷地区民俗	33	118	19	31
冰雪景观与特色建筑	20	148	8	26

从表4-2中可以发现，在冰雪旅游景点中，有关其正面评价的有145篇，这些游记中主要记录的是景点的特色和美感。在冰雪主题活动方面，其评价内容主要围绕的是冬泳、冰雕、冰上运动以及冰雪摄影大赛等活动，游客将自己参与到这些活动中的感受进行了描述，同时也有游客认识

到集体合作的重要性。在寒冷地区民俗中，游记中多次提到游客对东北的火炕非常感兴趣等内容。而在冰雪景观与特色建筑中，有148篇游记都对冰雪景观表示了赞叹之情，并且对圣索菲亚大教堂等极具特色的建筑进行了赞美，许多游记中都表现出游客对东北地区的异国情调非常感兴趣。

旅游活动方面的评价如表4-3所示。

表4-3　旅游活动认知属性情感评价

单位：篇

认知属性	没有提及	正面评价	负面评价	正负兼有
休闲娱乐情况	32	158	10	3
交通情况	8	116	65	11
住宿场所情况	14	107	78	5
购物情况	32	146	18	3

从表4-3中可以看到，在休闲娱乐方面，有158篇游记都明确地对东北地区的冰雪旅游季进行了正面评价，而且大多数游客对景区和休闲娱乐场所的服务非常满意。而在交通方面，则有116篇游记对交通进行了正面评价，并对其中的服务表达了满意之情。但是众多自驾游游客则提出了停车难等问题。在住宿场所方面，也有很多正面评价，但也不乏负面评价，而负面评价主要集中在经济型和个体公寓这两种住宿方式上，住宿价格低廉，但卫生条件却让人忍不住吐槽。在购物方面，只有32篇游记没有提及这个方面，大多数游客都对当地的购物比较满意。

旅游环境方面的评价如表4-4所示。

表4-4　旅游环境认知属性情感评价

单位：篇

认知属性	没有提及	正面评价	负面评价	正负兼有
特色的异国情调	3	166	11	20
风景与观光旅游	1	168	12	21
消费水平	37	111	40	11

从表4-4中可以发现，东北地区因为特殊的历史，所以当地的建筑极

具异国风情，而这些建筑则在某一方面代表了东北地区一些城市的风格，因此给众多游客留下了深刻的印象，其中在特色的异国情调方面，许多游记中都提到了享有盛誉的圣菲索亚大教堂。而在风景与观光旅游中，许多游记都表达了极高的正面评价，由此可以看出，东北地区的景观和风景因其独特性和唯一性让众多游客都非常满意。在消费水平方面，大部分游记持有正面评价，认为东北地区城市的消费还是比较合理适中的，其中有少数游记对景区门票等持有负面评价，认为门票等价格有点高。

社会环境方面的评价如表4-5所示。

表4-5 社会环境认知属性情感评价

单位：篇

认知属性	没有提及	正面评价	负面评价	正负兼有
服务质量情况	29	130	29	8
基础设施情况	14	106	69	7
城市印象情况	17	145	13	23

从表4-5中可以发现，景区内相关部门、住宿餐饮业等工作人员的服务质量对游客在旅游过程中的体验会产生直接的影响。经过调查和统计后发现，130篇游记持有正面评价，认为工作人员的服务质量还是不错的，但也有29篇游记持有负面评价，认为有些工作人员会对游客进行推销，从而降低了游客的旅游体验。而在基础设施方面，有69篇游记持有负面评价，认为东北地区旅游地的基础设施不够完善、不够先进，降低了游客的旅游体验感受，其中指出停车场和公共厕所比较少。在城市印象方面，许多游记中都表示东北地区像是一道别致的风景。在当地居民的友好度中，许多游记都对东北人民表示了极高的评价。但也有少部分游记中提到东北地区的城市不够干净整洁。

（2）对情感形容词统计

从表4-6中可以发现，有156篇游记中都明确表述了游客在旅游过程中对东北地区的情感，其中，所涉及的词有"兴致勃勃的""愉快的"等，大多数都是正面评价，心理体验非常好，最突出的就是"兴致勃勃的""愉快的"，分别占比37.8%、57.7%，这些数据表明，东北地区营造了一种很好的旅游氛围，并且因其独特的景观、丰富的活动、极具特色的建筑物而提高了游客的旅游兴致。

表 4-6　情感形容词描述性统计

单位：篇，%

属性	情感表现			
维度	愉快的	不愉快的	兴致勃勃的	昏昏欲睡的
频数	90	5	59	2
占比	57.7	3.3	37.8	1.3

二　总体形象评价分析

1. 固有形象分析

经过调查分析和总结后发现，在调查的游记中，有 161 篇游记都有关于"东北地区旅游地的假想"的描述，即当人们一听到东北地区冰雪旅游季的时候，脑海里会浮现出什么样的画面或者是特征。其中，游记中大多都用冰雪城市、冰雕艺术、有情调等对东北地区的形象进行描述，如表 4-7 所示。由此可以看出，排名在前的冰雪资源和自然环境，很好地表现出游客对东北地区固有形象进行感知的统一性。

表 4-7　固有形象自由描述统计

排序	自由描述	排序	自由描述
1	冰雪城市	11	冰壶
2	冰雪大世界	12	冬泳
3	美丽	13	雪博会
4	冰雕艺术	14	中西合璧
5	俄式建筑	15	风景独特
6	中央大街	16	冒险
7	有情调	17	浪漫
8	防洪纪念塔	18	刺激
9	哈尔滨啤酒	19	红肠
10	松花江	20	豪爽

2. 特殊形象分析

经过调查和总结后发现，在所调查的游记中，有167篇游记都对"东北地区特有的旅游产品"一题进行了回答，游记中多次提到冰灯冰雕、圣索菲亚大教堂、松花江、俄式建筑等，如表4-8所示。其中，令游客印象最深刻的就是冰灯冰雕艺术，并且有89%的游记都将其看作东北地区极具特色的一种形象。

表4-8 特殊形象自由描述统计

排序	自由描述	排序	自由描述
1	冰灯冰雕	6	松花江冰上娱乐项目
2	圣索菲亚大教堂	7	中央大街
3	松花江	8	滑雪
4	俄式建筑	9	冬泳
5	哈尔滨啤酒	10	冰壶

3. 游客体验信息分析

在表4-9中可以发现，在众多游记中，有397篇描述了游客在东北地区冰雪旅游季旅游过程中的相关体验和感受，其中涉及的词语有"很高兴""心情愉悦""流连忘返"等，而有关负面评价的词语有"美中不足""不爽"等，但总体来说，游客在旅游过程中的体验还是不错的，满意度也是比较高的。

表4-9 游客体验信息分析

单位：篇

体验的心理感受	频数	具体情感体验
兴奋感/满足感 （旅游体验大于旅游期望）	231	很高兴、心情愉悦、流连忘返、兴奋、激动、很神奇、刺激、兴致高涨、深深的震撼、不亦乐乎、手舞足蹈
镇定感/满足感 （旅游体验等于旅游期望）	90	祥和而安静、享受、温馨、悠闲、安静、舒服、惬意、甜蜜安详、温馨浪漫
失望感/挫败感 （旅游体验小于旅游期望）	76	美中不足、小小的失望、沮丧、遗憾、不爽、不感兴趣、气愤

经过调查分析后发现，因东北地区的旅游极具特色和风格，所以游客

对东北地区众多冰雪类活动项目的感知度比较高，其中，游客最为关注的是冰雪大世界，其次是雪雕艺博会、冰雕文化节、冰雪欢乐谷等活动。在交通和服务质量的评价中，游客的评价略微低一点，虽然众多游客对东北地区的美食比较关注，满意度也比较高，但是需要改进的地方还有很多。在城市环境、基础设施和住宿方面，游客对其的整体评价不高，但是游客对东北地区的形象感知上还是具有高度的一致性的，并对许多活动的满意度高，认为冰雕、冬泳、滑雪等都是东北地区极具特色的活动和项目。

三　东北地区冰雪旅游形象的提升

（一）加大东北冰雪旅游节的宣传力度

通过分析后发现，宣传对于塑造东北地区冰雪旅游认知形象方面有着非常重要的作用，因此，相关部门和企业要采用各种形式的方式方法，利用媒体的影响力和众多渠道，比如文化交流等形式去进行宣传。媒体宣传不仅能够扩大东北地区冰雪旅游的知名度，同时还能提高其影响力。而且，要加大力度去宣传东北地区的滑雪项目，把有代表性的几个滑雪场推广出去，比如亚布力滑雪场、长白山滑雪场、北大壶滑雪场、棋盘山滑雪场等，让人们能够看到东北滑雪场的魅力，以此提高滑雪场的吸引力。

根据调查，在广告市场中，"互联网＋"和移动网络成为新的营销方式，并在广告市场中占据了很重要的位置。而众多游客都是通过互联网进行网上购票的，也会在网上查找相关的旅游信息，比如线路、景点等。因此，相关部门和企业在对东北地区的冰雪旅游季进行宣传的时候可以利用网络这一新兴的营销方式，同时还要对现有的资源和渠道进行整合，加强与知名旅游网站的合作，从而将东北地区的冰雪旅游品牌在世界范围内进行推广，扩大其影响力。

表 4－10　东北地区冰雪旅游传播整合规划一览

传播策略	情感营销做创意，常规内容做积淀		
传播内容	冰雪体育活动体验系列	城市冰雪环境体验系列	
传播阶段	活动预热	活动引爆	活动维护

传播 平台	官方微信	点对点传播扩散，重点发力平台，为 OTA 引流
	官方微博	点对面传播扩散，重点扩散平台，为 OTA 引流
	OTA 网站	信息回流平台，完成销售，以及自有平台广告告知
	传统媒体	辅助传播，告知活动并且为活动造势

1. 利用微博话题加大微博传播力度

微博作为现代人常用的一款软件，影响力是非常大的，因此，相关部门和企业可以打造一个拥有百万粉丝的官方微博，利用微博话题的影响力进行宣传和推广，还可以在网上开设相关的活动进行营销，也可以和新浪官网进行聚合传播，从而实现多站点的同步宣传。其中，可以利用情感认知，开设相关的主题活动，比如一张高铁票免费游冰雪节等。也可以在传统媒体的基础上，用微信公众号的影响力去进行宣传，或者在相关的微博或者其他的官方网站等联合进行活动的推送。

2. 扩大冰雪旅游节官方微信传播的影响力

微信是一个非常好的宣传途径。微信将互联网媒体和手机媒体结合起来，成为引领新媒体时代的一个标志。相关部门和企业可以开设一个微信公众号，在公众号里推送东北地区冰雪旅游的相关内容，比如极具特色的景点、丰富多样的活动、异国风情的俄式建筑等。微信公众号不仅是一个社交平台，更是一个极具特色的生活文化展区。全国各地的朋友都可以通过这个微信公众号去了解东北地区人民的生活，去了解东北地区冰雪旅游的特色，去了解冰雪大世界，去了解滑雪等。因此，相关部门和企业要积极地利用好微信公众号这一影响力巨大的平台，以此推动东北地区冰雪旅游的快速发展，吸引更多的游客来当地旅游。

（二）提升东北地区冰雪旅游服务能力

根据调查汇总发现，无论是在问卷调查中还是在对相关的游记进行调查时，很多游客对东北地区的交通持有负面的评价。而交通是否便捷在某种程度上也决定了当地的发展水平，从当地的实际情况出发，交通也确实成为制约东北地区冰雪旅游产业发展的一大因素。首先从环境来看，东北地区一年中冬季的时间最长，不仅降雪普遍，而且气温低下，非常寒冷。

游客去东北旅游的时候，正处在东北地区寒冷的季节，所以，在旅游过程中打车成为一件重要的事情，而在这种降雪普遍的天气中，许多游客时常会打不到车，在零下十几度或零下二十几度的天气站在街上长时间等车是常有的事情，所以，众多游客对东北地区的交通常常抱有怨念。对此，相关部门和单位应该采取措施提高东北地区的交通服务能力，尤其是在降雪或者是寒冷天气时，更应该提高交通应变能力。降雪时，应及时对路面积雪进行清扫和处理，保证道路的通畅，同时相关部门要加大对交通投诉的管理力度。不仅如此，还要对出租车司机进行综合素质及专业技能的培训，同时，还要不定期地对出租车司机的服务质量进行调查，发现问题及时整改。而在东北地区，一旦遇上降雪天气，许多道路都会因为降雪而封闭，因此，许多游客原定的旅游计划不得不因为道路的封闭而有所改变，这样也会影响游客的旅游兴致。相关部门应该加强对道路的清扫和处理，避免因为天气而影响游客的活动，不断提高游客对东北地区交通的评价，进而提高对东北冰雪旅游的整体评价。

除此之外，为了提高游客的满意度，相关部门和企业还要在餐饮方面进行全面整改。在对游记进行梳理和总结时发现，众多游客对东北地区的美食有着很深刻的印象，尤其是对极具特色的红肠、面包、啤酒等评价比较高。因此，在冰雪旅游期间，可以在各大景点或者是活动地设置相关的美食点，推出极具当地特色的美食，让游客在观赏游玩的同时也能够大饱口福。东北地区的饮食文化非常有特色，而且东北地区也是少数民族的聚集地之一，有满族、朝鲜族等少数民族，文化氛围浓厚，能够给游客带来不一样的味觉体验。同时也可以开发制作各种旅游产品，哪怕是当作纪念或者是伴手礼也是一个不错的选择。

在对游记进行梳理时也发现，游客对工作人员的服务质量和态度也存在一定的负面评价，由此可见，东北地区冰雪旅游的服务质量还需要提高，工作人员态度要加以改善。因此，相关部门和企业要重视起来，采取措施提高工作人员的服务质量。首先，政府可以加强对旅游从业人员的专业技能和综合素质的培训，并改进和完善相关的管理规定，提高工作人员的总体素质，树立优秀的工作人员形象。其次，还要建立规范的培训机制，采取奖惩制度，并建立相关的资金预算制度，保证有足够的资金能够及时地支持开展培训工作。同时还要选择适当的培训教材，有针对性地提高工作人员的服务能力。还要定期组织外出学习，也可以邀请专家或者服务标兵来开展业务座谈会。在进行招聘的时候，也要以高标准严要求来强化招聘制度。

（三）打造具有特色的东北冰雪旅游文化

对游记梳理后发现，游客对景观、旅游活动和民俗这三个方面的满意度比较高，评价也比较高。但是在问卷调查中相关的细节却没有体现出来，游客在参与问卷调查的时候对这三个方面的评价不太高，尤其是民俗文化方面，评价比较低。问卷调查时，因为是随机抽取的在旅游地旅游的游客，这些游客因为深入东北地区的民俗文化中，其中的体验好坏自然就能够直接地感受到，如果民俗文化没有给游客带来特别好的体验，那么评价自然而然地就比较低。

同时这种现象也说明游客在旅游过程中对民俗文化的体验并不深刻，东北地区的民俗文化不够鲜明，因此，旅游主管部门和企业应该加强对民俗文化的展示，深度挖掘民俗文化中极具特色的部分并将其魅力展示出来。有些游客表示，东北地区冰雪旅游并没有全面展示出东北地区的民俗文化，这就导致冰雪旅游的景观比较单一，缺乏一定的文化内容，没有内在的灵魂和内涵，这也就导致东北地区的旅游市场不具有较高的竞争力。而东北地区不仅是一个少数民族聚集的地方，其景观和建筑物也非常有特色，无论是鄂伦春族的爬犁，还是满族的打年糕都是非常有民族特色的，相关旅游企业可以将这些特色展示出来，加入东北冰雪旅游活动中，提高游客的体验感知度，也可以对这些活动进行创新，增强竞争力，提高吸引力。比如，可以在景区内展示朝鲜族的舞蹈，也可以进行巡演，或者让游客参与进来、体验少数民族的文化。这些都可以很好地提高游客的参与性，从而提高游客对其的评价。

除此之外，东北地区冰雪旅游地还可以设立相关的少数民族文化展示区，其中，东北地区的金源文化历史非常悠久，可以将其作为主要部分，开发相关的资源，比如，建设金源文化群落，在建设过程中，要保留原有的民俗文化，让游客能够更加直观地感受到金源文化。也可以建立金源文化主题公寓和旅社，在公寓或旅社内部设置相关的少数民族元素，还可以组织相关的民俗活动，邀请游客参与进来，从而提高游客的满意度。

(四) 加大东北冰雪旅游资源的开发力度

从调查中可以看出，游客对冰雪旅游资源的评价是比较高的。因此，相关部门和旅游企业可以加大对旅游资源的开发力度，这样可以提高东北地区冰雪旅游的整体形象。可以将冰和雪这两种资源进行整合。比如，冰雪大世界、冰灯游园会等都是东北地区最知名的品牌形象，许多游客都是慕名前来，可以将这些活动和周边的滑雪场联合起来共同运营，在景区内设置免费的滑雪指导，让游客能够体验到滑雪的乐趣和魅力，从而提高游客的旅游满意度。游客满意度提高了，就会产生再次消费的想法，而且还会将这种体验分享给亲朋好友，后续的连锁效应是非常大的，对东北地区的冰雪旅游也是一个很好的宣传。

不仅如此，我们还可以提高东北冰雪旅游资源的有效利用率，多开发一些参与体验性高的活动，让游客能够体验到各式各样的活动和项目。比如，设置众人跳舞项目，邀请游客在冰雪大舞台上跳舞，还可以设置其他一些互动环节，调动游客的积极性。在冰雕游览中，可以设置 DIY 环节，让游客可以亲自动手做冰雕，也可以用半成品让游客自己动手加工，从而提高游客的参与度和满意度。

除此之外，游客对东北地区的风景和自然资源都做了较高的评价。东北地区因其独特的地理位置和历史，有着非常丰富的文化，可以说东北地区是多种文化的集中地。在这里，游客不仅能看到深厚的汉族文化，还可以看到极具特色的少数民族文化，同时还能够体会到非常鲜明的东方特色，也能体会到西方文化的浪漫色彩。哈尔滨久负盛名的中央大街和圣索菲亚大教堂、沈阳的故宫都是众多游客旅游的必经之地，这些景点和冰雪文化结合到一起，就形成了极具东北特色的旅游资源。

由此可见，要想提高游客的满意度，提高游客对东北地区冰雪旅游的整体印象，就要从服务质量、交通、住宿餐饮、旅游资源等多个方面进行多样化的开发，将极具东北本地特色的文化和产品展示出来，给游客留下震撼心灵的深刻印象。

第五章　东北地区冰雪体育旅游安全管理体系的构建

第一节　东北地区冰雪体育旅游安全事件表现形态及管理现状

一　东北地区冰雪体育旅游安全事件表现形态

冰雪体育旅游在旅游行业当中属于危险性相对较高的一项体育旅游活动，相关的调查数据显示，冰雪体育旅游安全事件的表现形态主要包括自然灾害、事故灾难、公共卫生事件以及社会安全事件。自然灾害主要表现为雪崩、暴风雪等，事故灾难主要表现为设施设备事故，经营管理失误等引发的火灾、冲撞等，公共卫生事件主要体现为食物中毒、疫情或者猝死等情况，而社会安全事件主要表现在旅游的过程当中出现抢劫、盗窃等情况。2010～2018 年东北地区冰雪体育旅游安全事件类型及事件形态分布详见表 5-1 和表 5-2。

表 5-1　2010～2018 年东北地区冰雪体育旅游安全事件类型

事件分类	表现形式	事件数量（件）	伤亡情况
自然灾害	暴风雪、大风、大雾、雪崩等	11	33 死 12 伤 9 失踪
事故灾难	设施设备事故、摔倒、冲撞、拥挤、火灾等	58	8 死 43 伤
公共卫生事件	食物中毒、疫情、猝死等	2	1 死 0 伤
社会安全事件	抢劫、盗窃、暴力等	4	0 死 6 伤

资料来源：中国滑雪设备网。

表 5-2　2010～2018 年东北地区冰雪体育旅游安全事件形态分布

单位：件

事件表现形式	设施设备事故	雪崩	猝死	冲撞	摔倒	拥挤	火灾	盗窃	抢劫	暴力
报道次数	7	8	1	16	32	2	1	2	1	1

资料来源：中国滑雪设备网。

（一）自然灾害

造成东北地区冰雪体育旅游安全事件的主要原因之一就是自然灾害。众所周知，我国东北地区的气候是四季分明的，主要的气候是温带大陆性气候，而且，我国东北地区冰雪旅游非常著名的一个景观就是冬季的冰雕，而这一著名旅游景点主要也是得益于东北地区的气候，每年冬季东北地区都会出现大风、大雪天气，这也就导致我国东北地区每年都会出现许多自然灾害。主要的自然灾害包括雪崩、暴风雪、大风以及大雾等。这些自然灾害或多或少都会对东北地区的冰雪旅游产业发展造成一定影响。因为这些自然天气都严重影响了冰雪旅游的安全性，暴风雪、雪崩等自然灾害会对冰雪旅游产业造成直接的影响，同时，大风以及大雾天气会直接影响东北地区冰雪体育旅游景区的正常运转，对冰雪旅游的发展造成很大的阻碍。有关数据显示，由自然灾害导致的东北地区冰雪体育旅游安全事件发生的频率是相对较高的，所导致的死亡人数也是其中比例最大的，当然，自然灾害对冰雪旅游所造成的破坏不仅体现于中国东北地区，在国外也是一样的。

（二）事故灾难

在冰雪体育旅游中事故灾难主要包括设施设备事故、踩踏、火灾、拥挤等事件。根据相关调查资料，事故灾难在冰雪体育旅游安全事件当中发生的频率是最高的。在 2010～2018 年东北地区冰雪体育旅游安全事件的公开报道中，冰雪体育旅游安全事故灾难发生 58 件，其中设施设备事故发生 7 件、拥挤事件发生 2 件、火灾发生 1 件、摔倒事件发生 32 件、冲撞事件发生 16 件。冰雪体育旅游大多数都是在室外进行的，活动场地非常的广阔宽敞，但是一般场地的规划设计并不是非常完善，而且滑雪的速度过快或者人流量大，太过于拥挤都会造成不同程度上的摔伤，甚至会造成死亡事故，而这些安全隐患对于东北地区冰雪体育旅游产业的发展是非常不利的。由于冰雪体育运动本身就是一个非常危险的运动项目，所以想要达到一个确保游客安全的状态，就需要从多个方面入手，确保其中的每一个环节都符合相关的安全标准。

在冰雪体育旅游过程当中，出现过许多起由设施设备故障而导致的安全旅游事故，这些安全事故的发生对于冰雪旅游景区来讲，无疑是非常大的打击。而设施设备故障主要表现为索道缆车事故，以及硬件设施设备故障等。公共设施设备是冰雪旅游场地的主要运行设备，公共设施设备的运行状况直接影响到游客在游玩过程中的体验甚至生命安全。如果冰雪旅游地区的冰雪旅游硬件设施不够完善，不能够保证充足的资金投入以及不能保障安全，就会导致安全隐患出现，可能给游客造成较大的伤害，会严重威胁到冰雪旅游游客的人身安全以及财产安全，甚至还会威胁到冰雪旅游行业的正常发展，对冰雪旅游行业造成非常严重的负面影响。游客在滑冰滑雪过程中经常会出现摔倒的现象，游客技术水平较低或安全意识欠缺是主要原因，其他原因还包括场地的安全设施不够以及突发状况等，一般情况下，事故的发生并不会引起管理者相应的重视，管理者会忽视这种后果所带来的危害与影响。然后是火灾，火灾在冰雪旅游事件当中造成伤害的事例并不是非常常见，但是一旦有火灾发生，所带来的人身伤害以及财产损失是无法估量的，因此，想要更好地发展东北地区冰雪体育旅游产业，就需要及时地关注这些影响冰雪旅游产业发展的安全因素，及时地对冰雪旅游景区出现的安全隐患进行监测与处理。

调查显示，事故灾难是游客在冰雪旅游过程中发生率最高的安全事件，需要引起有关方面的高度重视，无论是冰雪旅游的游客还是相应的管理方，都应该重视，树立安全意识，更好地避免灾难事故的发生，同时，要在相关的安全隐患出现问题的时候及时地做出反应与处理，争取在最短的时间内处理好相关问题，确保冰雪旅游景区的正常营业，同时要在营业的过程中确保游客的人身安全，更好地促进我国东北地区冰雪旅游行业的正常发展。

（三）公共卫生事件

公共卫生事件是在冰雪体育旅游过程当中一项比较多发的安全事故，造成公共卫生事件的原因较多，其中主要包括食物中毒、疫情、疾病等。这些都属于公共卫生事件当中的安全事故，这些事件对于冰雪体育旅游中游客的人身安全也会造成一定的威胁，但是在现如今冰雪旅游景区当中公共卫生事件并不能完全避免，由于公共卫生事件所包含的内容比较多，而且其中不可控的因素也比较多，所以想要真正做到避免公共卫生事件非常难，但是相关的管理部门以及景区的经营人员可以采取一系列的措施以及制定相关的规则与标准，力争在最大限度上降低公共安全事件对于东北冰雪旅游景区的负面影响。

猝死在东北冰雪体育旅游过程当中发生的比较少，但并不是完全没有，猝死的原因有很多种。冰雪旅游地区的场地安全设施不完善，自身的身体比较弱，以及一些意外因素，都会导致在某种特定的情况下游客猝死，因此，想要更好地在冰雪体育旅游过程当中降低游客猝死发生的概率，就必须要从多个方面入手，首先，游客必须了解自己的身体状况，是否有心脏病等疾病，是否能够体验刺激的雪地体育项目，同时相应的管理人员也必须及时地对游客进行监督与提醒，冰雪体育旅游景区也应该及时设置好相关的标语，及时做好相应的管理工作，尽量避免出现安全事故，同时要设置具有专业营救知识的医护人员，如果一旦出现猝死等情况，必须要及时准确地进行处理。

（四）社会安全事件

社会安全事件在东北冰雪体育旅游过程当中也是会时常发生的安全事故，主要包括抢劫、盗窃、暴力等。虽然社会安全事件在东北冰雪旅游过程当中并不是非常常见，但是相关报道显示，在东北冰雪旅游过程当中，抢劫、盗窃以及暴力事件在不同的时间、不同的地点都有发生。虽然社会安全事件在冰雪旅游过程当中并不是时常发生，但它的危害性是非常广泛的，负面影响也是非常严重的，因此应该引起各个层面的重视。想要更好地降低东北冰雪旅游景区社会安全事件发生的可能性，就需要景区的经营者加强对于景区的管理，设置专门的安保人员，实时维护冰雪旅游景区的治安，更好地确保游客在冰雪旅游景区内的人身和财产安全。

二 东北地区冰雪体育旅游安全管理现状

（一）旅游者安全意识不足

在相关的东北冰雪体育旅游安全事件中，有许多都是旅游者自身原因引发的。大部分的旅游者在冰雪体育旅游过程当中，自身的安全意识非常不足，往往为了追求刺激与速度而忽视了冰雪体育旅游带来的危险性。有许多初学者对自身的技术水平过分自信，并没有接受相应的培训便进入不符合自身级别的雪道或者比较危险的地区，这样在游玩的过程当中非常容易受到伤害。另外还有一些游客对自身的身体素质、健康状况认识不足，不能够充分地认识自身的身体状态，很容易在旅游的过程当中发生意外，对自身造成伤害。

（二）从业者专业技能欠缺

从业者的行为对冰雪体育旅游安全有着至关重要的影响，从业者的专业技能水平越高，就越能够减小游客在活动过程当中出现操作失误的可能性。从业者的工作失误或疏忽很可能导致游客受伤或出现重大的事故灾难，所以东北冰雪旅游场所的管理方应该提高从业者的管理水平，对从业者专业技能进行专门的培训，提高从业者的专业技能水平，规范从业者的行为，同时要提高对从业者道德水平的要求，树立责任意识，更好地保障游客的生命安全。

（三）基础设施设备不健全

一般来说，冰雪体育旅游的热门时间主要是从雪季开始到雪季结束，而绝大多数冰雪旅游景区的设备只是在开始前和结束后会进行一下简单的检查与维修。在冰雪旅游季经营期内，很少定期进行统一的检查与维修，这也就导致冰雪旅游景区在经营过程当中会出现许多设备故障的问题，这些设备故障问题可大可小，有的会造成人员伤亡，东北冰雪旅游景区应该健全检查与维修制度，这样会大大降低冰雪体育旅游安全事故的发生。

对于冰雪旅游景区的场地设计，我国大多数的滑雪场都会针对不同技术级别的滑雪游客提供不同难度和级别的滑道，这样做的主要目的是更好地满足不同级别游客的需求，让滑雪的游客能够更好地享受到滑雪带来的乐趣。但是这种设计除了给游客多样的选择外，同样也存在一些问题，比如很多滑雪场的初、中、高级雪道会存在一个交汇点，或者是雪道的终点在同一个地方，这样很可能在滑雪的过程当中造成人员扎堆，对游客的人身安全造成一定的威胁，所以要求冰雪旅游景区管理者，对于冰雪旅游景区的场地设计应该仔细地研究，设计出更加合理，也更加安全的雪道，更好地保障游客的人身和生命安全。

冰雪旅游景区的安全防护是整个景区里非常重要的一个环节，景区里的主要安全防护设施包括防护网、防护带、相应的安保人员以及一些警示标语等。这些安全防护设施对于保障冰雪旅游景区游客的安全有着非常重要的意义，警示标语可以提示人们尽量避免一些危险行为，而相关的安保人员，可以在游客出现危险的第一时间采取措施将伤害降到最小，但是在东北的很多冰雪旅游景区，安全防护设施并不是非常完善。比如相关的安全防护网的材料并不能达到标准，还有设置的高度不合理等问题。另外很多东北冰雪体育旅游景区并没有相关的警示标语，相关的安保人员急救知识欠缺，相关的急救技能也并不专业。而且在工作过程当中，还有一些冰雪旅游景区的安保人员，对游客的态度并不是非常友好，这些因素都会对冰雪旅游景区游客的人身安全造成一定的威胁。

除了滑雪类项目外，还有一些非滑雪类项目对游客来说也是非常热门的选择，比如，参与观光类的旅游，游客也可以很好地享受冰雪体育旅游带来的乐趣。但是在观光过程当中也会出现许多意外的情况。比如，在观光与戏雪的项目中会出现冲撞，对游客造成一定的人身伤害；在非滑雪类的旅游项目当中，相应的管理方防护措施做得并不是非常到位，很多东北冰雪旅游景区的管理者都会忽视非滑雪类项目的安全问题。非滑雪类项目的安全很容易成为一个管理的盲区，需引起人们的重视。

（四）景区管理制度不完善

东北冰雪体育旅游安全事件在日常生活中比较多发，从以往来看很多事故的发生都是因为冰雪旅游景区的相应管理工作不到位，存在一些漏洞，其中冰雪旅游景区的管理制度不完善、缺乏监管是东北冰雪体育旅游景区发生安全事故的致命原因。根据相关数据资料，可以将冰雪旅游景区管理制度分为安全宣传教育、安全法律法规以及安全保险保障等三方面，三个方面环环相扣，缺一不可。

1. 安全宣传教育不充分

宣传教育在很多工作中都是非常重要的一点，尤其是安全教育，安全宣传工作可以在一定程度上扩大群众的认知，通过各种途径进行安全宣传，可以让更多的游客认识和了解冰雪旅游景区相关安全问题，一方面提高所有工作人员的安全意识以及安全防范能力，另一方面更好地帮助游客树立安全意识，尽量减少和避免冰雪旅游景区安全事故的发生。所以相关的冰雪旅游景区的管理者必须加强对从业人员的安全教育，对相关工作人员进行上岗前专门的培训，提高工作人员的安全意识以及专业技能，更好地为冰雪旅游景区的游客进行安全服务，尽量避免安全事故的发生。

2. 冰雪旅游安全法律法规不完善

如果说冰雪旅游景区安全宣传是第一位的话，那么健全相关的冰雪旅游安全法律法规则是第二步，相关的冰雪旅游安全法律法规是确保游客生命安全的法律保障。冰雪旅游安全专门性法律法规可以提供法律依据，促进游客提高安全意识，同时更好地约束冰雪旅游的安全行为。目前我国已经颁布了许多与冰雪旅游安全相关的法律条例，其中包括《旅游法》《旅游行政许可办法》《旅游安全管理办法》等，但是到目前为止，我国还没有出台过一部关于冰雪旅游安全的法律法规。这就从另一方面反映出我国对于冰雪旅游安全的重视程度还是不够的，国家没有出台相应的法律法规导致我国冰雪旅游安全管理缺乏相应的法律依据，也导致我国冰雪旅游安全事件发生后维权没有相应的法律依据和保障，所以冰雪旅游安全法律法规的制定与颁布，也是现在冰雪旅游行业亟须解决的一个问题。

3. 保险保障与理赔不明确

冰雪旅游安全事件发生后，伴随而来的就是保险纠纷，因为冰雪体育旅游安全事故多发，旅游保险能够在一定程度上减少冰雪旅游景区的损失，更好更有效地将风险转移，可以在一定程度上提高冰雪旅游景区的抗风险能力，确保冰雪旅游景区的正常运营，同时在一定程度上能够预防安全事件的发生，提高景区安全风险管理的能力。旅游保险对于游客越来越重要，在旅游的过程中，旅游保险已经成为游客不能缺少的安全保障。越来越多的人选择旅游保险，但是相应的旅游保险公司却并没有足够重视冰雪旅游业务，险种不够全面和多样，甚至有一些保险公司在发生了安全事件以后推脱责任，拒绝承担保险赔偿，调查中还发现个别冰雪旅游景区或旅行社故意不给游客购买人身意外保险，存有侥幸心理，而一旦发生意外伤害事故，旅行社和旅游企业找各种理由推脱责任，常常引起一些赔偿纠纷，影响冰雪体育旅游的声誉。

第二节　影响东北地区冰雪体育旅游的安全因素

一　东北地区冰雪旅游景区游客安全影响因素构成

东北地区冰雪体育旅游安全影响因素有许多种，其中主要包括人为因素以及物质因素等，这些因素无所不在，在不同方面、不同程度上影响着游客的人身安全，同时也影响着东北地区冰雪旅游行业的发展。其中主要的人为因素包括旅游者行为和景区从业者行为，人的不安全行为是导致安全事故发生的最直接因素（见图5-1）。

二　东北地区冰雪旅游景区游客安全影响因素分析

（一）人为因素

1. 旅游者行为

游客作为冰雪体育旅游的主体，自身的安全意识以及旅游行为直接影响其自身安全。根据相关的数据资料，在以往发生的多起冰雪体育旅游安全事件当中，由游客自身因素导致的冰雪体育旅游安全事件大约占到1/4，其中主要是由于游客在旅游的过程中缺乏安全意识，过分寻求刺激而忽略了安全。同时由于自身行为不当，不能够清楚认知自己的身体状况，游客

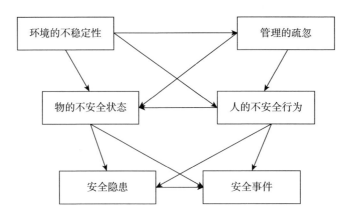

图 5-1　冰雪体育旅游安全事件成因理论模型

在旅游的过程中会发生一些意外以及突发性疾病。另外，一些冰雪旅游景区的滑雪场聘请的教练员价格过高，导致许多游客在游玩的过程中不愿意聘请教练，致使游玩过程中没有相应的技术指导，也缺乏相应的操作技能和在危险时的自我保护能力，很有可能就会发生冰雪旅游安全事故。在缺乏教练指导的情况下自由娱乐和滑雪是目前东北乃至我国冰雪旅游景区普遍存在的现象。

2. 从业者行为

冰雪旅游景区一般都位于远离城市的郊区或山区，又由于季节性的原因，工作人员流动性比较大，为了节约成本、降低支出，一些景区会雇用当地的农民协助管理场地运营，这可以解决当地就业的问题，但这些人员缺乏专业的职业技能，在服务的过程中很容易发生违规操作，由此造成安全事故，严重影响游客的人身安全，对游客造成不同程度的伤害。调查显示，东北地区一些较大规模的冰雪场地聘用了一些教练和相对专业的管理人员，但这些人员多以大学生为主，因为费用的问题，冰雪场地较少聘用正规的教练，一定程度上降低了冰雪旅游景区的安全工作质量，游客的安全保障也受到影响。

（二）物质因素

物质因素包括设备缺陷、场地设施缺陷、安全物资缺陷等方面，这些是导致事故发生的直接因素。

1. 设备缺陷

冰雪旅游景区设施设备的质量和管理直接关系到旅游者的安全。根据调查结果，缆车和索道出现的故障最多。发生事故的原因主要表现在以下三个方面，一是设备质量不过关，存在缺陷，主要是商家为了节省资金买来了二手货或残次品；二是安全防护装备安放得不科学、不合理；三是平时对设施设备的维护不及时、不到位，没有健全的设施维护规章制度，忙起来不维护，造成安全隐患，同时一些维护人员也不专业。

2. 场地设施缺陷

一些较大型的冰雪旅游景区会有各种不同的活动区域，各种区域的场地合理布局和有效管理是不发生安全事故的重要保障。为满足多样化的游客需求，冰雪旅游景区一般会修建如儿童游玩区、成人游玩区等不同类别的活动区域，同时还会设置诸如初级滑雪道、中级滑雪道和高级滑雪道等不同级别的滑雪雪道。不同的设置和活动区域为管理增加了难度并提出更高的要求，如果管理不善，很容易造成安全事故，比如滑雪爱好者不根据自己的技术水平来选择相应的级别雪道，就会埋下发生安全事故的隐患。还有，一些场地内安全警示标志设置不合理，不能起到真正警示的作用。另外，雪道的日常维护也相当关键，一些雪场为降低成本，不及时对雪道进行维护，造成雪道硬度太大、结冰、坑洼不平、雪质过于松软等情况，不仅会降低游客滑雪时的体验度，同时也会增加发生安全事故的频率。

3. 安全物资缺陷

冰雪旅游景区内一旦发生安全事故，救援必须要及时，同时救援时必须要有充足的救援物资储备。如果救援时安全物资不足势必会对救援工作产生直接的影响。冰雪旅游景区要根据游客发生安全事故的现实需求配齐配足安全救护物资，但现实情况是，东北地区一些冰雪旅游景区安全救护物资缺乏，有时还存在应急救援物资被挪用的情况，这样的状况下一旦发生安全事故，势必会给救援工作带来直接的影响，后果会很严重。

（三）环境因素

环境因素包括自然环境和社会环境，不良的活动环境对人和物都会产生一定的影响，这是引起事故发生的间接因素。

1. 自然环境

一般冰雪旅游场地都建在户外，室外温度最低时会达到零下20多摄氏度，非常寒冷，如果游玩者不能做好防寒保护工作，极易造成身体一些部位的冻伤。一些滑雪场地经常会遇到暴风雪天气，在这样的天气下滑行会导致视线模糊，对前方的雪道看不清楚，极易产生碰撞的情况，另外场地会出现过滑或积雪现象，滑行者容易摔倒，这些都会对游客造成极大的安全隐患。暴风雪过后还容易发生雪崩现象，雪崩一旦发生，对正在滑雪的游客会造成致命的伤害。通过分析东北地区冰雪旅游安全事件发现，冰雪旅游中的一些突发安全事件，由自然环境等客观因素引起的约占1/5，而且一旦发生由自然环境引起的恶性事故，其危害性还是非常大的。

2. 社会环境

除了受自然环境的影响外，冰雪体育旅游活动还会受到社会环境的影响和制约。冰雪体育旅游活动目的地选择和社会大环境也是息息相关的，跟社会局势、政治因素都有很大关系，旅游者一般在选择旅游目的地时大多会规避一些局势动荡的国家和地区。另外，冰雪旅游景区的治安状况也是影响游客安全的一项重要因素，其中抢劫、盗窃、暴力这些事件会对游客造成严重的人身财产伤害，所以冰雪旅游景区的治安情况会在很大程度上影响景区的客流量，治安不好的冰雪旅游景区会让游客的满意度大大降低。

（四）管理因素

由于冰雪旅游景区的特殊性，它涉及的管理因素包括企业管理和政府政策，景区里的环境、人、物都会因为管理的影响而发生或多或少的改变，因此，很多时候事故都是管理因素导致的。

1. 政府管理

政府相关部门会对景区实行综合的管理监督，同时设置专门的部门以及专业的工作指导人员对景区的相关工作进行安全监督检查，对相关设备进行不定期安全检测，以期杜绝各种安全隐患，更好地确保各地冰雪旅游景区的正常运转。不同地区的政府政策不同，对相关行业的支持力度也会不同，但有些地方没有相关的政策支撑，再加上当地的领导对冰雪旅游项目的不重视，就会导致景区不能提供更好的服务。服务质量下降，游客游玩得不尽兴，最终就会导致景区出现违法乱纪的现象，长时间的无人监管就会造成景区制度瘫痪，体验冰雪体育旅游的游客生命财产安全受到影响。

2. 景区管理

在冰雪旅游景区的管理中起到关键作用的是管理人员，这就要求管理人员能够具备专业的管理素质，以及极高的管理水平，这对景区的发展是至关重要的。一个优秀的景区管理者，要能够时刻掌握景区内的最新资讯，因为这是预防和改善景区各种问题的信息来源，掌握相关资讯就会很容易解决游客的安全管理问题。现在东北一些冰雪旅游景区对相关的安全问题不加以重视，同时又缺乏相关的安全教育理念，以及相关的预防方法，很多景区不设安全须知以及相关的安全提示标语，这是冰雪旅游景区管理者工作不到位的一种表现，一些景区只是将宣传的要点集中在冰雪体育旅游的趣味性上，但对安全问题疏于防范，从长远来看，这样做不利于冰雪旅游景区的发展，甚至会影响冰雪旅游景区所在地的经济社会发展。在冰雪旅游景区游客安全管理与经济利益二者发生冲突时，管理者能否合理运用权力对冰雪旅游景区的运营有直接影响。比如说，冰雪旅游景区经常会遇到某一天客流暴增，超出景区的接待能力上限，这个时候如果为了眼前经济利益强行接待，势必会导致一些负面现象的出现，如接待质量下降，一些工作人员的工作任务和负荷增大，以及设施设备的承载量长时间处于最高点等。通常在这种情况下，冰雪旅游景区的相关管理者都需要对整个景区的相关工作进行安排与处理，如果不采取相应的办法，仍旧照常营业，就加大了危险发生的可能性，在进行冰雪旅游活动的过程中，发生碰撞的概率也会随之增加，严重影响游客的生命财产安全。在这种情况下，就需要冰雪旅游景区的管理人员准确合理地进行各种变更处理，做好各种协调沟通工作，同时正确认识到经济利益与景区安全工作的平衡关系，不要一味追求经济利益而致安全于不顾。另外，景区要制定严格的规章制度和奖惩措施，加强对工作人员的日常管理，不断强化对员工的教育，端正员工的工作态度，使所有员工都能时刻把游客的安全放在第一位（见图 5-2）。

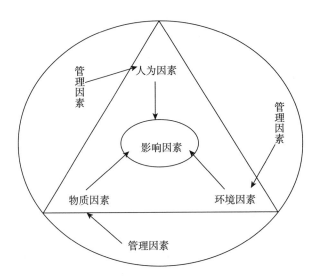

图 5-2　冰雪旅游景区游客安全影响因素结构

第三节　东北地区冰雪旅游景区游客安全管理体系

一　东北地区冰雪旅游景区游客安全管理体系构建的相关原则

（一）系统性原则

在组成冰雪旅游景区安全管理体系的众多原则中，系统性原则一直都是最重要的一个。在实际管理中，因为冰雪旅游景区的安全管理工作涉及很多层面，也会影响到一些行业，所以相关冰雪旅游安全管理工作，需要的就不仅是景区内各部门之间的相互协作，更需要外界各部门力量的支持，冰雪旅游景区的安全管理是一个相对完整且系统的过程，有着极其严密的逻辑性。

东北地区冰雪旅游景区很多，也经过了多年的发展，但在管理上普遍缺乏一套完整的系统管理制度，制度不健全，管理人员不专业，粗放式管理是常见现象，如何构建一个有效的冰雪旅游管理机制和系统，是冰雪旅游景区管理者急于解决的问题。当务之急是要遵循系统性原则，将所有与体系建设有关的部门、人员以及其他元素完美地融合在一起。再加之从自身的实际情况出发，根据企业的基础和具体情况建立一个完整且适合自身特点的安全管理制度。

（二）灵活性原则

东北冰雪旅游景区，需要针对自己的目标顾客，在冰雪旅游景区的特殊环境下，构建一个适合冰雪旅游景区的安全管理体系。只有符合自身的需求，才能在后期根据情况进行适当改变，使整个系统具有相应的灵活性，才能更好地处理出现的危机，更好地处理在经营过程中出现的各种棘手问题。传统固有的安全管理系统以及模式并不能很好地适应当今冰雪旅游景区的需要，所以冰雪旅游景区安全管理体系的运行一定要从自身景区的实际情况出发，并且在管理过程中，根据出现的问题做出相应的调整，有效灵活地处理安全问题，最大限度地避免安全事故的发生。

（三）可操作性原则

对于冰雪旅游景区来说，可操作性就是实用性。冰雪旅游景区的安全管理体系是为了更好地解决实际发生的问题，因此，构建完整的冰雪旅游景区游客安全管理制度就需要形成以理论与实践为指导，以游客为出发点，以市场为导向，再加之结合具体的实际情况，最后为景区的游客提供一个更加有效合理的安全保障体系。东北冰雪旅游景区游客安全管理体系的构建不能完全依赖传统的模式，那样就会过于笼统且局限，不利于景区的长远发展。要根据事实做出调整，构建适用于各种冰雪旅游景区游客安全管理的组织体系。

（四）可持续性原则

在冰雪旅游景区管理过程中，各种意外的因素会影响景区游客安全管理体系的建设，所以说，景区的建设不能一蹴而就，而是一个不断完善的过程，在已有的基础上不断发展，这就要求冰雪旅游景区体系的建设要坚持可持续发展的原则，用发展的眼光看待管理工作。但是，实际运行中会存在许多制约因素影响着景区安全管理体系的建设，因此，就需要在原来的基础上不断对管理体系进行完善。在不断追求发展的同时,坚持可持续发展原则,这样才能构建更完善的冰雪体育景区安全管理体系,从而打造一个更加完美的景区。

二　冰雪旅游景区游客安全影响因素指标体系

我国东北地区冰雪体育旅游产业的健康发展,离不开景区的安全保障,只有拥有了安全保障,冰雪爱好者才能够更好地、更放心地去体验冰雪体育旅游运动,当然想要更好地确保东北地区冰雪旅游的安全,就需要积极地构建冰雪旅游景区游客安全影响因素指标体系,通过构建影响游客安全因素的指标体系,能够更清楚地了解对游客安全有影响的因素,再从中梳理出对游客有利的因素加以利用,对不利因素加以改善。通过这个指标系统可以对景区的相关设备、人员等进行评价,以使整个景区都实现安全。按照影响因素的差异结果进行整理排序,从而找出最重要的因素,打造最有竞争力的景区(见表5-3)。

表5-3　冰雪旅游景区游客安全影响因素评价指标体系

目标层	准则层	指标层	方案层
冰雪旅游景区游客安全影响因素	A_1 人为因素	B_1 旅游者行为	C_1 安全意识 C_2 自身经验 C_3 技术水平 C_4 健康状态
		B_2 从业者行为	C_5 专业技术水平 C_6 日常工作状态 C_7 安全文化素质
	A_2 物质因素	B_3 基础设备	C_8 安全质量问题 C_9 设备运行状况 C_{10} 维修保养情况 C_{11} 安全保险装置
		B_4 场地设置	C_{12} 安全防护设施 C_{13} 场地规格指标
		B_5 安全物资	C_{14} 物资储备情况 C_{15} 物资使用情况

续表

目标层	准则层	指标层	方案层
冰雪旅游景区游客安全影响因素	A_3 环境因素	B_6 自然环境	C_{16} 自然灾害 C_{17} 气候条件 C_{18} 地理环境
		B_7 社会环境	C_{19} 局势动荡 C_{20} 治安混乱 C_{21} 游客密度
	A_4 管理因素	B_8 政府管理	C_{22} 监管部门设置 C_{23} 政策法规完善程度
		B_9 景区管理	C_{24} 企业重视程度 C_{25} 安全管理制度 C_{26} 安全教育培训 C_{27} 安全管理检查 C_{28} 安全预警机制 C_{29} 安全救援机构 C_{30} 保险赔偿机构

资料来源：郭宁《冰雪旅游景区游客安全管理体系构建研究》，华侨大学硕士学位论文，2013。

（一）指标选取原则

我们知道，任何一个旅游活动，都存在一定的危险性，冰雪体育旅游活动也不例外，而且冰雪体育旅游活动还是危险性相对较高的一项体育运动，冰雪旅游景区中影响游客安全的因素相对来说很多，不仅如此，这些因素彼此之间还会互相制约，然后形成了互相制约、互相依存关系。不过，想要建设更加公平、有效的影响景区安全因素的评价体系，就需要遵守以下几个原则，以此为依据来获取更加客观的数据。

1. 科学性原则

建立一个完善且行之有效的管理评价体系，就需要始终坚持科学、严谨的态度。除此之外，还要时刻立足于实际，根据实际的情况做到从理论观念出发就可以很好地解释这一体系，不过需要注意的是要时刻保持整体逻辑的前后一致性。不仅如此，还需要保证整个过程所用的评价指标都是一致的，评价的过程都是公正合理有效的。对于其中涉及的各个指标一定要和冰雪旅游景区安全管理制度的构建保持高度的一致，拒绝主观的猜测

129

和判断，确保相关资料的客观性和各个指标的科学严谨性，只有这样才能更好地完成冰雪旅游景区游客安全制度的制定，更好地确保冰雪体育旅游产业的蓬勃发展。

2. 系统性原则

由于冰雪旅游景区游客安全管理体系所涉及的内容范围非常广泛，设计的层次也非常全面而且指标也很多，从整体上来说，冰雪旅游景区游客安全因素管理体系是一个极其复杂的系统，对于这个管理系统的构建，既要遵循科学性原则，还需要利用系统论，充分考虑影响游客安全的所有因素，然后再进行全面细致的分析。在实际的案例中，虽然人为因素和环境因素构成了影响冰雪旅游景区游客安全的主要因素，但同时还有一些管理因素与物质因素不容忽略，这些因素之间相互联系、互相制约，所以要想从根本上解决问题，就必须从多个角度、多个层次一起努力，梳理清楚各个要素之间的联系和区别，掌握一手材料，为构建冰雪旅游景区游客安全管理体系提供理论和实践依据，同时也为冰雪旅游景区提供更多的安全保障。

3. 全面性原则

要想打造一个完整的冰雪旅游景区，就要切实了解整个景区的相关信息，这就是所说的全面性原则。只有把游客作为该项目指标体系建立的出发点，才能更好地使冰雪旅游景区游客安全影响因素指标体系为冰雪爱好者服务，同时还要结合冰雪旅游景区自身的性质以及特点，立足当地冰雪体育旅游发展的实际情况，再设计出不同的指标体系，争取把影响各个方面最重要的因素都纳入这一体系中。为了使信息更加准确、设计的方案更加符合当地的实际需求，就需要尽量提供更加全面的信息，只有这样才能清晰地反映出该地区影响冰雪旅游景区中的游客安全因素，从而更好地利用这些因素，避免这些因素所带来的危害，更好地建立有利于保证游客安全，且能够及时反映景区游客安全影响因素的指标体系。

4. 可操作性原则

除了以上提到的几点影响因素之外，一个地区的冰雪旅游景区安全管理体系的构建还要遵循可操作性原则，因为冰雪旅游景区影响游客安全因素的具体指标体系之中，还应该选取能够客观反映冰雪旅游景区安全因素的指标。对景区安全有影响的因素有很多，其中包含直接因素和间接因素，但是从目前的状况来看，有许多因素是无法进行改善的，所以想要建立冰雪旅游景区安全指标体系，就要在选择指标的时候，尽量考虑到实际的可操作性，这样才能更好地完成冰雪旅游景区旅客安全因素指标制度的构建。

（二）指标选取的依据

冰雪旅游景区游客安全影响因素受众多其他因素的影响，比如每个地域的社会、文化、心理、风俗，再加上对冰雪旅游的全新主观感受等。所以，构建时就需要我们一方面参考相关的文献资料，从实际出发，考虑到冰雪旅游的现状、产品特点及类型等；另一方面，还需要综合考虑冰雪体育旅游安全事件的具体表现形式，以及在安全管理等方面所要面临的问题，将这些纳入整个系统中。

想要更好地对评价指标进行选择，就需要确定评价体系。根据文中已经提到的因素来对景区安全进行分析，为了使结果更加准确无误，将整体的因素重新划分为以下四个层次，分别是物质因素、管理因素、环境因素和人为因素，再依据具体的事件将其具体化细分，尽量避免出现遗漏和重复出现的指标因素，从而使整个指标结果更加准确、客观、全面。

构建过程中我们查阅了这方面的相关资料，也拜访了许多和冰雪体育旅游相关的专家，力求尽量全面了解冰雪体育旅游安全管理方面的相关知识。我们请专家学者根据自身的理论知识和经验对已有的指标因素进行相关检验，然后根据实际情况对这些问题进行研究，分析其是否符合系统性、科学性、全面性和可操作性等基本原则，如果符合，则可以选取，如果不符合的，则需要及时去掉，从而保证科学构建冰雪旅游景区游客安全指标体系。

然后，我们再根据冰雪旅游景区内影响游客安全因素指标的选取原则和依据，充分依据选取的原则对评价指标进行合理的挑选，建立正确且有效的冰雪旅游景区游客安全影响因素评价指标体系，从而更好地确保冰雪旅游景区内游客的生命安全，同时，更好地满足冰雪旅游爱好者对于景区服务的要求。

三 冰雪旅游景区游客安全管理体系的建设

冰雪旅游景区的游客安全管理体系是针对影响游客的安全因素建立起来的，从物质、环境、人为、管理因素等几个方面有针对性地建立相关的安全管理制度。我们可以在冰雪景区的安全管理体系中，制定一些具体的安全管理措施和制度，因为，一个景区的安全管理机构是保证景区正常运行的核心部分。管理机构通过对其他部分的协调支配，从而达到对冰雪景区的安全管理。针对不同的影响因素，制定不同的预警措施，力求从根本上杜绝危机的产生。

（一）冰雪旅游景区安全管理组织机构的设置

在冰雪旅游景区中发生的安全事故以突发事件为主，因此，在处理整个安全事故的过程中，要协调好各个部分之间的联系，需要注意的是，这是一个相对较为复杂的过程，不仅如此，还要管理层有极高的办事效率和危机处理意识。想要在较短的时间里快速且高效地处理突发问题，就需要联合景区内外的部门，根据自己的职能，各司其职，这样就可以确保把整个冰雪旅游景区的安全事故所造成的危害降到最低。因为冰雪旅游景区的独特性，我们将其管理组织机构划分为内部和外部两个独立部门，二者的职能不同，但又是相辅相成的。

1. 冰雪旅游景区外部组织机构系统主体

冰雪旅游景区外部组织机构，是指以政府机关为主导、以其他部门为辅助的组织机构体系，所以政府应该充分发挥对外部组织机构的领导作用，积极调配各个相关部门的工作。作为冰雪旅游景区的安全管理机构，有权制定并且执行相关的条例法规，例如调控冰雪旅游安全管理体系中的各个机构的职能，约束冰雪旅游景区的日常管理行为，制约游客以及其他管理者的行为等。所以政府需要充分发挥自身的职能，设立相关的法律条例，形成统一的标准，加强对于冰雪旅游景区的管理以及支持，从多方面为冰雪旅游景区的发展提供保障。冰雪旅游景区的外部组织结构并不是单一存在的，随着冰雪旅游景区的不断发展和壮大，其存在和暴露的问题会越来越多。比如，一些景区会出现一些冰雪旅游企业片面追求经济利益而忽视顾客安全的行为，一些景区只顾自身的经济利益而不顾存在的安全隐患，还有的景区对游客的安全管理不重视，最后导致旅客的流失等问题。只有建立一个以政府为主导的组织管理机构，充分发挥政府的主导作用，使政府机关充当协调各方纠纷关系的中介，从而使整个体系能够更加安全、高效地运行，才能更加合理地进行财力、物力、人力的调动和投入，有效地对冰雪旅游景区的游客安全进行有计划的协调综合管理，更好地为整个冰雪旅游产业提供保障和支持。

虽然冰雪旅游景区的管理体系是以当地的政府机关为主导形成的自上而下的层级制度，但是，这并不会影响整体的协调，同时很多景区都成立了景区安全管理委员会，这在一定程度上减少了安全事故发生的概率。由委员会制定全面的景区安全制度和相关的法规条例，协调各部门的职能，对冰雪旅游安全问题制定相关的决议，再辅以咨询系统。咨询系统主要是由相关专家及业内人士对冰雪安全事件提供各种信息和意见，以便能够快速准确制定相关决策。

冰雪旅游景区外部组织机构的信息收集由各个相关的信息处理部门负责，它们把决策层领导制定出来的管理计划和方案，进行信息的再度整合处理，然后进行具体分配，从而使关于冰雪旅游景区游客的安全管理计划能够落到实处，相关的人力、财力、物力也能做到具体资源具体划分，最大化提高景区的效益。冰雪旅游景区的执行系统则是由景区的各个部门相互协调配合实施操作，并非一个部门单独决定，这个执行系统的首要任务就是要定期对景区内的相关部门安全监督、预防、预警等工作进行配合援助。通过设立这些机构对东北地区的冰雪旅游产业出现的问题进行及时处理与反馈，从而使整个景区能够正常运转（见图 5 - 3）。

2. 冰雪旅游景区内部组织结构

冰雪旅游景区一般都会设置在距离城市较远的山区或比较空旷的地带，一旦发生安全事故，只能依靠景区内的救援组织进行救援，因为外部救援力量由于路途比较遥远无法及时赶到，所以景区内部的救援力量建设非常关键，需要建立一套行之有效的救援管理系统和管理机构，并且要与

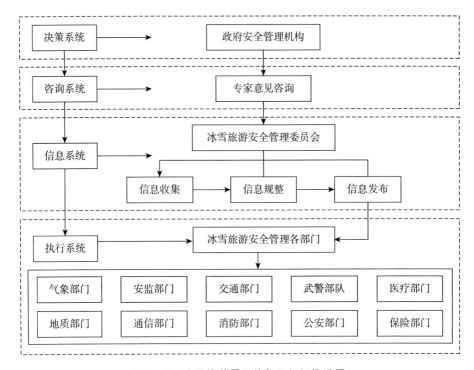

图 5 – 3 冰雪旅游景区外部组织机构设置

外部管理机构建立顺畅的沟通机制。

冰雪旅游景区内部安全管理同外部安全管理一样，需要设立一个决策机构，我们称为指挥管理中心。同时景区还要建立一个类似于管理委员会的机构，这个管理委员会是一个景区安全管理的最高机构，负责景区所有安全工作事宜，还需要聘请冰雪旅游相关专家以及业内人士作为顾问，协助制定景区安全管理的规章和制度。冰雪旅游景区管理委员会下设安全管理委员会，推进景区内部各个部门之间开展工作，及时对突发性的冰雪旅游安全事件进行快速处理。同时，冰雪旅游景区安全管理委员会应下设安全宣传培训部门、安全预警监测部门、安全检查管理部门以及安全应急救援部门，并在每个部门下设具体的执行小组，落实具体的责任及工作任务，如图 5-4 所示。

（二）建立安全教育培训制度

开展冰雪旅游活动的基础和前提是提高安全意识和了解冰雪旅游景区

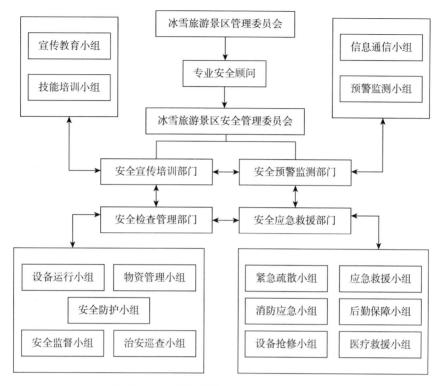

图 5-4　冰雪旅游景区内部组织机构设置

中可能发生的危险。安全教育培训制度包括对冰雪旅游景区从业者和旅游者的安全培训。

1. 关于冰雪旅游景区从业者的安全培训

根据收集的信息可以发现"员工的专业技能水平高低"在整个评价指标中得分排名第二，这说明员工的技能水平和专业的知识素养会对游客产生潜移默化的影响，有时候游客发生事故是员工的不当操作造成的，这会影响到景区的整体形象，不利于景区口碑的树立，同时也说明需要对问题员工进行重点且专业的培训，以求提高其专业素养。冰雪旅游景区的管理者在对游客开展冰雪旅游服务时，一定要严格遵守相关的安全准则，配备好专业的服务人员和景区管理人员，以保障活动中游客的安全。对场地的安全巡检员、雪地指挥员以及索道等机械设备的管理人员要定期进行专业知识和设备操作技能的考核和培训，对关系到安全的特殊设备操作的人员，要给予更为专业的培训和考核，比如雪场的滑雪教练要拥有相应的资格证书才能被允许上岗。从业人员也要从行为和心理上增强安全意识，时刻牢记安全操作的要求，这样才能更好地为游客提供专业且安全的服务。此外，冰雪旅游景区也要进行定期的消防和应急实践的演练，只有在实践中让相关从业人员掌握好如何处理各种问题的方法，才能在紧急情况下处理好突发事件。不仅高层人员需要进行相关的培训，基层的服务人员更应该具备相关的服务素质和专业素养，对于旅客的合理要求要尽可能地给予满足，保证游客满意。

2. 对冰雪旅游者的安全教育培训计划

相比对从业者的安全教育培训，对旅游者的培训难度会更大且范围要广，其中还会有许多的不确定因素，这个部分可以利用网络、报纸、电视等媒体进行宣传和普及，一定程度上使游客掌握一些安全知识并强化安全意识；同时，还可以在媒体上定期介绍景区的基本情况，使广大游客得到更加直观和准确的信息，从而认清冰雪旅游中存在的潜在危险，并吸取经验教训，确保出行和游玩的安全；除了以上这些宣传外，还可以制作冰雪旅游安全的宣传网站，其中要包含冰雪旅游知识、旅游景区的自然概述以及旅游环境等内容，从而使游客获知冰雪旅游景区的全面情况，提高防范危险的意识和本领。

冰雪旅游景区对游客的安全普及可以通过现场解说来进行，也可以将冰雪旅游中可能会发生的意外以及如何进行自救等内容制作成宣传资料，在游客进入景区时给大家分发，还可以在景区的官网上添加相关的内容供游客浏览和阅读。

此外，冰雪旅游景区可以制作关于冰雪旅游安全知识与技能的专题片，在景区显眼的位置放置 LED 大屏幕进行循环播放，还可以播放正确的有关冰雪滑行技术视频供游客学习观看。在游客真正进入景区之前，相关的服务人员一定要提前对游客进行系统的冰雪旅游安全常识的讲解，从而使其在旅游过程中能够顺利安全地游玩。

（三）对物质因素的安全检查管控制度

物质因素主要体现在相关部门和管理政策上，冰雪旅游安全的检查管控机制一般是指冰雪旅游的游客、冰雪旅游景区的各部门、当地政府相关机构彼此之间通过条例、制度等的控制和协调，使以上各方的利益实现最大化。相关的旅游管控制度的内容一般包括对冰雪旅游景区自我安全的检查与管控、相关政府行政管理部门对冰雪旅游景区的检查以及管控，还有冰雪旅游者之间的安全互控等。以上检查是以影响游客安全的物质因素为主，同时又兼顾冰雪旅游景区自身对游客安全的各方面因素进行的管理（见图5－5）。

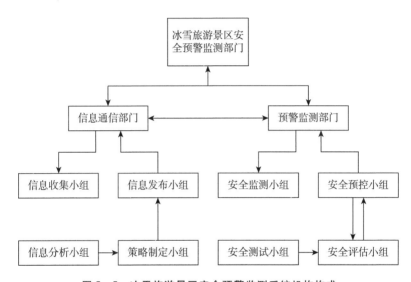

图5－5　冰雪旅游景区安全预警监测系统机构构成

第六章 东北地区冰雪旅游产业的运营

第一节 东北地区冰雪旅游产业运营现状

冰雪旅游产业作为体育产业中一个非常重要的构成部分，它的发展和成长除了会遵循已有体育产业的发展规律之外，同时又有自己的独特发展过程。冰雪旅游产业在发展的过程中，可能会受到来自景区内部和外部等因素的影响，这些因素甚至会直接影响到整个产业的发展和服务的质量。东北地区有自身的特殊性，它处于我国一个比较特殊的地理位置，并且在全国具有独特的地缘特征、历史传承以及人文环境。所以，东北地区的冰雪旅游产业是在这种独特的政治、经济环境下衍生发展出来的，和我们现在已有的其他单一服务型产业相比，东北冰雪旅游产业表现出综合性发展特点。冰雪旅游景区中最能体现冰雪旅游特点的是冰雪场地和景观，当然它的管理和经营方式也是冰雪旅游产业中最重要的部分。东北地区的冰雪旅游产业是极具当地特色和代表性的旅游项目，冰雪旅游已经占据东北地区旅游产业的半壁江山。

一 东北地区冰雪旅游产业市场需求因素

（一）消费者的消费能力

消费者在进行冰雪体育运动的过程中，会进行消费，而构成主要消费的则是在参与冰雪体育运动时衣、食、住、行的花费，以及旅游观光和娱乐方面所产生的消费，而游客的消费水平主要是由游客的收入水平以及支出能力决定的，冰雪体育运动消费市场规模、结构以及人均可支配年收入之间呈正比例关系。游客的消费能力是市场需求中非常重要的因素，也是影响东北地区冰雪旅游产业发展的重要推动力。

（二）消费者人口特征

影响市场需求的另一个因素就是消费者人口特征，首先，我们要清楚人口特征包含当地的总人口数量、性别比例、年龄、人口分布、受教育程度等。其次，从理论上来讲，我国是一个人口大国，也是一个拥有巨大冰雪旅游消费潜力的国家，但是冰雪旅游仍旧会存在很多问题，比如有消费能力的却没有消费时间，有时间的却没有消费能力，从而导致我国很多冰雪体育景区资源闲置，也造成了我国现在冰雪体育旅游市场发展不尽如人意的局面。

根据相关调查数据，东北地区的冰雪旅游景区消费群体以年轻人为主，"80后""90后"居多，很大一部分还是大学生，而其中的男性消费者为70%左右，由此可以看出，冰雪旅游景区的主要消费者是男性，从中也可以发现消费者的文化程度都是比较高的，基本以大学以上学历为主。

二　东北地区冰雪旅游产业投融资机制

在我国转型发展过程中，社会的经济特征决定了这个时期经济投融资渠道应多元化发展，冰雪旅游产业发展和壮大的首要条件就是冰雪旅游场所中所有的硬件设备以及软件服务能够满足消费者日益增长的需求，只有从消费者的实际需求出发，才能不断地根据实际的市场需求做出准确的调整，以便更好地带动冰雪旅游产业的快速发展，同时也可以促使冰雪旅游产业规模的发展与壮大。冰雪旅游景区的软硬件设施建设是一项长期且投资巨大的过程，不难发现，东北地区的冰雪场地投资主要是依靠国家，其次才是社会、个人以及外资。令人困惑的是，股份制和中外合资的形式在东北冰雪旅游产业中却很少出现。

因为投融资会影响相关企业的经营体制，所以，在东北地区的冰雪场地经营管理中，国家投资仍然是主流的方式。良好的投融资结构能够较好地推进东北地区冰雪旅游景区的发展，而不良的投资结构则会导致冰雪产业的运营效率低下，如果不能适应市场经济运行模式，东北地区冰雪旅游产业的市场份额会受到极大的影响。不良的投资结构甚至会成为整个东北三省冰雪旅游产业发展和壮大的绊脚石。

三 东北地区冰雪旅游产业管理机制

（一）组织管理机构

在服务业中，人力资源是非常重要的一个构成部分，也是服务业中成本较高的部分，服务业的成长速度和空间大小，在一定程度上取决于人力资源成本的控制，但起决定性作用的因素还是组织管理机构。根据对东北地区冰雪旅游企业组织管理机构的相关调查，大约50%的企业会选择传统的三级管理层级，即高层—中层—基层；大约10%的企业会选择二级管理，就是省略中层部分；而大约40%的企业管理者会选择四级管理，即决策—执行—中间—基层。但是，在对相关冰雪场地的经营管理者进行调查时发现，很多企业并没有明确的权责制度，企业组织管理不清晰就会导致权责不明晰，非常不利于企业的正常运转，一定程度上会严重阻碍东北地区冰雪旅游产业的发展与壮大。

（二）绩效考核制度

在企业发展的过程中，绩效考核是一项记录工作表现的制度，绩效考核通过对员工进行全面综合的评价而得出结果，因此，它一般用来判断某一员工的工作是否称职，决定员工的报酬，决定员工是否可以升职或者被辞退等事项，这也是一项非常具有激励性的措施。

一般可以通过管理绩效的指标来查看员工的工资结构情况，同时，也可以通过这种方式来反映企业的基本运营情况。如图6-1所示，在本研究中，对雪场经营管理者的调查显示：一半企业采取月薪工资制，接近40%的企业采取单一工资制，而采用基础工资加上岗位工资和绩效工资的仅占7%。在现实生活中，绩效考核经常被束之高阁，大多数企业会出现干多干少一个样的问题。

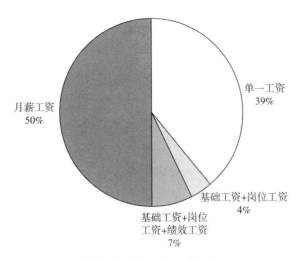

图 6 - 1　员工工资结构示意

（三）冰雪场地服务质量

冰雪旅游景区的服务质量也是影响东北地区冰雪旅游产业发展的重要因素，在相关的冰雪旅游景区服务质量调查中，我们可以了解到，大多数冰雪旅游者对已有冰雪场所提供的服务以及对教练员指导还是比较满意的；对雪场服务设施的满意度比较低（见表 6 - 1），由此可知，东北地区的冰雪场地在餐饮、住宿、休息、娱乐等配套设施的建设与管理上还不能完全满足冰雪游客的要求，需要再下功夫，更好地发掘潜力，更好地提高自身的服务质量，满足冰雪游客的需求，促进东北地区冰雪旅游产业的进一步壮大。

表 6 - 1　对东北雪场满意度调查

单位：%

调查项目	5 分	4 分	3 分	2 分	1 分
对服务环节的满意度	14.31	55.82	27.71	2.41	0.80
对服务态度的满意度	19.38	38.46	38.46	2.83	0.81
对工作人员的满意度	12.92	49.60	33.87	2.42	0.81
对雪场装备的满意度	15.42	43.72	37.25	2.83	0.81
对雪场服务设施的满意度	8.59	31.28	53.50	6.58	0
对教练员指导的满意度	11.03	39.83	36.83	11.02	2.12

（四）安全措施

冰雪旅游场地的娱乐项目大多具有一定的危险性，因为多数的冰雪旅游活动项目都需要借助相关的器具，在活动的过程中，游客随时都可能碰到一些问题，在这个过程中游客的身体一旦失去控制，就会面临不可预知的危险，一定程度上会给游客带来人身安全威胁。以往东北地区冰雪旅游景区发生的安全事故还是比较多的，对冰雪旅游景区的正常运转造成一定的阻碍，同时对游客的财产和生命安全也造成一定的伤害，所以，旅游景区的所有工作人员都有必要为旅客提供最佳的、最周全的服务。要完善冰雪旅游景区的相关软硬件设施，最大限度地降低冰雪旅游景区的危险因素，设置专业的救护设备以及救护人员，更好地保障冰雪游客的生命财产安全，也更好地保障冰雪旅游景区的正常运转。

（五）保险制度

目前，东北三省的冰雪场地都是以冰雪旅游为主，可以说，每一家冰雪场地的运营都是为了追求更大的效益和利润，因此，冰雪场地管理者就要不断地去吸引更多的客源，最大限度地降低成本，来使自己的利润最大化。一些冰雪场地经营者忽视了安全措施和安全意识这两方面，最后，造成冰雪旅游安全事故的发生。现在一些冰雪场地的管理上会存在一些操作不规范、设备老化等安全隐患问题。资料显示，东北三省的冰雪场地都在不同的时期发生过游客受伤甚至死亡等安全事故，这不仅会给冰雪场地经营者造成一定的损失，也会对游客的生命与财产安全造成较大的威胁。随着社会的进步与发展，国家也越来越重视冰雪旅游产业的发展，基于冰雪旅游景区的各种安全隐患问题，国家相关部门出台了一些政策和措施。以上措施在一定程度上减少了冰雪旅游景区安全事故的发生，但是距离游客的期待仍然还有一定差距。整个冰雪市场还需要更加细致完善地制定一整套标准来规范经营，通过各种细节问题的处理与相关制度的出台，在更大程度上降低冰雪旅游景区安全事故发生的可能性，只有这样才能尽可能地保证东北地区的整个冰雪体育市场健康发展。

其次，通过对一些冰雪爱好者进行的问卷调查，我们发现对于冰雪场地意外伤害的保障措施，只有17.27%的被调查者认为相关设施是健全的，

58.23%的旅客认为有保险，但是其中会签订保险协议的仅占10.44%，甚至还有12.45%的人表示根本不清楚（见图6-2），由此可见，大多数冰雪旅游景区的保险制度并不完善，并不能很好地保障游客的人身安全和财产安全，这也是阻碍冰雪旅游发展的一个重要问题。

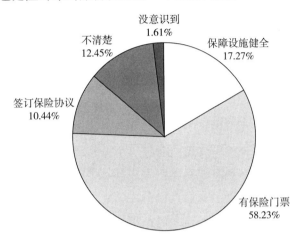

图6-2　冰雪场地意外伤害保障措施调查示意

四　东北地区冰雪旅游产业营销机制

（一）开发市场

冰雪旅游景区的发展，除了需要政府一系列政策扶持之外，自身也要能够适应社会的发展要求，要寻找更加有效的发展突破口，寻求新的发展市场。冰雪旅游景区与其他产业的最大区别就在于它受季节的影响大，尤其是东北地区，一个正常的雪季周期一般要经历100天左右，但对于一个企业来说就不仅仅是100天的成本，会涉及更多成本。因此，一个冰雪旅游景区的成败取决于能否在非雪季对雪场进行开发和利用，不过，从我们对东北地区雪场管理者的采访中得知，超过半数的管理者认为非雪季的开发效果一般，1/4的人认为非雪季的景区没有被很好地开发和利用。

东北地区的冰雪体育产业整体的运营情况并不乐观，造成这种局面的因素有很多，比如，东北地区的冰雪体育场地一般远离城市，地理位置较偏僻，对于去的游客来说路途遥远，还有就是在非雪季的营销手段单一，不能成功地吸引更多的顾客，而且雪场夏天的配套设备不够完善，所以导致东北地区的冰雪旅游产业都具有非常明显的季节性。其实如果可以有效地利用冰雪旅游景区，有很好的营销手段，将冰雪旅游景区的相关设施完善妥当，就能够在非雪季吸引更多的游客，更好地促进冰雪旅游产业的发展，提升冰雪旅游产业发展的空间，但是在目前的东北地区，冰雪旅游产业缺少具体的整体运营规划，而且在一些细节问题的处理上也不够妥当，营销手段还比较单一落后，创新思路不够，不能紧紧跟随时代发展的脚步，所以导致我国东北地区冰雪旅游产业发展缓慢。

（二）营销渠道

一个企业拥有一个好的营销渠道就意味着占有市场份额，因此良好的营销渠道是企业取得成功的关键。通过对东北地区的冰雪景区管理者的调查，我们发现，40%被调查的景区举办过冰雪节，21%的景区举办过冰雪比赛（见图6-3）。所以，我们可以看出，大多数的企业是有一定品牌意识的，采取过行动来宣传自己，力图拓展自己的销售渠道；同时，一部分旅游景区还会采取承接会议和直接促销的方式来进行品牌营销。但是，通过旅行社推荐相关冰雪景区的方式，在实际的运作过程中并没有收到较好的效果，这也说明开发冰雪体育产业链的下游产品没有得到经营管理者的高度重视，因此，这成为阻碍东北地区冰雪旅游产业发展的关键因素。

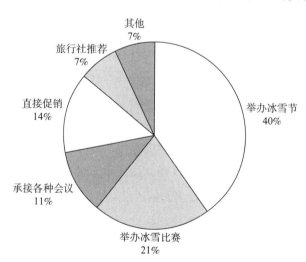

图6-3 东北地区冰雪旅游景区营销渠道示意

在服务业中，一个企业的营销理念在很大程度上影响着这个企业的发展前景，而企业营销的一个重要方面是能够有针对性地为消费者提供服务性产品，因此冰雪旅游产业就要更加注重对不同消费群体进行具体分析。从相关的调查数据中可以看出，冰雪景区的管理者制定的优惠政策大都是针对学生群体，不仅对入园的门票给予优惠，冰雪体育俱乐部也向学生提供了很大程度的优惠。由此我们可以发现，在东北地区冰雪旅游发展中，主要运用的营销手段就是俱乐部会员制，这一制度在一定程度上推动了东北地区的冰雪旅游产业发展。

五　东北地区冰雪旅游产业综合绩效分析

(一) 经济效益

任何企业，其经营的最主要目的就是赢利，也就是追求最大的经济效益，冰雪旅游产业也不例外，经济效益是冰雪旅游产业追求的最根本目的，也是冰雪旅游企业生存和发展的前提。通过对冰雪场地管理者的调查，多数人表示，要想冰雪场地能够正常运转，他们每年都要投入部分资金来扩大规模和改造设备，而扩大规模，提高设备技术水平，也是为了吸引更多的游客，从而获得更多的经济效益。

根据冰雪场地近些年的消费数据，东北地区的各大冰雪景区的经济效益都保持上升的趋势，这也就说明了雪场技术的提升，以及规模的扩大在很大程度上提高了客流量，也带动了企业经济效益的增长。

(二) 社会品牌效益

1. 社会效益

冰雪体育场地的开发和建设是冰雪景区所在地对外联系的纽带和窗口，这不仅可以促进景区的对外技术交流，还能更好地促使冰雪体育场地所在地和其他地区之间的文化交流与协作，有效地提高景区的知名度，同时也拓宽了信息的来源渠道，从而更好地为当地吸引外资创造条件，最大限度地带动相关产业的发展，也能更好地拉动当地经济，提高当地人民的生活水平，加快该地区的现代化发展进程。

冰雪体育运动是一项非常高雅、时尚的体育健身运动，冰雪旅游除经济效益外，还能使游客在精神和身体等方面受益，游客在参与冰雪旅游过程中，能够锻炼自身的身体素质，丰富自己的业余生活，使自己在娱乐中健身，一举多得。同时，冰雪体育景区周围的群体也会因为坐拥高端、现代化的体育设施被熏陶与影响，不仅可以更快地使他们的观念得到更新，使他们的思想变得更加开放，甚至可以影响到当地的社会风气和社会习俗。冰雪旅游产业的发展，也能更好地为我国的冬奥助力，让更多的人了解我国的冰雪体育运动，让更多的人愿意为中国的冬季运动做出贡献，为三亿人上冰雪助力。

由于地理位置的影响，以前我国东北地区的冬季基本上是属于旅游的空白期，也可以说是整个旅游业的停滞期。但是，这种情况是针对大多数常见旅游项目而言的，要知道冬季是冰雪旅游景区的黄金期，所以，这个季节的冰雪旅游景区，可以很好地弥补旅游项目的空白，不仅如此，冬季旅游还可以很好地为夏季的项目做好相关的准备，更好地促进我国旅游业的发展；也会使当地形成一种新的局面——冬夏旅游双旺，这种局面一旦形成，会给当地的经济发展带来不可估量的作用，不但可以有效地促进地区旅游业的进步，带动经济的发展，而且还会对当地的文化、社会等方面产生积极的影响。

2. 品牌效益

打造"世界知名的冰雪之乡""中国冰雪旅游胜地"等是东北地区近年来发展冰雪体育产业的口号。截至2020年，东北地区的哈尔滨亚布力已经连续20年举办中国企业家论坛，构建了中国当代商界精英和思想领袖人物交流的平台，将东北冰雪旅游项目推向国内外，也让更多的人了解我国东北地区的民族风情。哈尔滨的"冰雪大世界"坚持"政府扶持，市场化运作，企业化经营"的经营模式，而且在经营的过程中，还会不断地丰富其文化内涵，从而有效地塑造品牌形象。另外，长春冰雪旅游节、沈阳冰雪旅游节等活动的开展，在国内外产生了广泛的影响，促成许多国际合作，吸引了越来越多的国际投资，也为我国东北地区的冰雪旅游产业更好更快地走向世界提供了便利条件。

（三）生态环境效益

大多数的冰雪场地开发都是需要付出较大代价的，比如，冰雪场地开发最传统的方式就是砍伐森林植被，进行土方工程，这样不仅会对环境、植被造成损坏，还会对生态安全产生一定影响。不过，因为冰雪场地需要在不同的季节保持自然环境的优美，因此很多景区会在冰雪场地进行育林育苗等工作，优化周边环境，同时也将破碎的地表修整成大片的绿地，这样会在一定程度上把对环境的破坏降到最低，同时将水土流失降到最小，更好地保护环境、保护生态。所以在进行商业开发的时候，要牢记环保意识与责任，科学、合理地对冰雪景区进行开发，从而使青山绿水依旧。另外，保护环境的同时还能更好地带动地方经济社会的发展与进步。

六　东北地区冰雪旅游产业发展的对策

（一）东北地区冰雪旅游产业发展的宏观对策

1. 以政府优惠政策为导向，扶持产业发展

一个旅游产业的发展与壮大，一定离不开政府宏观政策的支持，东北地区冰雪旅游产业也不例外，与宏观经济环境休戚相关，冰雪旅游产业的发展需要更好地利用国家的优惠性政策，构建科学、合理、有效的冰雪体育产业体系，不断提高企业自身的应对能力，培养国际竞争意识，培育具有国际竞争力的大企业集团。随着社会的发展，要不断地优化原有产业的组织结构，努力提高创新能力，不断提升冰雪旅游产业的综合实力，塑造全新的冰雪品牌，构建新时代的冰雪体育产业体系。

第一，最大化利用政府政策，获取更多的资金渠道。政府应该充分发挥自身的政治、经济、文化等职能，制定相关的优惠政策，加大对冰雪体育产业的扶持力度，推出相关的专项扶持计划，对冰雪旅游产业给予更大的支持，在贷款等多个方面给予倾斜。鼓励投资，确保冰雪旅游产业发展的资金，使相关企业有充足的资金运营冰雪旅游产业。要更好地发挥自身职能，为冰雪旅游产业综合发展提供更多便利的条件。

第二，要打破行政壁垒。行政壁垒是很多企业发展中都会遇到的问题，对企业的发展有非常不利的影响，所以想要更好地发展冰雪旅游产业，就必须勇于打破原本的行政壁垒，在新时代实施全新的地区一体化策略，例如，空间一体化和制度一体化。

要想在东北地区实现地区旅游一体化策略，首先就需要对该地区的旅游产业进行一轮详细的摸底，只有掌握详细信息才能更好地分析出哪些领域可以优先推出相关政策，也能使该地区的企业之间更好地提高协作能力，共同发展，共同解决问题。调整和规划产业布局、结构、规模等，都是提高地区整体竞争力的有效方法，使东北地区的冰雪体育产业走向世界舞台。

2. 加大对冰雪体育配套产业的开发力度，延伸冰雪体育产业的链条

怎样才能科学规划和大力开发冰雪旅游产业，一直是我国冰雪体育产业发展的一大难题，但是因为业界对于此领域缺乏专业而深入的认识，使得冰雪旅游产业不论是从设备还是其他方面来说都处于滞后的状态，这就导致相关的配套产品不能发挥最大的作用，这一状况也是影响我国东北地区冰雪旅游产业进一步发展的一个重要问题。从长远角度来看，想要更好地发展东北冰雪旅游产业，就需要积极利用国家振兴东北老工业基地的有利契机，努力发展冰雪旅游的上下游产业，同时延伸冰雪体育产业的链条，努力提高冰雪旅游产业整体的配套标准，以便满足冰雪爱好者的需求，逐步发展壮大冰雪相关产业，更好地协调冰雪旅游产业与相关配套产业，将服务水平提高到同一个层次，更加有效地促进东北冰雪旅游产业的发展与壮大。

同时，要加强与国内外冰雪体育产业界的合作，更好地发挥自己的优势，吸取国内外冰雪旅游产业运营的有效经验，引进高素质的人才，加大招商引资的力度，利用资金来开发新的项目。同时，可以寻找相关的企业，与它们合作开发器具、设备等冰雪体育产业配套设施，增强自身的实力。同时要学习外国的先进理念以及技术，吸收国外开发管理的经验，更好地为东北冰雪旅游产业发展服务。

3. 营造世界一流的冰雪休闲度假区，打造东北特色旅游品牌

第一，寻找有国际竞争力的特色冰雪产品。东北地区在我国是一个非常具有地域特色的地区，发展冰雪旅游产业，可以有效地结合地域特色，开发相关的冰雪特色体育旅游产品。在冰雪旅游产业宣传的过程中，相关的宣传设计要有效地突出冰雪城市形象，响应国家政策号召，更好地将冰雪旅游景区项目与城乡建设计划相融合，加强对地域旅游功能的建设，从

而有效地提高东北地区冰雪旅游景区的整体竞争力，提高自身的服务水平与服务质量，通过冰雪旅游产业综合实力的提升，努力打造世界一流的冰雪休闲度假区。

冰雪旅游企业在经营管理过程中仍旧存在许多问题，其中一个问题就是，现有的冰雪旅游景区的经营理念不能跟随时代的脚步而不断地更新，因此，就要求相关的冰雪旅游企业在加快转型的同时，应该更加积极地引进国外先进的经营理念与经营模式，从实际出发，因地制宜，吸取经验教训，更好地谋划自身的经营管理方式，提高经营水平。

第二，突出特色，注重差异化开发。东北地区每一个冰雪场地的建设，都需要在抓住游客求新、求奇、求知、求乐心理的同时，注重市场细分，做到差异化开发，有效满足不同年龄段、不同消费群体的需求，更好地提高自身的竞争力，吸引更多国内外游客。

4. 发挥政府职能和资源优势，培育冰雪文化氛围

第一，大力普及冰雪体育运动。2022 年北京冬奥会的申办成功，对我国冰雪体育运动的发展将会起到极大的促进作用。全民冰雪计划已经启动，我国也越来越重视冰雪体育运动。想要更好地推动冰雪体育运动成为我国全民健身运动，就需要东北地区相关的政府充分发挥自己的职能，加大力度推广冰雪体育运动。可以在小学、中学、大学设置相关的冰雪课程，普及冰雪知识，扩大冰雪体育运动的影响力，更好地发挥网络多媒体的作用，对冰雪旅游产业进行宣传。培养青少年学生和市民对冰雪运动的兴趣，创造和培育东北冰雪体育文化氛围，提高人们对冰雪旅游的需求，进一步开发冰雪旅游的本地市场。

第二，举办冰雪体育运动竞赛，吸引更多游客参观。冰雪运动项目比赛对旅游者来说是一种非常新颖刺激的活动，很有吸引力，所以冰雪旅游景区可以多组织不同级别的冰雪体育比赛，从而吸引游客对比赛进行观摩，创新方式，更好地吸引游客参与到冰雪旅游中来。

（二）东北冰雪旅游产业发展的微观对策

1. 培养冰雪旅游产业专业人才，实现人力资本的效益最大化

人力资源是一个企业发展的关键因素，企业的竞争归根结底是人才的

竞争。所以想要更好地发展我国东北地区冰雪旅游产业,就需要培养更多的冰雪旅游产业的专业人才,可以加强冰雪旅游教育培训,成立和完善冰雪专业学校,制定专门的教育培训体系,设置相关的冰雪专业课程,培养专业的冰雪人才,更好地为东北地区冰雪旅游产业做出贡献。

同时,冰雪旅游企业必须在培养人才上花大力气,下狠功夫,可以组织到国外冰雪旅游胜地考察,吸取经验,多学习各方面的知识,更好地开阔冰雪体育专业人才的眼界。将实践与理论有效结合,更好地提高冰雪专业人才的能力,为东北冰雪旅游产业发展打下坚实基础。

2. 完善管理机制,提高服务水平

想要更好地促进东北地区冰雪旅游产业的发展,就需要建立有效的管理机制,提高服务的水平。比如,可以建立旅游灾害天气预警处置系统,保障冰雪旅游爱好者的人身和财产安全,同时制定相关的安全防护设施标准。在冰雪旅游景区准备专业的救援设施以及救援人员,做好景区内的一切安全保障,严格按照国际标准采购相关的娱乐和防护设备,同时严格规范冰雪旅游者的行为,尽量避免危险行为的出现,努力确保冰雪旅游爱好者的人身和财产安全,更好地促进冰雪旅游产业的进一步发展壮大。

3. 立足国内、面向国际的市场开发策略

想要更好地促进我国东北地区冰雪旅游产业的发展,需要整体把握好市场,不仅要准确把握好国内的冰雪市场,同时还要把握好国际市场。

我国是一个人口大国,国内市场的潜力是非常大的,但是现在对于国内市场的开发并不完善,因为冰雪旅游在我国的普及程度还不够高。相关调查显示,我国每年仅有1%左右的人参与冰雪体育旅游运动,人们对于冰雪体育旅游运动的认可程度还不够高,所以国内市场的开发并不是非常顺利,在习近平总书记提出三亿人上冰雪的目标后,需要进一步对国内市场进行开发。可以根据我国每个省份的经济文化发展情况,对不同地区的游客提供专属服务,更好地为不同地区的游客提供有效的服务,提升冰雪旅游景区的服务质量,更好地满足所有顾客的需求,进一步挖掘国内市场的潜力。另外,除了开发国内市场,国际市场也是一个非常重要的方面,有着很大的潜力。随着近年来我国经济社会的发展,我国的政治、经济、

文化、社会都得到发展，综合国力不断增强，国际地位也日益提高，世界上越来越多的人希望认识了解中国。中国优秀的历史文化和民族风情吸引着越来越多的国外游客，同时国内和国外的交流也越来越频繁，很多外国友人愿意来中国游玩。东北地区冰雪旅游产业需要抓住机会，有效地对冰雪旅游进行宣传，让更多的人认识和了解冰雪旅游，更好地吸引国外的游客来东北体验冰雪旅游活动。

4. 了解营销理念，创新营销机制

第一，创新机制，首先是观念的创新、理念的创新。理念的创新，要根据实际，随新时代的发展不断更新自己的经营理念，更好地适应社会的发展。同时要充分运用多媒体技术进行营销，主要包括广告、促销、公共关系、人员推销、网络营销等方式，从而更好地将最新的消息传播出去，让更多的人认识和了解冰雪旅游。

第二，建立冰雪消费者信息反馈机制。只有在实践过程中不断地反思才能更好地提高服务质量，弥补不足。可以通过收集消费者对冰雪旅游产品和服务的满意程度、对新产品的需求等信息来发现冰雪场地经营的不足之处，然后进行有效的改进，从消费者的角度出发，去思考如何更好地提高服务水平，更好地满足冰雪消费者的需求。

第三，加强冰雪旅游网络营销的创新研究。网络和多媒体是近些年非常流行的一种传播信息的方式，能够实现信息的有效传播。它不仅是传统营销空间的延伸，而且正逐渐成为旅游营销的主战场。根据2019年携程自由行和跟团游数据，在线预订冰雪旅游人数占到预订总人数的69%，同时通过门店预订的比例有所增加，达到31%。推广冰雪体育运动，可以充分发挥网络以及多媒体的作用，促进东北地区冰雪旅游的普及。每个冰雪旅游景区可以充分利用已有的地方营销平台，扩大普及的范围，形成联动机制，促成整体的营销。要吸取新的经验与理念，积极拓展具有地方特色的主题节庆活动，提高冰雪旅游景区的经济效益。应用现代网络技术，丰富冰雪体育产业宣传内容，扩大宣传范围，进一步提高东北冰雪旅游知名度和影响力。可以建立统一的旅游信息平台，构建东北地区有效的、统一的旅游数据系统，加强旅游电子政务和电子商务平台建设，实现东北地区冰雪旅游产业的多元化发展，实现管理的数字化。目前这些手段仍然鲜有公司能够提供全面的技术支持，所以还需要政府以及社会进一步加大对东北地区冰雪旅游产业的关注和支持。

第二节　东北地区冰雪旅游产业发展影响因素

通过对东北地区冰雪旅游产业发展的状况进行调查，我们可以看出，东北地区冰雪旅游产业的发展仍然存在许多问题，所以需要采取切实可行的举措加以应对，下面主要从宏观和微观两个方面对影响东北冰雪产业发展的因素进行梳理和探讨。

一　宏观影响因素

（一）缺乏全方位的冰雪旅游产业政策扶持

调查显示，在欧美地区的一些发达国家，对于冰雪旅游项目的支持力度非常大，比如美、英等体育产业发达国家，政府都会给予体育旅游产业政策倾斜，冰雪旅游产业可以在发展的过程中享受相应的减免政策，这为冰雪旅游产业的发展提供了巨大的推动力，更好地帮助欧美国家的冰雪旅游产业走向世界。在我国，国家对于冰雪旅游产业的扶持力度远远逊色于欧美一些发达国家，表现在出台的一些扶持政策往往只停留在制度上，很少真正落到实处。这样我国和国外的冰雪旅游产业相比，在国家政策支持上就已经落后了一步，这会直接影响我国冰雪旅游产业的发展。所以，国家对于冰雪旅游产业的扶持政策还需要进一步落到实处，吸引更多的人认识、了解和参与我国的冰雪旅游活动。

（二）缺少系统的冰雪旅游产业发展规划

虽然近些年我国东北地区冰雪旅游产业发展相对较快，但是和国外的一些冰雪旅游产业发展好的国家相比仍然有较大差距，而造成这种情况的一个很重要的因素，就是我国冰雪旅游产业缺少科学系统的产业发展规划。冰雪旅游产业在发展的过程中，显得杂乱无章，过分追求经济效益，忽略规划，很大程度上影响了其快速健康发展，这种急功近利的粗放式发展会造成很多冰雪旅游景区的安全隐患，对东北地区乃至我国冰雪旅游产业造成负面影响，甚至会影响到东北地区冰雪旅游的整体形象。

（三）缺少统一的冰雪旅游行业评定标准

虽然东北地区冰雪体育产业的发展已经具备一定的规模，但是不同景区之间冰雪场地的差异还比较大。由于冰雪体育产业没有统一的等级评定标准，所以很容易造成不正当竞争、恶性竞争的局面。目前，国际上冰雪旅游产业正朝着多样化、高水平的方向发展，很多冰雪旅游景区提供了越来越高质量的服务，它们能紧紧跟随时代发展的脚步，采取最先进的技术，打造最高水准的冰雪旅游景区，同时充分应用现代网络和多媒体技术，对冰雪旅游进行广泛宣传，采取非常有效的营销体制。但是相比国际上的冰雪旅游产业，我国东北地区的冰雪旅游产业发展仍然比较落后，在营销体制上相对于国际发达的冰雪旅游地区，专业化程度仍然较低。其中特别突出的几个问题如下，在冰雪赛事品牌的创建上，东北地区仍然没有非常有影响力的冰雪赛事品牌，并没有形成具有较大影响力的产品；产品种类相对比较单一；东北地区冰雪旅游产业的网络营销水平低，营销网站设计简单，营销的方法也比较普通，服务水平仍然较低。这些问题的存在都不同程度上影响着我国东北地区冰雪旅游产业的进一步发展与提升。同时，和国际冰雪旅游产业相比，东北地区冰雪旅游产业宣传力度仍然不够突出，相关的营销意识也非常欠缺，同时冰雪旅游景区的营销力度不够，导致东北地区冰雪旅游产业在国外市场的知名度不高，在国际市场上东北地区冰雪旅游产业竞争力缺乏，实力不强，所占市场份额相对较小，最终直接影响到东北地区整个冰雪旅游产业的做大做强。造成这些结果的因素有很多，比如建设早、基础好的国有冰雪场地过分依赖自己的优势，自我封闭，不重视对外交流和宣传，总是坚持一种等客上门的思想，导致一些国有冰雪旅游景区市场份额越来越小，经济效益越来越低。而一些规模较小的冰雪景区，企业规模小，经费不足，宣传手段无法及时更新，最终直接影响到宣传的力度。另外，一些政府管理部门对于中小型冰雪旅游企业的发展不能给予足够的重视，对冰雪旅游产业的发展给当地经济、文化、社会发展带来的作用重视不够。缺乏相应的扶持政策必然会对东北地区冰雪旅游产业发展带来一定的阻碍，进而也就对我国冰雪旅游产业的国际竞争力造成一定的影响。

除此之外，还有一些其他问题，比如，存在广告宣传不符合事实的现象，随意使用一些夸大词语以及拼凑的效果图对冰雪旅游的爱好者进行误导等，结果很可能会导致旅游纠纷和侵权现象出现，这些都非常不利于东北地区冰雪旅游产业的健康发展，同时也会影响东北冰雪旅游产业规模的进一步扩大。另外，东北地区冰雪旅游一些部门宣传力度仍然不够。有数据显示，在我国东北地区全年用于冰雪旅游的广告费用甚至还不如北京市一个雪场的广告费用高，这也就导致东北地区冰雪旅游产业的广告效应并没有有效地显现出来，最终使得冰雪旅游爱好者不能真正认识和了解东北地区冰雪旅游，从而影响东北地区冰雪旅游所占的整体市场份额。在我国，有一些著名冰雪赛事品牌运营的成功例子，这给我国东北地区冰雪旅游产业的发展提供了相关的经验，其中最主要的就是，赛事品牌的核心是明星化、国际化和电视转播化，这些都可以进一步扩大我国冰雪赛事品牌的影响力，提高国际竞争力。比如，长春净月潭瓦萨国际滑雪节，经过几年的品牌营销，取得了较为理想的效果，2019 年"国际雪联罗佩特杯赛"世界顶级滑雪巡回赛和"国际雪联越野滑雪中国巡回赛"第二站比赛等世界顶级滑雪巡回赛都在瓦萨国际滑雪节期间举行。就目前的现实情况来讲，我国东北地区的冰雪赛事品牌整体的影响力仍然较低，存在很大的发展空间，有待进一步提升。

二 微观影响因素

（一）"非规模化"开发利用的弊端

从东北地区冰雪旅游产业发展的现实情况来看，我国东北地区只有少数的冰雪景区具有一定的规模和档次，相关的基础设施以及配套设施比较完善，而大部分景区规模较小、档次较低。同时，相关的基础设施硬件以及配套设施还不完善，这些问题都成为影响我国东北地区冰雪旅游产业进一步发展的障碍。大部分冰雪旅游景区的规模较小、转制灵活，所以就导致东北地区很多冰雪旅游景区缺少整体系统的开发，以及有效的规划。东北地区冰雪旅游产业大多数都存在在雪季超常规经营、在非雪季则干脆关闭的问题，这样会导致整个冰雪产业缺少可持续发展的战略目标以及眼光，在很大程度上限制了东北冰雪旅游景区的经营范围。其实东北地区的冰雪场地除了经营冬季的冰雪项目之外，还可以设有其他的游乐项目，这会在一定程度上拓宽冰雪场地的经营范围，诸如可以建酒店、影院、餐厅、游戏厅等。东北地区冰雪旅游景区应进一步完善相关的基础设施，同时健全配套产业，促进整个东北冰雪旅游产业链的形成，提高东北地区冰雪旅游产业整体的服务水平，吸引更多中外游客，创造更多的经济效益，同时扩大市场需求，更好地促进东北地区冰雪旅游产业的壮大。

我国东北地区的气候四季分明，所以我国东北地区的冰雪旅游活动具有季节性的特点，而这种季节的特殊性造成了东北地区冰雪场地综合开发利用比较困难。根据我国东北地区气候的特点，东北地区的雪季一般在100天左右，如果遇上温度较高的冬季，冰雪场地的运营时间还要大大缩短，因此想要发展我国东北地区冰雪旅游产业，则需要另辟蹊径，延长经营时间，不能只在冬季运营，在其他季节也应该营业。营业的时候并不一定要开展冰雪体育项目，可以充分利用景的场地开展其他活动，更加充分利用闲置的资源，促进冰雪体育景区的正常运营，同时确保冰雪场地的良性运转。从市场营销学的角度上来看，冰雪体育运动属于不规则需求的项目，具有非常明显的旺季与淡季，所以冰雪旅游经营者应该从生产服务以及需求这两方面入手，争取使产需达到平衡的状态，在夏季可以依据山势地形推出相关的旅游项目，比如缆车观光、攀岩、森林徒步、水上乐园等，同时，在春秋季节也可以根据实际情况开展相应的旅游活动，比如滑翔跳伞等，这样可以更好地平衡东北地区冰雪旅游的淡季旺季之间的差距，实现东北地区冰雪旅游产业的可持续发展，同时春、夏、秋三个季节的旅游活动也可以更好地宣传东北地区冰雪旅游项目。

（二）管理体制相对落后，从业人员水平不高

根据相关调查数据，我国东北地区冰雪旅游产业的服务质量整体水平仍然较低，管理水平也不够高，相关的服务设施、配套设施不够完善，不能很好地适应东北地区冰雪旅游产业的发展要求，限制了东北地区冰雪旅

游产业的发展与壮大。中国旅游业遭到投诉最多的就是服务质量问题，以及由服务质量导致的相关问题，由此可知，服务质量在旅游业当中是多么重要。东北地区冰雪旅游产业发展离不开服务质量的逐步提升，而东北地区冰雪旅游产业的发展速度与服务质量的提升并不成正比，其主要的表现包括以下几点。

第一，缺乏高水平的雪场管理人才，雪场管理人员以及从业人员的文化素质直接影响到冰雪旅游景区服务的质量。

第二，冰雪场地各类工作人员服务意识淡薄，冰雪旅游景区的一些工作人员服务水平不高，同时，相关的服务行为也不够规范，存在诸多问题，不能很好地满足冰雪场地发展的要求，一些配套服务设施也不完善，影响服务的质量和效果。

第三，冰雪场地对从业人员的入场教育无持续性，缺乏必要的专业知识以及正规的培训，很多上岗人员并没有相关的工作经验以及工作能力，所以就导致冰雪旅游景区的服务团队不够稳定，也直接影响了东北地区冰雪旅游景区整体的服务质量和服务水平。

（三）大众冰雪旅游存在不安全因素

大众冰雪旅游运动过程存在许多不安全的因素，这些因素都会对冰雪旅游产业的发展造成一定的阻碍，因此需要处理解决好这些问题，其中冰雪体育运动中存在的不安全的因素主要包括以下几点。

第一，冰雪旅游场地不达标，设施不完善，同时，许多冰雪场地出现器材老化等现象，并且设施的维护不及时、不到位。近些年来，我国冰雪旅游产业不断发展，但是随之出现的是冰雪旅游过程中摔伤人数也逐渐增多，甚至严重的安全事故。这些事故出现的原因有几个方面，一是冰雪旅游爱好者对于自身能力评估存在偏差，二是冰雪旅游景区场地以及指标等设计存在一些不合理的地方，三是冰雪旅游景区场地相关活动器材存在安全隐患。目前我国东北地区的冰雪场地器材器械一般情况下是一年才会维修一次，一些冰雪旅游景区甚至很少对器材进行维修，这就导致一些冰雪旅游景区器材出现老化，这是非常严重的安全隐患，会对冰雪旅游景区的游客造成严重的人身及财产安全的威胁。而我国东北地区的一些冰雪旅游景区忽视了这些安全隐患，最终导致一些安全事故的发生，严重影响了东北地区冰雪旅游产业的正常经营，也对冰雪旅游爱好者的生命安全造成了威胁。

第二，冰雪场地缺少合格的教练员。日本冰雪协会常务理事、教育本部部长平川仁彦在 2009 年中国冰雪体育产业高峰论坛上讲到，中国出现的现代化冰雪旅游度假地和几十年前日本建立的冰雪旅游度假地几乎一模一样，而且很可能其发展速度要比日本的度假地快得多，然而，中国却缺乏足够的冰雪教练。一个优秀的教练在游客参与冰雪旅游活动过程当中是必不可少的，同时一个专业技能过硬的教练也是冰雪旅游爱好者生命安全的一个重要保障。教练员能够在冰雪旅游运动过程当中营造一个良好的运动环境，同时可以在旅游者出现紧急情况的时候，及时运用自己的专业知识与能力进行救护。所以，培养优秀教练是当前冰雪旅游发展当中一个非常重要的环节，也是现在冰雪旅游产业发展的当务之急。

冰雪场地上进行的体育运动一般速度都非常快，同时也非常惊险刺激，但是，这些运动对于技术的要求比较高，其危险性也比较大，属于高危险性的运动项目。冰雪体育旅游发生的安全事故往往会让初学者望而却步，如果缺乏教练的专业指导，初学者非常容易在运动的过程当中出现一些技术操作失误，最终导致安全事故的发生，这会直接影响到冰雪运动的普及，非常不利于我国全民冰雪运动的开展。

（四）对冰雪旅游产业的无形资产和文化内涵挖掘不够

东北地区主要处于北半球大陆性季风气候带，通常冬季比较寒冷干燥，地形呈现西高东低，东部的山峰大部分海拔较低，这种气候以及地形导致我国东北一些地区天然雪保存不足、积雪不容易固定、形成雪山的条件较差。与国际上一些滑雪胜地相比，东北地区存在气候较寒冷、雪质欠佳等劣势，这种状况一定程度上影响东北地区冰雪旅游的开发利用。气候、地域因素是影响东北地区冰雪旅游产业总体发展效益的客观因素之一，虽然东北地区的气候存在劣势，但是可以在其他方面弥补，比如可以充分发挥东北地域特色，将文化特色与冰雪旅游产业结合，打造特色鲜明的冰雪旅游项目，通过特色的文化以及风俗，吸引更多的中外游客，弥补东北地区先天气候条件不足的问题，促进东北冰雪旅游产业的健康发展。

我国东北冰雪旅游景区，在追求经济利益的同时，需要发掘更多冰雪体育运动的价值，体现冰雪运动对于人的终极关怀，即回归自然，达到人与自然的和谐相处。想要做到这点就需要以深层次的视野挖掘冰雪体育产业的无形资产，以尊重、珍惜和欣赏的价值理念来开发东北冰雪体育产业，促进我国东北地区冰雪旅游产业的健康发展，提高我国冰雪旅游产业的国际竞争力。

总体而言，当下我国东北地区冰雪旅游发展存在一些瓶颈，包括冰雪旅游顶层设计不完善，冰雪旅游系列规划缺位现象突出；冰雪旅游淡旺季显著，产业政策创新性不足；冰雪旅游目的地基础设施落后，旅游服务质量亟待提高，很多冰雪旅游资源富集地区存在"一流资源、二流开发、三流服务"的说法；冰雪旅游供给存在结构性问题，具有品牌影响力的产品较少，导致冰雪出行的游客扎堆现象明显等。

第三节　东北地区冰雪旅游产业发展原则及对策

一　东北地区冰雪旅游产业发展的基本原则

冰雪旅游产业的整体发展战略，包括宏观和微观两个方面，结合冰雪旅游产业发展的实际情况，以及相关行业的发展特点，我们提出符合实际的发展东北冰雪旅游产业的基本原则。

（一）坚持市场培育与政府引导相结合的原则

东北冰雪旅游产业在发展的过程中，要坚持市场培育与政府引导相结合的原则，有关部门要发挥自身的作用，积极引导本地区冰雪旅游产业的发展，同时加强对于冰雪产业的宏观指导。要建立健全相关的法律法规，为冰雪旅游产业的良性发展提供法律保障，同时要完善相关的机制，制定相关政策，对冰雪旅游产业进行扶持，支持东北地区冰雪旅游产业特色品牌的建立，同时可以选择集群式冰雪产业发展模式，政府发挥自身职能，制定相关的优惠政策，对冰雪特色产业加以扶持，鼓励相关企业参与竞争，努力打造全新的、被消费者认可的名牌企业。要加强政府和企业的互动，有效引导相关的特色产业向着产业集群发展，提高企业的核心竞争力，促进相关产业以及地区的发展，尽快建立东北地区冰雪体育产业行业协会，促进地区产业一体化进程，对东北地区冰雪旅游产业进行有效的整合。

要加大政府扶持力度，优化产业发展环境。冰雪旅游产业是我国近年来新兴的一个产业，新兴产业的发展离不开政府、市场以及相关行业的支持，东北地区冰雪旅游产业的发展同样离不开政府的支持，相关地区的政府部门需要发挥自身的职能，加强对于冰雪旅游产业所在地区相关基础设施的建设，为冰雪旅游产业的发展提供完善的基础设施。同时鼓励招商引资多元化，完善招商引资机制，力求吸引更多的资金注入，确保冰雪旅游产业发展资金链充足，最大限度地为冰雪旅游产业的发展创造有利的条件，为冰雪旅游场地的开发和建设提供保障。要扩大冰雪旅游产业的规模，实现规模化经营，完善相关的配套产业设施，提高相应的服务质量，以求达到更好的效果。

（二）努力完善运营与产业升级相结合的原则

根据相关调查数据，我国东北地区冰雪旅游产业正处于一个快速发展的时期。同时，根据我国目前经济社会的发展状况可以预测，在未来较长时间内我国经济增长势头良好，在这种情况下，冰雪产业发展处于发展较快的时期，需要不断扩大投资，引进先进技术，促进产业优化升级。不过在扩大产业规模的同时，要进行科学调控，规范行业发展的管理条例以及制度，形成有序的市场竞争环境。同时还要不断完善东北地区冰雪旅游的产业结构，打造高附加值的产业链，确保冰雪旅游产业链的完整性。

要对我国东北地区冰雪体育产业发展实施整体优化，可以整合成立东北冰雪体育产业联合会，由联合会协调解决东北冰雪旅游产业出现的相关问题，并且负责制定与实施冰雪旅游产业发展的总体规划以及具体的宣传活动。政府要充分发挥自身的职能，利用东北地区冰雪旅游产业的比较优势，加快产业聚集，努力实现产业的优化升级，充分利用现有的冰雪资源，争取建设世界一流的冰雪旅游度假休闲场所。充分发挥自身优势，做到立足于我国东北地区，同时向全国范围辐射，再以国家为立足点，向世界范围扩展，努力促进我国东北地区冰雪旅游产业走向世界。根据冰雪旅游产业发展的内在要求进行合理的规划，促进东北地区冰雪旅游产业的进一步发展，提高东北地区冰雪旅游产业的国际竞争力和知名度，打造具有国际知名度的冰雪旅游产业基地，扩大市场需求，建设能够全方位满足各类冰雪旅游爱好者的休闲度假旅游目的地，同时力争实现景区的大型化、现代化。

1. 东北地区冰雪旅游产业升级需要把握四个关系

东北地区冰雪旅游产业升级需要把握好部分与整体的关系、政府与市场的关系、近期与远期的关系、国内与国际的关系。争取做到从实际出发，立足自身优势，瞄准国际市场。

（1）部分与整体的关系

我国东北地区冰雪旅游产业的优化升级，必须把握好部分与整体的关系，冰雪旅游产业目前只是整个东北经济产业当中的一小部分，想要更好地做大做强东北冰雪旅游产业，除了需要立足于局部的发展，还要做好全局的规划，协调好局部与全局之间的关系，促进我国东北地区冰雪旅游产业的进一步升级。

（2）政府与市场的关系

在我国东北地区冰雪旅游产业发展的过程当中，必须要协调好政府与市场的关系。要充分发挥市场的决定性作用，同时要遵从政府对于整个产业发展的宏观调控，政府要发挥自身的职能，为旅游产业的发展助力，同时要发挥市场的决定性作用，以求达到最好的效果。协调政府与市场的关系，共同为东北地区冰雪旅游产业的发展做出贡献。

（3）近期与远期关系

东北地区冰雪旅游产业的发展必须要协调好近期与远期的关系，在发展的过程中必须要制定长期的发展目标，还要规划好短期的发展目标，使短期与长期目标统筹发展，短期目标的发展必须要适应长期目标的要求，做到协调统一。

（4）国内与国际关系

在我国东北地区冰雪旅游产业发展的过程当中，还需要协调好国内与国际的关系，要立足于国内市场，同时瞄准国际市场，努力协调好国内和国际两个市场之间的关系，促进我国东北地区冰雪旅游产业的发展，努力提高东北地区冰雪旅游产业的国际知名度，使其更好地走向国际市场。

2. 树立品牌战略，打造东北地区冰雪旅游国际品牌

制定有效的冰雪旅游产业现代品牌战略、打造国际知名品牌是企业核心价值的体现，同时也是企业商誉的体现，还是提高企业产品附加值的有效途径。实践证明，一个企业拥有了市场比拥有工厂更加重要，而想要拥有广阔的市场，最佳的途径就是打造占有统治地位的品牌。旅游业对于我国经济发展贡献作用比较明显，同时，国内旅游行业的竞争也非常激烈。我国的旅游行业总体经历了景点竞争、线路竞争、城市竞争等几个阶段，现在进入地区旅游相协调的营销时代。国内各个地区可以通过合作实现资源共享、优化共赢的目标。更有效地开发和利用资源，更好地促进合作，可以为我国地区旅游的发展提供新的思路，更好地提高我国旅游产业的整体竞争力。

冰雪旅游本身不仅和旅游产业相关，同时还涉及建筑、交通、餐饮、娱乐、购物等一系列相关行业。这些行业的发展都与冰雪旅游产业发展息息相关，其中很多相关产业在冬季都会进入一年中的"冬眠期"，而冰雪旅游产业的发展，有效弥补了冬季旅游的空白，拉动了相关产业的发展。一个具有一定规模的冰雪旅游景区，会对一个地区的经济产生巨大的拉动作用，同时会形成一个相对独立的经济生活圈。

我国正在建造一些大规模的冰雪旅游景区，其中吉林长白山冰雪旅游中心就是我国一个具有代表性的大规模冰雪旅游景区，它是由许多投资方共同承建的大型旅游投资项目，是我国目前最大的冰雪旅游项目。

长白山景区是我国的一座天然宝库，同时也是世界的天然宝库，长白山是我国著名的山脉，也是中华十大名山之一，长白山景区是我国的5A级景区。长白山，是大自然的杰作，原始森林的覆盖率极高，相关的长白山传说为我国的长白山地区增添了一层神秘的面纱，让更多的中外游客慕

名而来。长白山地区具有丰富的自然资源以及特产资源，能够更好地为东北地区冰雪旅游产业的发展助力。所以，将长白山建成世界级冰雪休闲景区，有利于促进当地经济发展，同时也更好地为我国 2022 年冬奥会助力。目前我国吉林省相关的政府部门已经对长白山冰雪中心进行了有效的规划，力图建成世界级冰雪旅游中心，该景区结合温泉休闲、文化旅游产品的开发，注重将休闲文化与冰雪旅游融合，努力将长白山打造成"亚洲的阿尔卑斯山"。

长白山可以依托世界级的冰雪资源禀赋，全力推进冰雪全域旅游布局，争取成为世界级冰雪旅游胜地和冰雪生态旅游目的地。长白山正在实施"长白山＋冰雪"战略，在产业上互动互融，在品牌上"请进来"，在发展上"走出去"，以市场化运营为实现路径，打造冰雪产业新格局。未来长白山将实现世界级的资源、全球化的布局，形成从资源到资产、从资产到资本、从资本到资金的生态循环。

中国·哈尔滨国际冰雪节与日本札幌雪节、加拿大魁北克冬季狂欢节和挪威奥斯陆滑雪节并称为世界四大冰雪节。中国·哈尔滨国际冰雪节 1985 年 1 月 5 日创办，成为世界冰雪盛会。2019 年 1 月 5 日，第 35 届中国·哈尔滨国际冰雪节拉开盛大帷幕。这一次冰雪节包括许多非常有趣又有特色的项目，让所有游客都能更好地享受到冰雪运动和文化的乐趣。这一盛会充分发挥了冰雪的特色，又很好地让人们体会冰雪世界的乐趣，把哈尔滨的冰雪文化发扬光大，这一活动已成为向国内外展示哈尔滨经济社会发展水平和人民精神面貌的重要窗口。

为了把我国东北地区的冰雪文化推向全国乃至世界，把我国的冰雪文化做得更大更好，黑龙江省 1998 年创办了中国黑龙江国际滑雪节，现已成为国家级、国际性的旅游节庆活动。其目的是充分发挥黑龙江滑雪旅游资源优势，发展滑雪旅游产业，树立黑龙江滑雪旅游大省形象，为黑龙江省经济社会发展做贡献。每届的滑雪节都深化时代主题和历史内涵，使节庆形式更加新颖独特，活动内容更加丰富多彩，宣传营销更加国际化，社会影响更加广泛。

除此之外，每到冬季，东北地区还举办雪雕艺术博览会、冰雕艺术节、泼雪节、冬泳表演、冰雪汽车挑战赛、雪地温泉、冬钓、欢乐大游园等一系列活动，进一步宣传东北地区的冰雪文化，同时结合时代的发展，推广冰雪精神。

（三） 赛事品牌与大众发展相结合原则

想要促进东北地区冰雪旅游产业的发展，打造知名国际赛事品牌是一个较好的途径，但是不能只单纯发展国际赛事品牌，还需要坚持赛事品牌建设与大众发展相结合的原则。冰雪旅游产业相对于其他的服务行业来说，品牌的创建和经营发展相比显得更为重要，一个企业品牌的创建，可以在最短的时间内，迅速改善企业的形象，同时还可以有效提高企业的知名度，使企业争取到更多的融资，进一步扩大冰雪体育产业的规模。品牌的创建对于冰雪旅游企业的发展非常重要，可以推动冰雪旅游企业国际化，提高冰雪企业的国际竞争力。同时，举办大型冰雪赛事，可以促进当地经济社会的发展。积极地创建赛事品牌，可以迅速改善企业的形象，进一步提升东北地区冰雪旅游的知名度，促进东北地区冰雪旅游产业的整体发展。

随着经济社会的发展以及时代的进步，现如今各项体育活动以及相关的赛事都具有一定的观众基础，每一次赛事活动都是相关产业提高自身品牌价值以及自身知名度的有利时机。东北地区在冰雪旅游产业发展过程中，应该承办更多大型冰雪体育赛事，更好地把握机会，有效地对自身的品牌进行宣传，提高自身品牌的知名度，扩大品牌的影响力。比如，吉林省力争把长白山培育成中国冰雪运动的训练基地、冬奥会志愿者培训基地，同时正在积极申办 2021 年国际儿童冬季运动会，筹划申办 2025 年国际青年冬奥会。东北地区应加大宣传的力度，对自身的特色进行宣传，突出自己的产品特色，以此吸引更多游客，促进冰雪旅游的进一步发展。下面介绍两例国内外成功创建赛事品牌的案例。

第一个案例是韩国现代汽车。韩国的现代汽车品牌在我国是属于入驻比较晚的汽车品牌，但是却能够在较短的时间内，快速成长，成为我国汽车市场的一颗新星，韩国现代汽车的营销策略功不可没。韩国现代，不断介入足球赛事，先后分别赞助了 2000 年欧洲杯以及 2002 年世界杯，还有

2004 年欧洲锦标赛和 2006 年世界杯。同时在 2002 年韩日世界杯中，它们又独家获得了世界杯官方赞助权。韩国现代汽车准确地抓住了时机，花费重金在中国中央电视台投放了世界杯期间的广告，对企业以及品牌进行了宣传。通过这一系列营销，韩国现代汽车打造了具有一定知名度的国际汽车赛事品牌，进一步提高了自身的知名度。韩国现代汽车成功案例说明，正确的营销策略，对于一个企业的发展有着至关重要的作用，而在此之后，韩国现代汽车在我国汽车市场中占据了越来越多的份额，也得到越来越多消费者的认可与青睐。

第二个案例是我国东北地区的映山红滑雪场，映山红滑雪场位于大兴安岭首府城市加格达奇城南 9 公里处，占地面积 16 万公顷，是按照国内最高标准建设的我国最北的滑雪场，也是黑龙江省西部最大、滑雪条件最好的滑雪场。雪场海拔 581 米，山体落差 200 多米，建有高级、中级、初级雪道，雪道总长度 3000 多米，可以满足各类滑雪者的需要。该滑雪场也是国家队的训练场地，雪季时间长，从每年的 10 月到来年的 5 月，都可以提供滑雪服务。东北地区大兴安岭映山红滑雪场作为我国"初冬"和"晚春"的冰雪圣地，具有自身独特的优势，雪期长，雪质好，同时随着近两年冰雪旅游越来越大众化，该冰雪场启动了相关标准场地的创建工作，同时完善了相关的冰雪场地附属设施，满足了不同冰雪爱好者的需要。映山红滑雪场拥有得天独厚的自然优势，同时，无论是软件设施还是硬件设施，都非常完善，具备了一流的设施，更得到了当地政府的大力支持，这些优势条件都为大兴安岭映山红滑雪场的发展提供了非常有利的基础，所以映山红滑雪场已经被国家体育总局列为全国自由式滑雪训练基地。这不仅提高了映山红滑雪场的国内知名度，而且也提高了这个滑雪场的国际知名度。映山红滑雪场每年还举行漠河中国汽车拉力锦标赛，通过赛事吸引了众多游客观赏，以及几十家电视台聚焦、上百家媒体关注，最直接的影响就是汽车拉力赛期间映山红滑雪场所在地小镇漠河附近的宾馆酒店游客爆满，同时，相关的旅游纪念品也很快销售一空。由此我们就可以看出，冰雪旅游产业发展离不开知名品牌带来的发展动力，品牌的效益会给冰雪旅游产业的发展带来无限的动力，从社会效益来讲，举办比赛可以让国内

外的亿万观众通过电视以及相关媒体认识神奇的漠河，同时也更加全面地
了解大兴安岭这个具有包容性、活力的新型林区。而这一场知名的汽车拉
力赛更是将漠河地区知名度提到一个新的高度，它所创造的社会效应远远
超过汽车拉力赛本身，同时创造的社会效益更是远远超过冰雪体育赛事
本身。

随着大众冰雪运动的普及，冰雪旅游渐渐走进人们的视野，同时现代
的冰雪运动发展越来越丰富多彩，越来越能够满足人们对于冰雪旅游的要
求。目前虽然纯竞技冰雪运动在形式以及技术上正在不断地改进，但改进
空间不大，并不适合大众的普遍参与。相反，具有大众性质的冰雪比赛以
及丰富多彩的冰雪娱乐形式发展趋势非常好，活动因地制宜、灵活多样，
可以将冰雪体育娱乐休闲活动与相关的比赛竞争结合，激起人们对冰雪体
育运动的兴趣，吸引更多的人积极地参与到冰雪体育活动中。

（四）坚持经济效益与社会效益相结合的原则

想要促进冰雪旅游产业的发展，就需要坚持经济效益与社会效益相结
合的原则，确保冰雪旅游产业与其他产业发展的同步性与协调性，促进各
种相关行业的共同进步。

1. 经济效益

企业的发展最主要就是为了获得经济效益，冰雪企业的经济效益，主
要就是冰雪场地经营的直接经济效益，也就是冰雪场地的经济收入，其中
主要包括冰雪场地设施以及冰雪器材装备的出租收入，同时还包括教授相
关的冰雪技术等收入。

除了直接的经济效益之外，还有间接社会经济效益，而间接的社会经
济效益，是冰雪旅游产业发展非常重要的一部分，冰雪旅游产业发展所产
生的间接社会经济效益，往往会超过冰雪旅游产业本身所创造的直接经济
效益。

2. 社会效益

对于我国东北地区来讲，冰雪旅游产业的发展不仅带动了相关产业的
发展，同时也带动了整个东北地区经济的发展。冰雪旅游产业能够产生比
较大的经济效益，主要受益的包括酒店及服务行业，还包括交通、电信、

娱乐等行业。冰雪旅游产业有巨大的拉动作用，能够促进地区经济社会发展，提供更多的就业机会，甚至可以帮助该地区实现脱贫，提高当地人民的生活水平。冰雪旅游产业除了取得直接经济效益，还能够增加该地区收入，很好地体现了"修一个场（冰雪场），带富一个乡"这句话，所以，我国东北地区冰雪旅游产业的发展必须要坚持经济效益与社会效益相结合的原则。

二　东北地区冰雪旅游产业发展对策

根据相关实地考察，结合我国东北地区冰雪旅游产业发展面临的环境，从内外部环境因素以及产业优势、劣势等方面进行分析，总结出东北地区冰雪旅游产业发展战略。

（一）优势—机会战略

每一个行业都有自身的优势与劣势，在我国东北地区冰雪旅游产业发展的过程中，需要做到突出自身的优势。而如何更好地做到突出自身的优势，就需要基于冰雪体育产业发展的机遇优势，努力促进人们消费观念和生活方式的转变，抓住当前市场发展的机遇，进一步扩大休闲旅游业的市场，满足当前人们对于休闲娱乐的需要，开发迎合人们需求的产品。对于东北地区冰雪旅游产业的发展，需要做到的就是，充分利用东北地区丰富的旅游资源，同时更好地发挥东北地区冰雪体育文化的优势，有效地将两者结合，争取更大的上升空间，积极争取当地政府更多的支持，促进东北地区冰雪旅游产业的进一步发展。

（二）劣势—机会战略

在我国东北地区冰雪旅游产业发展的过程中，想要更好地规避劣势，减少冰雪旅游产业发展的阻碍，就需要在冰雪旅游产业发展的过程中，把握机遇，实施扭转型战略，即做到有重点地发展，同时抓住发展机遇，优化投资环境，加强对冰雪旅游产业的管理。以冰雪旅游产业发展为重点，带动相关产业的发展与壮大，利用冰雪旅游产业的优势，弥补自身发展劣势。

（三）优势—威胁战略

所谓的优势—威胁战略就是要在冰雪旅游产业发展的过程中，深入地挖掘我国东北地区现有资源，发挥我国深厚的历史文化优势，根据现实状况进一步开拓市场，不断进行创新，培育精品，实现市场多元化以及产品个性化、多样化发展，促进冰雪旅游产业发展。

（四）劣势—威胁战略

所谓的劣势—威胁战略是有效地采取防御型的战略。该战略的主要目的就是在企业成长的过程中，避免企业外部环境以及企业内部环境的劣势。企业要随时掌握市场的整体信息以及相关产品发展的最新动态，及时根据市场的最新情况，做出相关的调整，努力做到弱化劣势、强化优势，促进我国东北地区冰雪旅游产业的健康发展。

对东北地区冰雪旅游产业发展的调查显示，在全球经济一体化的大背景下，我国东北地区冰雪旅游产业发展面临巨大的机遇，同时也面临严峻的挑战。其中，面临的机遇主要是，现如今我国经济社会的发展不断加速，国民收入总量不断增加，人均可支配收入也不断增加，人们的生活水平正在不断提高。人们的消费观念和生活方式也跟着时代的发展不断地更新，民众对于休闲旅游的需求越来越多。同时，对于休闲旅游的质量要求也在不断提高，需要体育旅游产业的结构不断优化升级。要根据冰雪旅游产业发展的实际情况，提高自身的服务质量，满足冰雪旅游游客的各项需求。同时，我国东北地区冰雪旅游产业也面临非常激烈的国内市场竞争，近年来，国内冰雪旅游群雄并起，竞争异常激烈，特别是北京联合张家口成功申办 2022 年冬奥会，对东北的冰雪旅游构成了现实的威胁。产业制度以及法律法规的不完善，也在一定程度上制约了我国东北地区冰雪旅游产业的进一步发展，对东北地区冰雪体育产业的发展构成了严峻的挑战。我国东北地区的冰雪旅游产业还面临一些冰雪产业发达国家优质冰雪资源和成熟技术的压力。因此，想要更好地发展我国东北地区冰雪旅游产业，就需要将冰雪旅游产业纳入东北整体旅游业战略当中，制定发展战略，把握机遇，迎接挑战，充分有效地利用现有的冰雪资源，在培养自身优势的同时，有效地提高我国东北地区冰雪旅游产业在发展过程中的抗风险能力，协调发展战略，走集群化发展道路，从而推进东北地区冰雪旅游产业的健康发展。

根据以上分析可以得出，东北地区冰雪旅游产业发展的战略是竞争优势培育战略、结构优化升级战略以及地区一体化发展战略。

第四节 "互联网 + 冰雪体育产业" 发展新趋势研究

近年来，作为体育产业的重要组成部分，我国的冰雪体育产业呈现较快的发展态势，2022 年冬奥会的申办成功更是为我国冰雪体育发展创造了历史性的机遇。冰雪体育产业要想快速发展，营销手段必须不断创新，借助"互联网 +"技术可以达到很好的宣传效果。本节对"互联网 + 冰雪体育产业"的概念进行了细致的分析，从"O2O"模式和冰雪体育产业的结合发展以及"VR + 冰雪体育产业"的融合发展两个方面全面探讨了"互联网 +"视角下我国冰雪体育产业发展的新趋势，希望能对我国冰雪体育产业快速健康的发展提供一些借鉴和帮助。

随着科学技术水平的不断提高，互联网技术渗透到现代人生活的方方面面。相关调查数据显示，我国网民数量已经高达 8 亿多人，互联网普及度日益提高，互联网在人们的生活中占有重要的地位。互联网在近几年的发展势头猛烈，成为推动我国各行各业发展的重要推动力。早在 2015 年国家两会召开期间，国务院总理李克强在政府工作报告中明确提出："制定'互联网 +'行动计划，推动移动互联网、云计算、大数据、物联网等与现代制造业结合，促进电子商务、工业互联网和互联网金融健康发展，引导互联网企业拓展国际市场。"这标志着"互联网 +"正式上升为国家战略。在此之后，国家体育总局也制定了相应的体育发展规划，规划指出，体育产业的发展要与互联网技术紧密融合，从而促进体育产业与时俱进，紧随时代发展潮流，推动体育产业的进步和发展。在"互联网 +"模式下，体育产业不再孤立发展，而是更加多元化和个性化，并且增强了与其他产业的联系与交流，演变为蓬勃发展的经济多面体。

一　"互联网＋冰雪体育产业"的概念分析

（一）"互联网＋"的概念

"互联网＋"这一概念在各行各业中屡见不鲜，作为新时代发展的产物给不同产业带来了机遇。"互联网＋"是指充分发挥互联网在社会资源配置中的优化和集成作用，将互联网的创新成果深度融合于经济、社会各领域中，提升全社会的创新力和生产力，形成更广泛的以互联网为基础设施和实现工具的经济发展新形态。

互联网技术在短短数十年内，获得了极大的进步。早在20世纪末，我国开始与互联网全面连接，成为第77个连接互联网的国家。互联网自诞生以来，以惊人的速度发展，引发了信息技术革命，给人类的生产和生活带来了翻天覆地的变化，众多产业受其冲击而发生变革或被颠覆。与此同时，"互联网＋"的新兴产业模式诞生，例如电子商务、在线营销、网络购物等都是"互联网＋"所带来的新变化。可以说，当今社会"互联网＋"已经与人类的生活息息相关，我们生活的各个环节都与"互联网＋"密不可分，互联网改变了人类的生活形式和思想，包括消费、生活、工作等方面的方式。随着"互联网＋"的发展，"互联网＋体育"的营销模式也日益增多，并且呈现扩大的趋势。

（二）"互联网＋冰雪体育产业"解析

"互联网＋冰雪体育产业"是从"互联网＋体育产业"理念中分离出来的一部分。结合我国冰雪体育产业的发展现状，互联网技术和冰雪体育产业之间正逐步构建联系，二者不断地寻求融合和发展的机会。但实践中"互联网＋"和冰雪体育产业之间的联系仍不够密切，"互联网＋"商业模式现今还没有充分渗透到我国冰雪体育产业的运作中。"互联网＋"大多是充当冰雪体育产业旅游的营销平台，同时作为平台也还没有完全体现出其作用和价值。所以，在冰雪体育产业发展中应当充分考虑"互联网＋冰雪体育产业"未来的发展方向和趋势，进一步发掘该发展模式的意义与价值，在推动冰雪体育产业发展过程中充分学习"互联网＋体育产业"的运行策略和方式。

"互联网＋冰雪体育产业"主要是对传统冰雪产业的相关市场份额、客户群体、产品类型和整体产业，借助互联网的思维模式，利用"互联网＋"、大数据、云计算等前沿技术，对产业进行科学的思考与整合，进而建立起以互联网为平台的产业发展模式，综合运用信息技术及网络思维，为冰雪体育产业构建出全新的生态环境。"互联网＋冰雪体育产业"理念与"互联网＋体育产业"概念类似，但二者也存在一定的区别。"互联网＋冰雪体育产业"主要是以现今的互联网技术为基础，与冰雪体育产业各个环节进行有机的结合，进而促进冰雪体育产业的创新与进步，使其更加多元化和便捷化，推动产业结构的升级与发展。

二　"互联网＋"视角下我国冰雪体育产业发展新趋势研究

（一）"O2O"模式和冰雪体育产业的结合发展

1. "O2O"模式概述及特征

"O2O"是 Online To Offline 的缩写，也是当今营销手段中较为流行的理念。"O2O"模式主要是指将线下的商务贸易和互联网融合，借助互联网的模式来实现线上交易，从而促进交易效率的提升。这种模式既能够实现线上吸引顾客，便于顾客在线上进行信息的了解和选择，还可以通过线上方便快捷地完成支付。"O2O"模式的主要特征是宣传效果明显，便于交易跟踪，可以提升顾客体验效果。这种模式能够为顾客提供完善便捷的体验，促进线下实体活动拓展至线上虚拟服务点；还能够提升客户的满意度，借助良好的服务来吸引和积累顾客。"O2O"模式的特点和优势也符合冰雪体育产业的需求。现今，我国冰雪产业中的滑雪产业仍存在顾客体验较差的问题，同时还有场地设施构建不全、推广和管理水平较低等问题，而"O2O"模式一定程度上能够解决冰雪体育产业中的一些弊端。

2. "O2O"模式和冰雪体育产业的结合

从我国体育产业发展现状来看，"O2O"模式已逐步融入不同种类的体育产业中，借助"O2O"模式，体育运动参与者能够提前预订运动场地，提前预约教练，也便于其随时接受私教课程。可见，"O2O"模式能够有效地将体育运动健身和互联网结合，借助信息的收集与整理来为客户提供更加科学合理的运动建议。"O2O"产品主要包括硬件与软件两大类，硬件设施主要是为顾客准备，通常是便携式产品，借助智能客户端来了解顾客的运动情况和数据，便于用户了解和分析自身的运动情况。软件类产品主要是指移动客户端的 App，App 能够为用户提供更多的运动资源和信息，例如运动教学和视频等，用户可依据自身需求和兴趣来选择运动的种类等内容。"O2O"模式能够提升体育服务水平，丰富产品类型，提高服务质量。现今我国冰雪体育产业发展中在服务环节仍需加以完善和优化，例如餐饮、住宿、场地选择和交通等各个环节。而借助互联网线上平台则能够有效解决，利用线上预约、查询等服务为顾客提供便利，充分发挥"O2O"模式的优势，进而提升冰雪体育产业服务水平与质量。"O2O"模式将线上与线下结合，借助网络平台促进冰雪体育的宣传和推广，丰富冰雪体育产业的运营模式，促进服务的人性化。"O2O"模式能够将冰雪体育运动转换为一种全新的社交模式，转变传统运动方式和社交方式，促进冰雪体育产业发展方式的多元化。

（二）"VR + 冰雪体育产业"的发展

VR 是虚拟现实的简称，起源于 20 世纪 80 年代。VR 技术主要是利用计算机技术制作和生成三维虚拟环境，通过虚拟技术实现仿真体验和感受。目前 VR 技术已经初步应用在游戏、体育、教育和旅游等多方面，尤其是给体育产业带来了全新的体验。现今，VR 技术也初步运用到冰雪体育产业中，北京地区已经开始借助 VR 技术来仿真模拟滑雪运动，使一些喜爱滑雪的用户借助一些 VR 设备来体验和感受，为用户提供良好的体验效果，达到较好的推广效果，推动冰雪体育产业更好地被大众了解和接受，促进冰雪体育产业更好地发展。

1. VR + 冰雪体育竞技训练

随着 VR 技术的进步和发展，现今"VR + 竞技训练"在国外已经得到了较好的运用和推广。美国斯坦福大学已经利用 STRIVR 系统来为学校的运动团队以及美国国家橄榄球联盟等队伍提供训练帮助，其他国家也在不断尝试利用 VR 技术来帮助运动员进行训练，通过借助 VR 设备来模拟比赛现场，使运动员身临其境。我国冰雪体育产业中的滑雪项目虽然有了一定的发展，但仍不够先进。很多运动参与者在面临较为陡峭的滑雪赛道时都会产生恐惧和害怕的心理，而借助 VR 技术能够帮助参与者很好地适应和克服对赛道的恐惧，避免训练的危险性又能够达到较好的效果。所以，在"互联网＋"背景下，合理应用 VR 技术，将其有效地与冰雪体育运动以及相关产业融合，可以推动我国冰雪体育产业的发展与进步。从现实情况来看，虽然这种模式还没有在我国得到全面的推广和应用，但 VR 技术与冰雪体育产业的结合是时代发展的必然要求，更是我国冰雪体育产业未来发展的新趋势。

2. VR＋冰雪体育场地

随着我国成功申办 2022 年冬奥会，我国冰雪体育场地也迎来了建设与发展的黄金时期，冰雪体育场地规模不断扩大，数量也不断增多。在冰雪体育场地建设过程中合理应用 VR 技术能够对传统场地模式进行创新与升级，改善参与者的观赏和体验效果，从而推动冰雪体育赛事和互联网有机融合。西方一些发达国家就在球类赛事中利用互联网为球迷提供 VR 看球的服务。相关领域的专家认为 VR 技术在未来必将成为体育产业中的重要组成部分，也将会推动体育产业效益的提升。VR 技术有助于体育爱好者进行零距离的观赛，通过虚拟仿真来为观赛者提供更好的感官效果。从西方国家的经验来看，VR 技术运用到体育产业中是未来发展的趋势。与此同时，冰雪体育产业也与之类似，或许未来 VR 技术将会充分运用到冰雪体育项目中，让冰雪体育爱好者借助 VR 设备来更好地观看滑雪、滑冰等冰雪体育赛事。在冰雪体育场地设计与建造过程中，可以充分融入 VR 技术，从而提升场地建设质量与水平，推动冰雪体育赛事产业的进步与发展。

三　结语

我国冰雪体育产业发展的历史可追溯到 20 世纪 90 年代，作为一个新兴产业既充满了机遇和希望，又存在一定的挑战和困难。冰雪体育产业作为体育产业的一部分，其整体水平较之其他体育产业仍较为落后。随着我国冬奥会的成功申办，冰雪体育产业跃入大众的视野，并且获得了较好的发展机遇，但从冰雪体育产业的现状来看，冰雪运动仍是初学者较多、较为小众的体育活动。在新时期，如何综合运用各方资源和条件，推动冰雪体育产业的优化和发展，成为现今冰雪产业需要考虑的重要问题。"互联网＋"的整合与调节作用给冰雪体育产业的资源配置带来了一定的优势和便利。

第七章　东北地区冰雪旅游产业支持措施

第一节　东北地区冰雪旅游产业现有支持措施

一　现有支持措施

（一）优化调整产业政策

一般来说，产业政策是政府为了实现一定的经济和社会目标而对产业的形成和发展进行干预的各种政策总和。在产业结构的调整中，东北地区各级政府不断地加以重点推进，例如，对传统农业进行现代化改造、对工业结构的调整则采用了扩大增量这一方式，同时在多个领域、多种角度推进服务业的发展。

东北地区之前的冰雪旅游产业很少涉及产业政策，但是随着产业的不断发展，冰雪旅游产业得到重视之后，产业结构也得到了相应的调整，其中就有对冰雪旅游产业的调整。从提高供给质量这一方面出发，不断地推进结构性改革，对产业结构要素配置进行了相应的改进和完善，扩大有效供给，加大相应的投资力度。东北地区一方面对旅游公共服务体系进行了改进和完善，另一方面还加大了旅游新业态的发展。黑龙江省就出台了《冰雪旅游专项规划（2017－2025）》《黑龙江省冰雪旅游产业发展规划（2020－2030）》《省委省政府关于加快我省冰雪旅游产业发展的实施意见》；吉林省政府制定了《关于做大做强冰雪产业的实施意见》《吉林冰雪旅游产业发展总体规划》，长春市人民政府也发布了《关于做大做强冰雪和避暑旅游产业的实施意见》，吉林市印发了《吉林市学校冰雪运动三年行动计划（2017－2019 年）》；辽宁省人民政府也出台了《辽宁省人民政府关于促进旅游产业改革发展的实施意见》《关于推进辽宁省冰雪经济发展的实施方案》等一些相关政策措施和文件，这些规划纲要中就提出要重视冰雪旅游业的发展，确立正确的发展方向，推进产业之间的融合发展，并且将其作为经济发展的主导产业，对产业结构要进行全面优化，让产业之间能够得到协调发展。

进入 21 世纪，东北地区已经将冰雪旅游产业纳入地区整体的规划发展中，并确立了合理的布局，还制定了相应的扶持政策，同时将发展方式进行了适应性的调整，不断进行改革和创新，提高质量和发展效率，冰雪旅游产业的发展对一个地区经济来说具有非常重要的促进作用。

（二）采取积极性的财政政策

积极的财政政策是一个地区产业发展的动力，政府通过财政政策发展旅游产业，对企业发展和产业规模扩大具有促进作用，同时也是产业发展的动力所在。

对此，近年来，东北地区采取了积极的财政政策，加大对冰雪旅游产业的财政支出，根据旅游开发区规划纲要的文件，对一些冰雪活动和项目进行重点扶持，尤其是对一些极具代表性的冰雪旅游活动和项目给予高度重视。在政策实施的过程中，政府要对资金性质做出明确的分类和规划，通过各种方式引导和带动资金对冰雪旅游产业进行支持，并且要对冰雪旅游景区内的环境进行完善，提升景区的知名度。

要围绕扩内需、保增长两个方面去制定相关的政策和措施，并且要不遗余力地将政策和措施很好地落实下去，把政策的引领作用发挥出来，促进东北冰雪旅游产业的不断发展，不断地改进和完善冰雪景区内的设施建设。根据政府和相关部门的部署指导，加大资金投入力度，搭建融资平台，支持网络建设，平衡发展，减少差异，提升冰雪旅游开发区的承载能力。坚持用高标准、高质量、高水平的原则去建设冰雪景区，同时还要提高冰雪景区的接待能力和服务质量。

（三）制定税收鼓励政策

在这一点上，东北地区相关政府和部门已经制定了积极的税收政策，对冰雪旅游产业实施相应的优惠政策。对那些极具代表性的旅游项目给予一定的优惠和奖励，并且制定了比较合理的政策和措施。政府对重点旅游企业在进行贷款的时候给予一定的贴息政策，还对一些重点的旅游项目和活动给予一定的补贴政策，鼓励非公有资本进入冰雪旅游产业，并制定一系列的举措和措施加以扶持。比如，近些年牡丹江市政府紧跟国家的政策，采取各种各样的方式力争将该市建造成为一个独具特色的冰雪旅游开发区，并对上百个冰雪旅游项目进行了整理，进一步对旅游产业进行了升级，将制定的政策和措施很好地落实下去；并且还针对征管中营业收入不真实的情况，制定了相应的政策，提出了一系列的管理办法，并取得了很好的效果。

（四）制定金融支持政策，并确保落地生根

一个产业的发展必定需要金融的支持，东北地区的冰雪旅游产业也需要金融的支持，并且金融会对当地产业的发展有很大的推动作用。

东北地区通过各种方式推动特色冰雪旅游开发区的建设和发展，并且采取措施不断吸引那些优秀的企业来当地投资，进入冰雪旅游产业。东北地区还出台了相关的金融奖励政策，对那些支持力度大的金融机构给予奖励，对重视冰雪旅游开发区建设和发展的融资企业给予一定的支持，并且采取不同的措施助推它们的发展。

1. 进行金融创新

东北地区所推出的金融超市很好地凸显了这一点，作为创新型的融资工具，金融超市可以提供多种融资服务，为冰雪旅游产业的发展提供全面的支持，并将抵押范围进一步扩大，创新担保模式，允许企业用知识产权作为抵押担保，还将担保限制的责任进一步扩大。

2. 建立相关产业的投融资基金

对于投融资基金，东北地区确保每年至少要投入充分的资金作为建设基金，并将其运用到产业的投融资体系建设中去，无论国有资本还是社会资本，都鼓励它们参与到冰雪旅游的投资中，并且还鼓励风险投资企业对

东北地区的旅游产业进行风险投资。

3. 对担保机构给予补贴

对那些为东北地区冰雪旅游产业提供担保的相关金融机构根据其担保额给予一定的补贴，还制定了补贴限制，一般来说，对单一的担保机构进行的补贴不能超过企业实收资本的10%，同时也规定了相应的最高补贴金额。

4. 实行融资费用补贴

东北地区还制定了针对冰雪旅游产业相关的企业发行中长期债券和票据的鼓励政策，具体是根据企业实际的融资金额给予不少于2%的资金补贴，同时也规定了相应的最高补贴金额。

（五）采取政策措施，吸引人才来东北发展

人才对于任何产业来说都有着至关重要的影响和作用，当今社会中，人才的作用显得越来越大。可以说，人才的竞争是冰雪旅游产业竞争的必要因素，占据着竞争核心的位置，但当前东北地区冰雪旅游产业面临高端专业人才大量缺乏的困境。

因此，东北地区冰雪旅游产业的发展就需要人才的推动，为了培养高素质优秀的冰雪旅游产业人才，东北地区制定了相关政策，在当地成立了相关的培训中心，制定了相应岗位的资格培训和考试制度。比如，滑雪场索道岗位，相关岗位人员必须拿到资格证才能上岗工作。东北地区积极举办相关的资质考试，为冰雪旅游产业提供更加优秀的人才。除此之外，东北地区还建设了许多培训教育机构，培养专业技能和综合素质双高的人才去推动东北地区的冰雪旅游产业的发展。东北还建立了冰雪职业院校，这不仅弥补当地在冰雪旅游人才方面的不足，还为当地培养了优秀的体育专业运动人才。除了这些，一些高校还开设了相关的专业，这些都为东北地区的冰雪旅游产业发展做出一定的贡献。

二　东北地区冰雪旅游产业扶持政策落实过程中的问题

（一）产业结构还不尽合理，相关的产业集群还没有形成

东北地区在历史上是我们国家重要的老工业基地，一直以来在我们国

家重工业发展中占据着主要位置。从产业结构上来看，东北地区的产业以第二产业为主，第三产业的发展比较缓慢，并且在国民经济中占据的比重也比较低，产业发展不平衡且不合理。虽然近些年来东北地区的发展有了一些改善，但是和全国的整体水平进行对比还有比较大的差距，第三产业在发展过程中没有发挥出应有的作用。不仅如此，在冰雪旅游产业发展过程中，各个地区和各产业之间缺乏必要的联系和沟通，无法形成有效的集群效应关系，导致资源浪费比较严重，得不到有效的利用。除此之外，东北地区的各级政府还没有制定统一的战略部署，作用还没有得到更好地发挥，而且政策的连续性有待增强。政策的制定要能适应时代和社会的发展变化，产业结构的调整也要循序渐进，根据时代和社会的需要进行。

（二）金融支持政策有待进一步改进

在发展冰雪旅游产业的过程中，东北地区也制定了一系列支持政策，但是力度不够，金融支持政策的作用没有得到充分发挥。

1. 金融支持政策有待改进

东北地区的相关部门和组织为了支持当地冰雪旅游产业的发展，对相关金融机构投放的贷款非常重视，但是从金融机构支持经济增长的层面来看，这些机构的渗透力还有些不足。一方面，贷款的发放速度降低，并且呈逐年下降的趋势，在地区的项目总融资份额中占比相对比较少，占全国的比重就更少；另一方面，金融机构相关贷存比也呈现下降的趋势，运作效率不高，对相关冰雪旅游企业的支持力度还没有达到应有的效果。

2. 缺少完善流畅的融资渠道

这一点是东北地区冰雪旅游产业发展过程中遇到的现实困难，也是迫切需要解决的一个问题。东北地区冰雪旅游产业在20多年的发展过程中，一直是企业和政府在相互支撑，首先企业自己出钱，政府给予补贴，但是企业在融资的过程中也会遇到各种各样的问题，缺乏完善流畅的融资渠道，使企业不能及时获得自身发展需要的资金补充。除此之外，政府出台的一些金融政策针对性不强或操作性较差，对当下冰雪企业所提供的帮助很少，政府出台的金融政策只有单一的银行融资这一种方式，缺乏多样性和灵活性。

3. 金融创新不足

总的来说，任何一个产业在发展的时候都会遇到很多问题，资金方面是最受关注的，通过调查，我们发现，东北地区现行的金融政策中，也不同程度地存在各种问题和不足，由此产生的后果就是对冰雪旅游产业的支持力度不够。其中，创新力的缺乏和不足使冰雪旅游产业的需求得不到满足。具体表现为，首先，一些信贷产品的针对性不强，大众化特征比较明显，专门针对冰雪旅游产业的信贷产品少之又少，而且信贷模式也是传统的大众化信贷模式。其次，和冰雪旅游产业有关的金融产品种类比较少，相关的金融机构对冰雪旅游产业没有很好的扶持和支持政策，这就导致冰雪旅游产业在发展过程中外部支持较弱。最后，东北地区冰雪旅游产业的整体发展体系还有待改善。一个企业要想进行融资获得资金，需要一个完善的中介服务体系从中运作，但是现在，东北地区的相关中介服务发展缓慢，对冰雪旅游企业发展过程中所需要的流转、担保等服务不能给予必要帮助和支持，导致冰雪旅游企业的融资需求无法在金融机构得到满足，从而使一些企业的发展资金捉襟见肘，影响企业的运营和进一步做大做强。

（三）支持冰雪旅游产业的土地政策不够灵活

为了使冰雪旅游产业这一朝阳产业得到发展，东北地区制定了许多相关的土地优惠政策，一定程度上对冰雪旅游企业的发展有帮助，但是我们也看到，东北地区针对冰雪旅游产业的相关土地政策还存在一些问题，比如，在土地供给的配置上还不够细致和完善。归纳起来有以下几方面的问题。

一是已经制定的土地政策，在土地的分配上显得杂乱无章，针对性不强。

二是政府在冰雪旅游产业建设用地的总体规划上，方案和计划制定得不够细致全面，从而导致地方相关部门在推进一些工程项目时，往往忽视冰雪旅游项目，不能将其全盘考虑进去。

三是尚未制定和冰雪旅游产业相关的土地供给和项目审批的政策和措施，一些具体规划需要根据发展的实际情况去改进和完善。

（四） 实施引进人才政策的效果不明显

众所周知，人才对任何产业的发展都是至关重要的，东北地区的冰雪旅游产业在发展过程中就表现出了人才缺乏和流失的问题，致使冰雪旅游产业的发展受到一些制约。

1. 东北地区缺乏专业的冰雪旅游项目研发人才

东北地区当地许多旅行社的人员都是最基础的导游或者工作人员，缺乏一定的专业技能。相关冰雪旅游产业研发人员短缺，使当地在冰雪旅游产业上所需的滑冰滑雪用品和装备等都处于一个落后的地位，国产化率较低。每年都需要从国外购进大量专业的器材和设备，这不仅增加游客的旅游成本，也限制了冰雪企业的进一步发展，因此，需要建立本土的旅游器材品牌，并做大做强。

2. 缺乏高素质冰雪旅游管理人才

调查显示，东北地区现阶段冰雪旅游从业人员的专业技能不高，综合素质相对较低，冰雪旅游产业缺乏大量高素质的专业管理人才，致使企业管理水平不高，发展受限。

3. 冰雪旅游产业人才流失严重

冰雪旅游产业从业人员工作压力大、社会地位低、收入保障性较差、受季节性影响较大等，导致很多人员选择了转行。由于缺乏良好的运作机制，东北地区冰雪旅游产业人才的引进和培养遇到重重困难。而且一些高校对冰雪旅游专业的学生进行培养时无法做到理论和实践相结合，过于理论化的教学使学生无法学以致用，传统的教学模式难以满足现代冰雪旅游行业的需求，诸多问题导致很多冰雪旅游专业的学生选择了其他行业发展。

三　冰雪旅游产业扶持政策中存在问题的成因分析

（一） 冰雪旅游产业政策制定的针对性不强

产业政策的调整需要循序渐进，并且根据当地实际情况进行调整和改进，不仅要遵循当下市场发展的特点，还要遵循当地经济发展的特点，要具有一定的针对性。东北一些地区在进行产业政策的调整时，往往漏掉冰雪旅游产业，忽略了冰雪旅游产业自身所具有的特点，从而导致相关的部门和决策机构不能准确地制定针对性的政策，政策之间缺乏连续性和稳定性。

造成这种情况的原因是东北各地区之间的冰雪旅游产业的发展状况不同，发展程度也存在差异，但是相关部门却忽略了这种不同，制定政策时针对性不强，致使政策发挥的效用大打折扣。同时，东北地区冰雪旅游产业之间的融合度也不足，政府缺乏监管，冰雪旅游企业长期存在条块分割的现象，行业壁垒也比较严重，没有有效的沟通机制。政策制定的不合理，造成冰雪旅游产业难以得到更好更快的发展。

（二）地方财政对冰雪旅游产业的投入不足

东北地区冰雪旅游开发区的财政政策缺乏一定的系统性，主要表现在三个方面。

1. 地方财政对冰雪旅游企业系统性投入不足

东北地区应该根据冰雪旅游产业的发展情况成立相应的组织，研究和制定完善的财政政策来发展冰雪旅游产业，并且建立一个完善的财政体系和体制，但相关措施推进不力。东北地区作为我国冰雪旅游产业发展的主要地区，更应该建立一个完善的财政体系，为冰雪旅游产业发展提供健全的政策保证。

2. 地方财政对冰雪旅游企业投入不足

当前，东北地区冰雪旅游产业已成为当地经济发展的支柱产业，但冰雪旅游产业的纳税与政府的投入之间表现出不协调的现象，财政投入过少成为阻碍东北地区冰雪旅游产业发展的关键因素。地方政府对冰雪旅游产业的财政投入不足，阻碍了冰雪旅游企业的快速发展，导致一些冰雪旅游资源得不到应有的开发，企业缺乏运营资金，一定程度上影响产业扩大规模和集群化发展。

3. 地方财政对冰雪旅游产业投入结构不合理

东北地区在发展冰雪旅游产业的时候，一般会将大部分的资金投入硬件设施的建设上，软件设施依然处于一个短缺的状态。这样会导致冰雪旅游企业在基础设施的建设上预算和实际支出过大，从而在其他方面的投入明显不足。所以东北地区在扶持冰雪旅游企业时，应调研好企业的现实所需，把支持的资金真正用于实际所需上，使财政投入结构渐趋合理和科学。

（三）缺乏合理有效的市场准入机制

随着时代的不断发展，人们的生活水平在不断地提高，闲暇时间也变得越来越多，人们时常会利用自己的闲暇时间出去旅游，我国的旅游产业也得到了前所未有的发展，许多城市都开发了各式各样的旅游项目。总体上来看，东北地区冰雪旅游产业逐步发展，但是在发展过程中也出现了许多问题。由于一些地方缺乏有效且专业系统的引导，在进行项目开发的时候没有进行具体的分析和调研，往往出现项目空置的情况，有些企业因为过度追求大规模，项目的重复建设现象严重，形成资源浪费。这些问题的产生往往是相关部门和机构没有实时地进行管理和控制，从而导致大范围的不合理现象出现。

（四）对冰雪旅游产业发展认识存在偏差

从某种层面来讲，任何产业的发展其实都离不开物质的支撑，还有正确认识。而现在东北地区在发展冰雪旅游产业的时候，却出现了以下几个误区。第一，对冰雪旅游产业的认识不够，政府没有引起高度重视，缺乏专业系统的管理体制。第二，冰雪旅游产业在发展的过程中太过于追求"一步登天"，导致许多问题和困难出现。比如，投入过大但宣传不够，导致资源浪费、收入倒挂，因此给东北地区冰雪旅游产业的发展带来不利影响。

第二节　国内外冰雪旅游产业政策的对比分析

一　北欧国家大力支持冰雪旅游产业发展的政策分析

北欧是世界上冰雪旅游发展最好的地区之一，每年 11 月至第二年 3 月，北欧进入冰雪旅游最佳时节，难得一见的自然风光和独特的风情文化吸引着全世界的游客。综观北欧各国的发展历程，冰雪旅游产业在其经济社会发展中扮演着一个非常重要的角色，冰雪旅游产业获得了这些国家的普遍认可，在北欧各国的经济发展过程中，冰雪旅游经济起到了较大的作用，北欧各国普遍对本国的冰雪旅游产业非常重视，在政策上给予大力的支持。

一个产业在发展过程中要想做大做强，来自政府的政策支持和资金保障是必不可少的，冰雪旅游产业也不例外，这也就意味着投资和融资在产业发展过程中有着非常重要的作用。而北欧各国在发展当地冰雪旅游产业的时候，除了最基本的企业自身投资外，各国政府和相关部门也积极制定相关的措施和政策，发展本国冰雪旅游产业。而且每年在冰雪旅游产业的支出上，财政支出还占据了很大的比重，以此来推动当地冰雪旅游产业不断发展。而这些积极的财政政策主要表现在以下几个方面。第一，北欧各国对冰雪旅游等特色旅游项目的研发所需的经费是由国家提供的；第二，冰雪旅游景点基础设施的建设费用得到了政府的大力支持；第三，各国政府和相关部门还参与冰雪旅游企业的软硬件的升级和建设，并且以先进的管理方式，确保冰雪旅游企业健康发展。

除此之外，北欧各国还普遍设立了专项旅游基金，用来解决各项突发事件，以此来促进当地冰雪旅游产业的不断发展。同时还奖励和补贴那些对冰雪旅游有特殊和巨大贡献的企业，并不断对冰雪旅游产业的供应链进行改进和完善，以此来促进冰雪旅游产业的健康发展。比如，挪威政府就制订了科学的冰雪规划，政府统一规划冰雪旅游产业，并且对冰雪资源进行整合，制定扶持政策，完善基础设施的建设。而在营销层面，挪威政府还统一对冰雪旅游企业的营销费用进行了合理的分配，企业只承担较少一部分，较大部分由政府埋单，这样提高了冰雪旅游经营运转的效率。

二 日、韩通过多元政策促进冰雪旅游产业发展

日本冰雪旅游产业的发展相对来说比较顺畅，而且日本还举办过两届冬奥会，可谓经验丰富，不仅如此，日本还是亚洲第一个举办冬奥会的国家，这些国际赛事的举办在某种程度上对日本的冰雪旅游产业有很好的推

动作用。

日本政府还意识到人才对产业发展的重要作用，采取各种各样的方式去推动当地的人才培养机制的建立。因此，许多高校和职业院校都纷纷开设了冰雪旅游的专业和课程，并且还投入大量的精力开展了各类评奖活动，为那些有突出贡献的冰雪旅游学者和人才提供奖励。这些举措对日本冰雪旅游产业的人才培养起到了积极的推动作用。在专业教育方面，日本还成立了专业的学院，培养了一批又一批冰雪体育专业技能强、综合素质高的人才。不仅如此，日本还推动高校和企业合作，建设相关的培训课程，大规模培养实用型、综合型的冰雪旅游人才。这条专业教育的道路，让日本当地的冰雪旅游产业得到了非常系统的发展，而且还最大限度地保障了人才数量和质量。日本政府还制定了相关的法律法规对其进行保障，这些举措和行为都值得我们去学习和借鉴。

韩国冰雪旅游经济发展很快，政策引导在其中起着至关重要的作用。同时韩国政府还非常注重冰雪旅游市场的监管，制定了非常严格的冰雪旅游市场准入机制，并且在规范冰雪旅游市场上采用了较严格的标准，因此，韩国旅游市场秩序得到了很好的维护。不仅如此，韩国政府还通过各种各样的形式促进产业之间的融合，让冰雪旅游产业和文化产业能够融合在一起，发挥出各自的作用，使当地的冰雪旅游产业更具韩国特色。除此之外，政府的大力支持和帮助也是推动韩国冰雪旅游经济飞速发展的一个重要原因，冰雪旅游产业从中受益良多。从政府角度来看，韩国各地区冰雪旅游产业在发展过程中有着非常雄厚的资金支持，而且每年相关部门的预算都在逐步上升，冰雪旅游产业在政府预算中所占的比例也在不断地提升。预算结构的不断变化从某一层面上来讲也体现出韩国政府对冰雪旅游产业的重视。而且，韩国政府还设立了相应的基金，专项基金的设立让韩国的冰雪旅游产业有了飞速发展的保障，各地政府也在不断加大对冰雪旅游产业的资金投入。从平昌冬奥会的举办我们可以看出韩国冰雪旅游的繁荣，它们的成功经验很值得我们去学习和借鉴。

第三节　促进东北地区冰雪旅游产业发展的建议

一　积极调整冰雪旅游产业的相关政策

（一）对地方产业结构进行相关的调整

冰雪旅游产业属于第三产业，被称为朝阳产业，要想让东北地区的冰雪旅游产业得到更好的发展，就要对当地的产业结构进行相应的调整。

产业结构的调整已成为东北地区当下必须解决的一大难题。可以根据地区的发展特点和实际情况，进行相应的调整，并且逐步加大对第三产业的投入和资金支持，尤其要加大对冰雪旅游产业的投入和支持，这些都是发展过程中的重点。要制定一系列的政策和措施来带动地区的经济发展。东北地区应该建立相关的监管部门，对冰雪旅游产业进行统一的管理和规范，对各地的冰雪旅游产业进行专业的分析和研究，对资源进行相应的整理和综合，根据数据分析结果去调整不合理的政策，制定符合现阶段发展的政策和制度，对整体产业结构进行合理的布局。

（二）打造特色冰雪旅游品牌，推出特色产品

东北地区在发展冰雪旅游产业的过程中还要注意特色品牌和产品的建立，比如，黑龙江当地拥有的极具特色的民俗旅游、红色旅游等产品应该得到大力的推广和宣传，可以开发和生产相关的纪念品等商品，结合当地特色，打造专属品牌和产品，另外辽宁的雪地温泉和吉林的雪地雾凇也别具地方特色。在打造特色品牌和产品的时候也要注意品牌的保护和推广，不断挖掘冰雪旅游产业的内在潜力。对现有的产品进行推广和营销，可以运用当下流行的营销方式，也可以将传统和现代的营销方式结合，无论是网络营销，还是现场活动举办，都是非常好的宣传方式。

二　冰雪旅游产业发展应得到积极的财政政策支持

（一）加大基础设施投入力度

基础设施在某种程度上会直接影响到游客对旅游地的直观感受，也会

影响服务质量，所以，基础设施的建设在冰雪旅游产业中也是至关重要的一部分。东北地区应该对现有的冰雪旅游基础设施进行分析，并且投入资金去进行基础设施的建设工作，将落后地区的基础设施进行改进和完善，维护地区之间发展的平衡性。同时还要在政府财政预算中制定相应的扶持计划，在财政预算支出上要增加冰雪旅游产业项目，并且对支出所占比重进行合理的规划，不仅要满足冰雪旅游产业发展过程中的需求，还要有相应的改进和完善，这样才能促使东北地区冰雪旅游产业得到更快健康的发展。

（二）建立冰雪旅游产业专项基金

专项基金的设立是促进东北地区冰雪旅游产业发展的重要措施，同时也能够很好地推动产业不断发展。对于冰雪旅游专项基金的设立，政府要在其中起到带头的作用，可以从政府的财政中拿出一部分资金设置为创立基金，然后制定政策和措施去鼓励企业和个人积极参与到这一项工作中，并且要设立专门的小组和部门对资金的使用进行监管，保证资金的使用。政府还应该对那些参与基金设立的企业和个人制定相应的优惠政策，比如，在参加活动时享有优先权利，还可以对企业进行宣传。除了东北地区的省级政府以外，各级地方政府也应该在能力范围之内，设立相应的发展基金，用于冰雪旅游产业基础设施的建设和完善，还有产品的设计和推广等。为妥善解决景区景点与游客、涉旅行业和游客间的矛盾和纠纷，2018年11月黑龙江省文化和旅游部门率先设立了旅游诚信基金，建立涉旅投诉先行赔付制度，切实保护旅游消费者的合法权益，提升旅游服务质量和水平。另据了解，黑龙江省将在全省推广旅游诚信基金机制，逐步实现涉旅投诉先行赔付制度全覆盖，为消费者提供最快捷的维权通道，为旅游企业构建最诚信的制度体系，为广大游客打造最优的市场环境，让每一位游客舒心、快乐、安全地享受黑龙江的绿水青山和冰天雪地。

（三）增设专项税收优惠政策

在东北地区的冰雪旅游产业发展过程中，可以考虑利用财政税收政策的优势。第一，吸引更多的私营和民营企业对冰雪旅游产业进行投资。制定具体的税收政策，可以在一定程度上减少那些愿意参与冰雪旅游产业建设和发展的企业的税务征收，尤其是企业所得税。制定具体的优惠政策，对那些有突出贡献的企业可以制定直接免收企业所得税的政策，还可以适当提高免税额，通过各种政策和措施吸引更多的企业参与到冰雪旅游产业的建设中来。

第二，扩大投资，制定政策鼓励企业扩大规模，对现有的从事冰雪旅游产业的企业实行减税政策。针对那些信誉度较高的老牌企业可以让其将一定部分的纳税资金投入旅游基础设施的建设和完善中，同时也要加大力度鼓励它们和其他行业进行联合发展。

第三，加大力度鼓励外商投资冰雪旅游产业，可以给予一定的优惠政策，比如免收关税等，还可以降低政府的扣税比例，制定更大优惠的政策，并落实下去，这样无论是对冰雪旅游产业的发展还是整体经济的运行，都有着积极的推动作用。

三　拓宽金融政策扶持渠道

金融政策的支持在东北地区的冰雪旅游产业发展过程中非常重要，并且是产业发展的保障，必须要利用好这一政策，才能让冰雪旅游产业得到更好的发展。

（一）不断丰富金融产品种类

在东北地区冰雪旅游产业发展的过程中，大部分的资金来源都是银行，而且资金大多都是靠贷款进行下放的，这种资金的融资方式太过单一，结构缺乏多样性。这就需要相关政府和部门对金融产品进行创新，第一，银行等金融机构必须加强除贷款以外的产品创新，也可以开发新的产品，而这种创新不能盲目无计划进行，而是要根据当地实际情况进行开发和推进。第二，对衍生产品进行研究和投放，同时也要对这些产品的风险进行仔细分析和调查，并且要进行合理的管控。第三，推出与冰雪旅游产业相关的保险产品，加大推广力度，这些产品可以对冰雪旅游产业起到一定的保障作用。

（二）创新冰雪旅游投融资平台

我们国家每年都要举办一些旅游投融资相关的推介大会，许多金融机构都对我国优质的旅游项目进行了投资，而这种平台的建设在一定程度上保证了投融资稳步地推行实施下去。

东北地区的冰雪旅游产业在投融资的时候，就可以借鉴这种方式，进行投融资平台的建设，而在建设的过程中，也要注意以下几个方面。第一，投融资平台建设过程必须由政府牵头，让政府担保，只有这样，平台的可信度才足够高。第二，要加大管理力度，对平台制定统一的管理制度，并且提高服务质量，做好日常的保障和维护工作。第三，加大平台的宣传力度，吸引更多的企业参与其中，保持发展的状态。

（三）拓宽冰雪旅游投融资渠道

拓宽东北地区冰雪旅游投融资渠道，可以从以下几个方面入手。第一，对现阶段的投融资体系和体制进行重新调整，降低或者取消一些非公有制经济成分的限制，放宽投资条件，鼓励多元化的资本进行投资，还可以建立相应的交易市场，对企业产权进行交易，制定奖励和优惠政策，吸引社会资本和外国资本来此发展。第二，对东北地区的投资环境进行改善，其中最值得改进和完善的投资环境就是软环境，激发东北地区的投资潜力，让外来投资者看到东北地区的投资潜力和优势，建立多元化的投融资体系和体制。第三，放宽投资者的资金投入方式，不一定只是现金的投入，各种投资方式都可以。

（四）设立担保风险补偿专项资金

任何投资都有一定的风险，而冰雪旅游产业也是如此，东北地区的相关部门和机构，应该划拨一定数额的资金设立专项资金，对冰雪旅游产业发展过程中的风险进行相应的补偿和担保，借此降低和化解冰雪旅游企业经营的风险。

目前来看，奖励、项目补助、贴息这三种方式是东北地区对冰雪旅游产业发展的主要扶持方式，为了提高冰雪旅游产业发展的动力，需要对资金的使用方式进行一定的改革，还要加强和银行之间的合作，通过银行来提供相应的风险补偿，对冰雪旅游产业风险要有一定的防范措施。还可以建立专门的资产评估机构，评估冰雪旅游产业的投资风险，同时还可以提高企业贷款的积极性。

四　提供宽松的土地供给政策

（一）科学规划冰雪旅游产业项目建设的土地需求

土地政策的支持对于冰雪旅游产业来说有着非常重要的作用。前文我们对东北地区在冰雪旅游产业发展中存在的问题进行的分析中就提到了土地政策缺乏统一的规划。为此，东北地区的政府和相关部门需要制定相应的土地优惠政策。比如，为那些极具发展特色的冰雪旅游项目预留项目建设用地。除此之外，还可以有针对性地将冰雪旅游企业所需要的土地纳入城市整体建设规划中。

（二）增加冰雪旅游产业的土地供应份额

任何项目的建设都需要土地，而土地也是项目建设过程中的制约因素，但同时也能为冰雪旅游产业提供更强有力的支持。相关部门和机构应该根据东北当地发展的实际情况，为东北冰雪旅游产业的发展制定切实可行的政策，提供务实的保障。一方面，可以加大项目的土地扶持力度，制定优惠的土地政策。另一方面，还可以对那些重点扶持的企业给予一定的土地供应，并增加相应的土地用地指标。

（三）改进并完善冰雪旅游土地供给及项目审批政策

土地供应在东北地区冰雪旅游产业发展中是最基本的宏观调控手段，可以对当地的旅游产业制定规划方案，并且对项目建设用地进行合理的审批，其中对土地供应的总量、布局以及进度等，应根据当地发展的实际情况进行相应的调整和规划，从而实现发展目标。可以根据施工速度的快慢以及项目的类型进行合理的分配和安排，按类型进行土地供应。同时，还要提供一定的补贴，制定优惠政策，给予一定的政策支持。

五　提升东北地区冰雪旅游产业人力资源质量

（一）在高校增设冰雪旅游相关专业

人才的培养在旅游产业发展的过程中是一个非常重要的部分，东北地区有关旅游专业的人才非常缺乏，所以可以利用高校资源培养专业性强、综合素质高的旅游专业人才，以此来推动当地的冰雪旅游产业发展。比如，依托哈尔滨工业大学、吉林大学、大连理工大学等东北地区著名高校，开设与旅游产业相关的专业和课程，加大培养力度，鼓励企业积极参与到人才的培养过程中。同时还要扶持一批培训基地的建设，不仅让冰雪旅游从业人员的专业技能和理论知识得到提升，还要让他们的综合素质得到提升。最大限度地提高从事旅游产业人员的综合素质和技术能力，也要制定政策和措施吸引优秀的高素质人才来东北地区发展。

（二）制定严格而灵活的就业政策

从事冰雪旅游产业的人员因为工作压力大、工作不稳定等因素，一些人会跳槽到其他行业，这就需要东北地区的相关部门和机构制定灵活的就业政策，最大限度地留住人才。可以对就业市场进行规范，而且对从事相关行业的人员上岗就业资格进行严格的审查，保证质量。由于东北地区临近俄罗斯、朝鲜两国，所以，在对旅游专业的人员进行培养时，也要注重对这两国语言的培训，并且要对其资格进行严格的考核和评定。同时，还要定期举办培训活动，不断提升人员的综合素质，也要明确奖惩制度，并且要对此制度严格地执行和落实下去。每年要在从业人员中选取评定优秀的人员进行表彰，调动大家的积极性，对于违反规定和规则的人员也要给予一定的惩罚，从而提升整体的素质。

（三）加强旅游从业人员专业理论培训

理论知识是实践活动的前提，而东北地区现有的人才无法满足日益发展的旅游产业的需求，所以，东北地区要针对这一点联合高校、企业及科研机构，建立相应的培训和训练基地，定期组织人员进行培训和学习，还要开展相关的讲座，提高旅游产业从事人员的业务能力。除此之外，还可以通过各种各样的方式进行旅游产业从业人员的选拔，选取更加优秀的人才去参加更高层次的培训。

（四）积极引进冰雪旅游专业人才和技术

人才的培养在冰雪旅游中有着至关重要的作用，但是也不能忽略人才的引进工作。我国东北地区冰雪旅游产业的起步和其他国家相比处于落后的状态，需要学习和借鉴的东西有很多，因此，为了尽快得到更好的发展，东北地区的相关部门和企业可以制定一系列的政策，吸引外来的优秀人才到当地工作，同时也可以吸引企业来当地发展，并且要不断地学习国外先进的管理经验，依据东北当地发展的实际情况，制定相应的管理制度，从而推动东北地区冰雪旅游产业的不断发展。

（五）增设冰雪旅游产业艺术基地

冰雪艺术在东北地区是一个极具特色的项目，政府和企业可以在现有基础上进行联合行动，建设特色艺术基地。在基地范围内，根据不同的特色划分不同的地区，将东北地区的特色项目或者艺术形式进行整合，从而将当地的特色凸显出来，吸引更多的游客来参观游览。

六　发展东北地区冰雪旅游产业的其他举措

（一）推动冰雪旅游产业与文化产业的深度融合

文化产业是一个特殊的产业，它不仅可以将一个地方的文化内涵凝练出来，同时还可以起到推动一个地方经济发展的作用。所以，东北地区的政府和相关部门要通过各种各样的方式推动旅游产业和文化产业的深度融合。在注重旅游产业发展的同时，深度挖掘其文化内涵并加以开发，打造独具东北特色的冰雪旅游文化，实现文化产业与旅游产业之间的高度融合。也可以考虑在冰雪旅游景区建立冰雪旅游文化基地或展览馆，定期举办文化活动，吸引游客前来参观，从而推动冰雪旅游产业的多元化发展。

（二）构建对外开放新格局

故步自封只会让社会更加落后，所以，发展旅游业是让东北地区走出去的一个很好的方法，不仅可以增强地区之间的联系，同时还能增强东北地区与其他冰雪旅游发达国家之间的交流，而旅游已成为地区与地区之间、国与国之间交流的重要手段，不仅可以宣传一个国家的优秀文化，还可以进行文化之间的交流，是一个一举两得的方式。

东北地区在冰雪旅游发展的过程中，需要充分利用资源优势，并加以提炼升华，千方百计寻找走出国门的机会和办法。可以考虑和北欧四国、日本、韩国、俄罗斯、美国、法国等冰雪旅游产业发展较好的国家进行深入交流，派人员去交流和访问学习，也可以共同举办冰雪文化旅游节，从而带动冰雪旅游产业的快速健康发展。

（三）利用"互联网＋"思维开发冰雪旅游市场

"互联网＋"理念的提出，让我国的互联网市场得到了飞速发展。目前，全球已经进入互联网的时代，大数据逐渐在改变世界，无论是企业和产业的发展方式，还是人们的生活方式都得到了不小的改变。许多企业也在寻求新的发展方式，随着互联网的发展，许多线上的公司出现在我们生活中，对我们的生活也产生了不小的影响，而未来，线上线下的结合将成为发展趋势。

东北地区在发展冰雪旅游产业的时候，应该紧紧跟随时代发展的潮流和趋势，努力寻找新的发展机会，利用互联网给我们带来的优势和便利条件，通过大数据梳理东北地区的冰雪旅游整体情况，并对未来进行预估，这其中就包括人流量、车流量还有消费等数据的总结。定期对数据进行总结，分析不足之处，为来年规划做准备。不仅如此还可以加强和线上网站的合作，建立一个一体化的营销平台，通过平台，人们可以在网上对自己未来的冰雪旅游行程进行一体化的规划，提升游客的满足感和幸福感。制定合理的价格体系，减少中间环节，保证游客可以最大限度地享受到优质的服务和合适的价位。同时，也要加大对那些虚假信息的打击力度，为众多冰雪旅游消费者创造一个安全真实的网络环境。

（四）制定多方参与机制，营造冰雪文化氛围

随着 2022 年北京冬奥会申办成功以及国家对冰雪旅游的高度重视，政府、企业、社会、团体和个人等多方力量正在营造大众参与冰雪旅游的氛围。各级政府通过出台一系列政策，在全社会构筑起冰雪旅游大发展的良好基础。冰雪旅游企业通过投资滑雪场、滑冰场、冰雪景区、冰雪游乐设施、冰雪特色小镇和村落等项目，积极为游客提供多样化的冰雪旅游产品。吉林长白山、黑龙江哈尔滨、辽宁沈阳等冰雪旅游目的地都注重从冰雪标志性景观、冰雪符号、企业建设、冰雪多业态培育等全方位营造冰雪旅游城市的氛围。很多地方也注重通过标志性节日培育冰雪旅游文化。比如黑龙江省从 2016 年起将每年的 12 月 20 日设为"黑龙江省全民冰雪活动

日"，国有冰雪体育场馆、设施有序向市民免费开放，支持各类公益性与商业性冰雪活动开展，吉林省也积极推动设立"吉林省冰雪日"，从增加假期、青少年免费上冰雪等方面进行扶持，一种全社会大力发展冰雪旅游的方式正在古老的中国大地蓬勃兴起。

第八章 产业集群视角下东北地区冰雪旅游产业结构的优化与升级

第一节 黑龙江省冰雪体育产业链结构优化研究

冰雪旅游产业是黑龙江省的代表性产业,同样也是特色产业,每年为黑龙江省带来巨大的经济效益,除此之外,黑龙江省的冰雪体育产业也逐渐成为黑龙江的一大重要产业,不仅带来了较好的效益,而且为该省提供很多就业岗位。黑龙江省是我国冰雪体育产业发展的主要省份,也是冰雪体育的起源地,因此本书将结合黑龙江的冰雪产业发展状况以及发展的特征,进一步分析和探究该产业链结构优化的相应举措,从而更好地推动黑龙江冰雪产业的发展,创造品牌效应和经济效益。

一 黑龙江省冰雪体育产业链结构现状分析

(一)黑龙江省冰雪体育产业的发展

黑龙江省位于我国东北部,按照地理区域划分属于高寒温带大陆性气候,该地区冬季温度低,降雪量比较丰富,因此在冰雪旅游业和冰雪体育产业方面占有较大的优势,每年冬季冰雪艺术都能够吸引不同地区的人们前来欣赏参观,给该区域带来了较好的经济收益。在这种自然条件下,黑龙江省也积极发挥区域优势,大力发展冰雪产业,为冰雪旅游以及冰雪体育创造更大的发展空间,滑雪场地的大量建造满足了不同群体对滑雪体育的爱好需求,同时也成为冰雪体育产业链形成的重要基石。早在 1998 年黑龙江省就已经组织开展了第一届滑雪节，这也为黑龙江省树立中国滑雪胜地形象奠定了基础。黑龙江凭借其独特的地理位置以及自然条件正不断地发掘冰雪体育产业的潜力，1985 年便在哈尔滨市举行了国际冰雪节，该冰雪节现在已成为享誉世界的冰雪节之一。历经 30 多年的发展过程，黑龙江逐渐形成现今渐趋完善的冰雪体育产业链，其中包括文化、体育、旅游、经济等多个方面。尤其是黑龙江省的哈尔滨市算是冰雪体育产业的代表性城市，黑龙江是我国冰雪体育的发展胜地，哈尔滨市更能够体现现代冰雪体育产业的精髓和形象，被人们赋予了"冰城"的美誉。在得天独厚的自然条件下，黑龙江省更是不遗余力地开发冰雪体育产业，通过开展一系列国际冰雪体育赛事及活动来扩大其影响，形成冰雪体育产业链，在收获知名度与经济效益的基础上，扩大自身影响力。

（二）黑龙江省冰雪体育产业链结构发展的特征

随着世界经济全球化进程的不断推进，世界各国之间的经济贸易往来日益频繁，各行各业之间的联系也日益紧密，各行各业之间相互往来联系构成了交叉式的产业链结构，这种产业链发展模式已经成为现今我国经济发展的一种趋势。从我国冰雪体育产业的现状来看，我国对产业链结构的分析与探究比较薄弱，缺乏对冰雪体育产业链结构的探究，忽视了产业链结构优化对冰雪体育产业发展的重要意义。因此，相关组织和机构要对这方面投入足够的关注与重视，要能够清晰地认识到产业链结构优化对冰雪体育产业的影响与作用。近几年，我国的体育事业发展得如火如荼，在经济发展的推动下其规模不断扩大，产业链结构雏形也逐渐显现，然而由于体育产业仍处于起步阶段，产业链结构与发达国家相比仍存在差距，尤其是在理论研究方面更是存在较大的不足。冰雪体育产业作为体育产业链结构中的一个环节，受地域局限比较大，因此主要分布在我国的少数地区，在此局限下我国对冰雪体育产业链结构的相关探索与分析比较少见。

二　黑龙江省冰雪体育产业链发展存在的问题

（一）对外部条件的限制以及资源认识不足

冰雪体育运动受场地因素的限制，且运动场地无法转移，因此导致冰雪体育运动场地和市场需求地域上分布不均，从而降低冰雪体育运动的影响力。冰雪体育运动的场地一般都在户外，冰雪体育运动对场地要求较高，而且冰雪体育运动意外险情的发生概率也较大，所以会对安全性提出较大的考验，一旦出现事故，救援工作会受到场地与条件的限制，且黑龙江部分地区的交通以及通信条件较差，难以满足救援的需求，这些外部因素直接对黑龙江冰雪体育产业造成不利的影响。即便近几年政府部门加大对这方面的扶持力度，例如构建旅游专列等，仍难以弥补该区域在外部条件方面的欠缺和不足，无法对外部环境因素起到掌控的作用。除此之外，黑龙江省很多地方对于冰雪资源利用与发展在认识方面存在一定的欠缺，直接造成一些资源丰富的地区没有对资源进行全方面开发，与之相反，一些地方急功近利、蜂拥而上，过度开发本地冰雪资源，导致冰雪资源的利用方面存在问题，没能用科学发展的眼光来发展冰雪体育产业，没有充分发挥冰雪资源的作用。

（二）缺乏系统战略规划

黑龙江省有 20 多家 S 级滑雪场地，其中不乏一些具有知名度和品牌效益的大型滑雪场地，然而剩余的其他滑雪场与之相比则显得默默无闻，有的甚至当地民众都未曾听说过，其中也有一部分滑雪场地的基础设施建设不够完善，资源利用率也偏低，整体的发展都没有依据科学的规划战略和体系展开，因此对黑龙江冰雪体育产业的发展造成极大的不便。黑龙江省冰雪体育产业开发过程中大多包括滑雪、滑冰、冬泳等几个项目，但对于冰上体育项目的开发和投资力度不够。除此之外，现今一些冰雪体育项目经营商缺乏科学经营的理念，盲目投资建设造成资源的浪费，缺乏对场地环境的修整，关注点的偏差导致出现冰雪体育项目趣味性不强以及项目种类不足等现象，从而影响冰雪体育产业的健康发展。

（三）服务质量与管理人才的欠缺

黑龙江省冰雪体育产业从某种意义上来说属于服务型产业，因此，对服务质量提出了较高的要求，良好的服务质量不仅能够对品牌起到推广作用，同样也是吸引顾客的最佳方式。冰雪体育的亮点与特色包括刺激性、挑战性等，由于其需要专业性的技巧以及具有一定的难度，所以需要专业的人才来对游客进行指导和教学，尤其是安全教育以及技巧方面。而从黑龙江省冰雪体育产业的现状来看，服务人员的素质和意识难以满足现代旅游产业的发展需求，服务人员的素质和水平整体偏低，缺乏对服务的高标准要求，除此之外，由于经营管理方式的落后，经营过程中缺乏科学的战略指导，黑龙江冰雪体育产业也欠缺与之匹配的高素质专业管理人才。

三 黑龙江省冰雪体育产业结构优化策略

（一）优化产业结构

结合黑龙江地区的冰雪体育产业结构发展现状以及产业特点，科学合理地进行产业选择。目前黑龙江地区的冰雪体育产业链重点工作内容应当放在产业项目的创新与研发上，通过创新和发展才能保障区域冰雪体育产业在市场中占有优势和地位，从而更好地吸引游客。对冰雪体育项目的开发和挖掘，有利于增强产业核心竞争力，一方面从特色冰上项目开始，把一些专业型的冰上项目往大众化方向发展，创造一些大众娱乐性冰雪体育项目。另一方面还需要加强品牌建设和特色项目宣传，将一些具有特色且有发展潜力的冰雪体育项目作为主打产品，例如滑雪项目等，但前提是要能够完善这些项目的运作，构建好相应的基础性设施，保障滑雪项目满足国家安全标准的规定。

除此之外，还要能够清晰地把握冰雪体育产业的发展方向，相关企业要能够看到冰雪产业未来发展的空间和潜力。相关体育部门也要能够对冰雪产业的发展投入必要的扶持和援助，将其视为重点发展产业，通过拉动冰雪体育产业的发展带动相关产业的共同发展，丰富冰雪产业的类型。在一些有特色且受欢迎的冰雪项目周边建设一些值得欣赏和观看的冰雪特色艺术，从而更好地将冰雪特色融入冰雪体育项目中，发展冰雪艺术与文化产业，将黑龙江省打造成冰雪艺术与体育产业的代名词。在此基础上加强对冰雪产业专业人才的培训和教育工作，致力于打造优质的冰雪体育产业服务，提高黑龙江冰雪产业的品牌效益和核心竞争力，进一步发掘冰雪特色体育产业项目，提升冰雪体育项目的整体质量和水准，从而吸引更多的人前来参观和游玩。

（二）协调基础环节和辅助环节

从产业发展的规律来看，做好产业链结构优化工作除了要保障关键环节之外，还要能够协调好基础环节以及辅助环节，换言之，则意味着冰雪体育产业的产业链结构优化要能够做好基础性工作，还要能够确保辅助环节和基础环节两者相辅相成、协调发展，将冰雪体育的基础作业保质保量地完成，使旅游、文化、体育等关联性产业协调发展，防止因为某一环节的欠缺和漏洞影响整个冰雪产业体系的发展。在此基础上将链条的发展作为基点，致力于将辅助环节和基础部分两者紧密相连、取长补短，保障整体冰雪产业链结构的科学与合理。从现实的情况来看，一般情况下冰雪旅游、文化、体育、服务等相关产业都是冰雪产业链主要内容，而促进这些产业的和谐发展才是保障冰雪产业更好发展、促进冰雪体育产业结构链进一步优化的关键。

从冰雪产业的发展现状来看，滑雪装备的生产和与日俱增的消费需求不成正比，尤其是自主品牌创建以及生产的欠缺和落后，导致在中国难以找到滑雪相关装备设施高端自主性品牌，所以这对相关产业而言既是打击又是动力，应当发现这个问题并积极地寻求方法来扶持或促进相关产业的发展，可以借助融资以及招商引资等形式来提高产业的生产质量和水平，创新生产技术，促进冰雪产业相关设备的生产企业发展和进步。冰雪产业要能够吸取西方发达国家在冰雪装备生产方面的先进技术，加大对人才培养的力度。黑龙江省作为我国冰雪体育产业大省，要肩负起冰雪体育产业发展和进步的重任，重视扶持冰雪装备生产，在此基础上提升利润空间和发展潜能，借助招商引资等多种渠道提升冰雪装备企业的发展水平，从而促进冰雪体育产业链的优化和完善。

（三）优先发展瓶颈产业

黑龙江省冰雪体育产业在全国范围内占据较大的优势，但从其产业链的现状来看仍存在缺陷，如果这些瓶颈产业没有及时得到改善和提升，则势必会对其他产业造成不利影响，甚至会拖累整个冰雪体育产业链的发展。一些瓶颈环节可能造成一些环节难以跟上冰雪体育产业的整体提升步伐，既不能保障上游环节维持高速发展，又没办法对下游产业起到拉动作用。随着时代的快速发展，经济的迅猛增长，冰雪体育产业也迎来了发展的黄金时期，但由于一些产业在日常管理方面的不足与缺陷，冰雪体育产业链极易产生问题。例如，有些滑冰场、滑雪场在日常经营和管理过程中为了短期的利益不重视对场地的装修和维护，甚至一些场地雪板损坏也不去更换或维修，导致顾客在冰雪运动中存在安全隐患或者不能很好地享受运动而产生不良的印象，上述这些行为都会对整个冰雪体育产业造成极其恶劣的影响。针对上述的这些情况，要提升产业的发展水平，加大对冰雪体育产业的管理和监督，产业自身也要积极改善管理和服务，摒弃一些不良的经营方式，提升产业链整体发展水平，关注和重视产业链之间的紧密联系。黑龙江省要充分发挥地区优势和自然特色，将冰雪体育产业与艺术相结合，从而体现区域特色和内涵，凭借特色的冰雪艺术和体育项目来吸引顾客，加大投资力度，打造特色冰雪体育项目，使冰雪体育项目成为该地区的标志和招牌。

（四）促进黑龙江冰雪体育健身行业的发展

黑龙江冰雪体育产业结构的优化还可以借助发展冰雪体育健身业的方式进行，相关部门要加强对冰雪游乐场以及小型冰上运动场地的建造和完善，致力于将冰雪体育运动渗透到大街小巷，让更多的人能够便捷地参与其中，还要适当降低冰雪体育项目的票价和相关食宿的费用，从而促进冰雪体育健身转变成全民性的运动。致力于创新和发展黑龙江省特色冰雪体育项目和产业，像雪地足球、冰爬犁等冰雪运动项目，在此基础上增强黑龙江地区的冰雪体育项目特色，还可以发展传统运动项目，激发游客的兴趣和尝试欲望。除此之外，还要充分利用现有资源，全方位发掘现有的一些冰雪体育场地的用途，提高对现有资源的利用效率，最大限度扩大冰雪体育运动项目的规模和效益。对冰雪体育项目专业人才的培训和技能教育也是优化产业链结构的重点内容，通过定期安排培训来提升相关从业人员的专业水平和素质，广招人才，从而增加冰雪体育产业的人才储备，保障冰雪体育产业健康、高水准发展。

四　结语

黑龙江省具备发展冰雪体育产业得天独厚的自然优势，只有通过科学的方式利用大自然赋予的资源，才能保障该区域冰雪体育产业的发展。本书结合黑龙江省冰雪体育产业的发展现状，分析冰雪体育产业链结构存在的不足与问题，并通过进一步研究和探讨提出了优化产业链的对策和建议，以期促进黑龙江地区冰雪产业链结构优化和发展。

第二节　东北地区冰雪旅游产业集群发展现状

依靠得天独厚的地缘和气候优势，东北地区在冰雪旅游方面曾经是我国的龙头老大，但是近些年，随着我国经济实力的不断攀升，人民生活水平的不断提高，冰雪旅游在我国进入前所未有的大爆发时期，伴随着大量新增冰雪旅游参与者加入，新增的冰雪旅游景区也如雨后春笋般出现，使得我国冰雪景区呈现"北冰南展""北雪西扩"的发展格局。从全国来看，除东北外，以北京延庆、密云和河北张家口为代表的奥运冰雪旅游核心圈正在形成；正在崛起的以新疆和内蒙古为主体的新兴冰雪旅游增长带，特别是 2016 年在新疆圆满举行的第十三届全国冬季运动会和即将在内蒙古举行的第十四届全国冬季运动会，为这两个地区冰雪旅游插上了腾飞的翅膀；青海、甘肃等省也成为新兴冰雪旅游增长带不可忽视的力量；云南、四川、山东、贵州、山西等省形成了我国冰雪旅游多点开发的局面；一些南方城市的冰雪旅游成为当地冬季旅游业的亮点，如浙江绍兴乔波冰雪世界、湖北神农架滑雪场、四川西岭雪山滑雪场、贵州六盘水玉舍雪山滑雪场等地深受当地游客欢迎。所有这一切都对东北地区的冰雪旅游产业构成了现实威胁，可以说，东北冰雪旅游面临严峻的市场挑战和竞争。

产业集群是各种产业发展到一定程度后的产物，具有绝佳的规模效应和竞争优势。面对竞争日趋激烈的发展环境，东北地区的冰雪旅游产业要想勇立潮头，实现跨越式发展，必须转变产业结构，加速产业整合，发挥集聚效应，走集群化发展之路。应该说，东北地区冰雪旅游产业在二十几年的发展过程中，积累了丰富的经验，产业不断做大做强，一些地区冰雪旅游产业集群效应已初具规模，比如，黑龙江省的亚布力滑雪旅游度假区、吉林万达长白山国际度假区、北大壶滑雪场、辽宁棋盘山冰雪大世界等冰雪旅游景区的发展已具有一定规模，相关企业不断聚集，规模不断扩大，集群化发展势头良好。

从经济学的角度来看，我们研究体育产业结构时应遵循产业结构的基本理论，产业结构理论是研究所有产业结构的基础，所以在研究冰雪旅游产业结构时，就应该以体育产业结构的理论作为基础。近些年来，虽说我国体育产业有了突飞猛进的发展，但是相关的研究方面却有些落后，表现为理论滞后于实践，特别是对体育产业结构的概念还没有形成定性的说法。本书综合各种观点，归纳出体育产业结构的概念，具体来说，体育产业结构是指体育产业内部各生产部门之间的技术经济联系和数量比例关系，这其中包括体育产业人才结构的优化，技术结构的优化，政策、投资、需求结构的优化以及内外环境结构的优化等因素。因此，我们可以从体育产业结构概念中推导出冰雪旅游产业的内涵，简单说是指冰雪旅游产业中人才、政策、技术等多个因素和环节共同作用下形成的比例关系。

一　冰雪旅游产业的人才结构

任何产业的发展都离不开人才的推动和影响，冰雪旅游产业也是一样，在冰雪旅游产业的各种资源组成中，人才是至关重要的。在欧美一些发达国家中，冰雪旅游产业有着专业化、系统化的管理人才，而且相关的管理人员、教练员、场地设施操控人员都经过严格的训练和培训，尤其是那些危险系数较高的项目，对教练员和陪练的综合素质要求更高，这些发达国家还制定了非常严格的考试制度，确保冰雪旅游产业能够拥有高素质的人才。

通过调查发现，东北地区很多冰雪旅游景区的人才队伍水平参差不齐，结构也不尽合理。冰雪旅游企业的管理者是产业的核心人员，他们应该具有相应的素质和能力。由于冰雪旅游行业的季节性特点，企业一般是冬季经营，而春、夏、秋季就停业了，这样经营的结果是企业人员不固定，往往是冰雪季来临之前临时招工聘用，冰雪季结束之后解散，企业很难把一些高素质的人才聚拢到一起。比如冰雪场地最多的陪练员，大多聘用的是高校在读的大学生，而且大部分并非冰雪体育专业的，有些甚至是仅仅培训了几个月就上岗的，能力水平可见一斑。东北地区冰雪旅游产业的工作人员有些是退役的运动员或教练员，虽然在体育方面，这些教练员和运动员有着非常专业的技能，但是冰雪旅游产业需要的不仅是体育专业强的人才，而且是具备企业管理能力的人员。所以，东北地区冰雪旅游产业要想得到更长久健康的发展，需要不断地吸引专业的人才。从冰雪旅游产业的人才结构上来看，主要分为以下四类人才。

1. 冰雪项目类人才

这类人才主要包括运动员、教练员、管理人员、科研人员、保障人员等，他们是保障冰雪旅游产业能够得到持续发展的中坚力量。运动员作为冰雪体育运动的直接参与者，具有明星效应，可以吸引广大人民群众参与到冰雪运动中来，体验冰雪运动的魅力。而教练员不仅承担着提高游客数量的职责，还承担着教授相应技术的职责。除此之外，管理人员能够对当前市场进行准确定位，然后对相关资源进行合理开发，并且能够制定政策和措施推动产业的健康发展。这些人才对东北地区冰雪旅游产业发展都有着至关重要的推动作用。

2. 冰雪旅游产业开发类人才

这类人才指的是对冰雪旅游资源进行开发的开发型人才和产品设计人才，主要从事冰雪旅游产业的开发、相关项目的设计和规划等。这类人才多半是复合型人才，对产业结构的优化升级，还有冰雪旅游市场的规划等都有非常重要的推动作用，可以提高东北地区冰雪旅游产业的地位和竞争力，因此，也是必不可少的人力资源。

3. 产业管理类人才

这类人才一般指的是冰雪旅游相关产业的人才，比如企业管理、酒店管理等方面人才，是产业实现营销和升级的主体。这类人才主要来源于各类高校和职业院校，是产业发展过程中必不可少的重要组成部分。而专业化的人才往往能够引导冰雪旅游产业朝着正规化、职业化的方向发展。但到目前为止，东北地区的冰雪旅游产业的人才层次分布不均，多为临时聘用型的人才，冰雪旅游产业难以形成专业系统的培训体系。

4. 服务类人才

这类人才主要包括场地设施管理人员、设施器材维修人员和设备操作人员等，他们是冰雪旅游产业在发展过程中的基础服务人员，一般都是通过培训来掌握相关专业技能。而这些服务人员的整体素质将会直接影响产业服务质量的高低，优质的服务人员会给游客带来很好的旅游体验，所以在发展过程中一定不能忽视对服务人员的培训，定期培训是最重要的途径。除此之外，冰雪旅游产业中的设备操作需要专业的人员，所以要制定政策和措施对这些人员进行专业技能的培训，保障安全高效。

二　冰雪旅游产业技术结构

从冰雪旅游产业发展的总体格局来看，科学技术一直处于至关重要的地位。先进的技术和设备打破了冰雪旅游产业本身所存在的地域限制，运输装备技术水平的提高让冰雪场地的运力得到大幅度的提升，缆车的更新换代也提高了运送游客的能力，这在某种程度上降低了冰雪场地的运营成本，提高了工作效率。科技的不断发展，也促进冰雪旅游产业升级和改进，众多先进的器材和设备让冰雪场地得到了很好的发展，智能化设备让游客有了不一样的旅游体验，这些都是科技带来的变化。

1. 信息化和智能化系统

未来，冰雪旅游产业的发展方向是信息化、智能化。欧美许多发达国家已经将智能信息系统运用在了冰雪景区日常的管理中，并且还设置了相应的触摸屏幕，游客自行操作就可以在屏幕上对场地内的住宿、餐饮、交通、景点等情况进行全面了解，可以自己预订住宿，省去了等待时间。智能化系统不仅提高了工作效率，还极大地丰富了游客的旅游体验，数字化的管理方式便捷了大家的生活。东北地区的信息化管理水平和欧美发达国家相比，还有一定的差距，智能化信息系统还没有得到广泛的运用，相关部门可以借鉴欧美发达国家的发展经验，更新设备，提升水平，促使东北地区冰雪旅游产业早日走上信息化的发展道路。

2. 缆车系统

冰雪旅游产业中的场地设施有一定的特殊性，而缆车作为重要的一部分，它的工作效率在某种程度上会影响到冰雪场地的运作效率。国外许多冰雪场地都是通过对缆车票的售卖来维持日常冰雪场地的管理，而且，在当今世界，冰雪缆车正朝厢式缆车的方向发展。世界上第一架中心加热的缆车耗费了 1200 万英镑，并在美国一个冰雪度假区试运行。而瑞典还建立了一座可以让滑雪者自由出入的餐厅，实现了随时买餐，还可以在缆车上用餐。法国的双层缆车让当地人引以为傲，而这样的双层缆车还是一道亮丽的风景线。缆车的设计和运用对冰雪场地的服务有着直接的影响，所以，东北地区可以借鉴发达国家的经验，根据本地的实际情况，推出可行的方案，推动当地缆车运行设备的升级和改进。

3. 冰雪装备制造业的发展

我国冰雪器材的生产主要集中在广东、浙江、东北等地，装备制造业的经营模式还是以贴牌加工为主，国内缺乏自主研发的核心技术和品牌，这就导致我国缺乏冰雪器材自主品牌和产品。当下国产的冰雪装备产品的市场份额情况为：服装占据市场份额的 50% 左右，手套占据市场份额的 70% 左右，滑雪眼镜占据市场份额的 70% 左右，帽子占据市场份额的 20% 左右，但滑雪索道、缆车、压雪车、滑雪板、造雪机等设备的市场份额较低，因为缺乏必要的技术，所以这些利润收益比较高的装备和产品国产品牌比较少，但是因为东北地区有着良好的工业发展基础，相关的装备制造业也在不断发展，并且得到了大幅度的提升，许多设备都已经开始投入生产。

4. "互联网 + 体育" 的冰雪旅游发展

随着科学技术的发展，互联网走进我们的生活，推动了社会的发展进步，所以冰雪体育也应该结合互联网，实行 "互联网 + 体育" 模式，冰雪旅游企业可以通过互联网来宣传，然后对互联网进行科学利用，比如旅客需要住宿，企业可以设置互联网售票，这样把游玩与住宿连为一体。但是从目前来看，东北地区并没有很好地做到对互联网的利用，出现了两极分化的现象，比如在吉林省的万科松花湖冰雪度假区，通过互联网来推广自己的产品效果很好，但是大多数的小企业则没有利用互联网，并且没有提供相关的预订服务，使得游客的出行没有那么便利，因此，冰雪旅游企业应该建立完备的互联网体系，为游客提供便利，促进旅游企业的可持续发展。

三　冰雪旅游产业政策结构

冰雪旅游产业政策结构是指针对冰雪旅游产业制定的相关政策，好的冰雪旅游产业政策可以推动资源的合理配置，使冰雪旅游产业向更科学的方向发展。冰雪旅游产业政策结构有利于推动产业的发展，同时避免市场中存在的缺陷，对资源进行合理配置，推动冰雪旅游产业结构调整。在东北地区的黑龙江、吉林等地，为了推动冰雪旅游进一步发展，在政策引领下，旅游企业对企业战略进行了规划，推动了冰雪旅游的发展，带动了地区经济的发展。

四　冰雪旅游产业投融资结构

冰雪旅游产业投融资结构是指对冰雪旅游产业各种类型投资所占的比例，可以说投融资结构是经济发展的重要组成部分，从整个行业发展来看，冰雪旅游产业结构包括冰雪项目、住、行、玩、购、食等多个方面，对各个部分的投资需要做好合理的调整，使得企业可以减少资金的投入，增加企业的利润，推动产业结构的调整，促进行业向更高、更全面的方向发展。

由于冰雪旅游的特殊性，所以前期的资金投入较多，并且在我国最初发展冰雪旅游时，投入的资金结构相对单一，大多数都是由国有资本投入，其他资本投入较少，这往往使冰雪体育产业的发展难以满足市场的需求，使得资金的效率降低。近年来，在冰雪旅游发展方面，国家的投入相对减少，民间资本、外资等其他资本的投入在逐渐增多。

随着冰雪体育产业在我国快速发展，东北地区的冰雪体育产业投资结构发生了较大变化，并且各个省之间的投资结构也存在差距，东北地区大部分的投资以政府为主导，并且早期东北地区对冰雪体育产业特别重视，树立了具有特色的品牌。从 1996 年到 2009 年，东北地区共投入几十亿元的资金，大大推动了该地区冰雪旅游产业的发展，使得冰雪旅游的基础设施建设达到了较高标准，同时也使东北地区的冰雪旅游产业达到国内的领先位置。但是，最初东北地区冰雪旅游产业的发展对基础设施过度重视，使得东北地区的冰雪体育产业出现了一些问题，造成冰雪资源的浪费，很多投资者不敢投入大量资金。吉林省冰雪旅游产业的投资大多数以社会投资为主导，因为吉林省的冰雪旅游产业发展较慢，所以政府投资较少，而社会投资比较多。长白山冰雪旅游度假区的投资完全是社会投资，这在一定程度上影响冰雪旅游产业的发展。根据相关资料，辽宁省的冰雪场地数量较多，只有少部分是由政府和体育部门主导建立的，除此之外，大部分冰雪场地都属于民营企业，并且辽宁省的冰雪旅游投资规模较大，推动了地区产业经济的发展。近些年，黑龙江的大部分冰雪场地社会资金投入的较多。目前东北地区经济结构正在从以第二产业为主向以第三产业为主转型，东北经济改革正当其时，相信东北冰雪旅游的投融资结构会日趋合理。

五　冰雪旅游产业需求结构

冰雪旅游产业需求结构是指旅游者对冰雪旅游的消费情况或结构，同时也是社会能够消费冰雪旅游的产值占整体产业的比值，可以这样说，需求结构是产业结构的前提，需求结构的情况决定了产业结构是否能够向合理方向发展。

需求结构一般是由消费者的需求决定的，同时也受政府部门的影响，所以，为了使需求结构更加合理，每个人都应该具备科学的消费观念，同时政府应该采取科学、合理的经济政策。冰雪旅游产业的需求受冰雪旅游自身价值的影响，也深受消费者偏好的影响，同时也受市场发展的影响。

东北地区曾经是我国冰雪体育旅游产业发展最好的地区，并且发展时间较长。进入 21 世纪，东北地区的冰雪旅游产业获得较大进步，参与人数也大幅增长，总体呈现较为良好的发展趋势，东北地区作为我国发展冰雪旅游最早的地区，在旅游人数和利润方面都位居前列，尤其是近年来吉林省和辽宁省发展较为迅速，成为东北地区发展冰雪旅游的后起之秀，但同时也存在供需结构不合理的现象。

六　冰雪旅游产业内外环境结构

随着人们生活水平的不断提高，以及国家全民健身计划的推出，我国人民越来越重视健康和运动，冰雪旅游作为一种新兴产业，其参与性和娱乐性较强，近年来得到了快速的发展。但是从实际情况来看，东北地区冰雪旅游存在重宣传轻质量的情况，比如低价招揽顾客导致服务质量下降，给东北地区的冰雪旅游造成了不好的影响。可以说，东北地区冰雪旅游的发展还存在一些缺陷，政府应该发挥监督的作用，尽快改善这一状况，创造优质的冰雪旅游环境。

第三节　产业集群视角下东北地区冰雪旅游产业结构优化机制

产业集群是产业结构调整的另外一种形式，它可以带动产业整体发展，使企业获得最大的经济效益。冰雪旅游产业集群是冰雪旅游产业发展的一种趋势，其中科学的体系使企业获得了规模化、可持续、健康的发展。冰雪旅游产业集群的发展可以加强企业之间的协作，向消费者提供多样化的产品和服务，冰雪旅游产业集群可以促进人力资源的合理配置以及优化，同时改善企业内部的管理模式，加速产业资本累积，进而不断壮大整个产业的体量和实力。一般来讲，要想一个产业健康快速发展，需要对产业集群内的结构进行优化，而这种优化主要通过强化集群内的动力机制得以实现。一个企业的动力机制概括来讲由核心动力机制及内外部动力机制组成，具体到冰雪旅游产业，则在企业与其利益相关者之间进行传导，从改变产品结构、创新经营模式等方面来实现冰雪旅游产业结构的升级改造。

一　东北地区冰雪旅游产业结构优化的推动要素

企业的生存和发展都是围绕需求和供给两个方面展开的，而一个企业产业结构的调整也需要围绕需求和供给来进行，可以说，需求和供给是影响产业结构优化升级的最重要因素，其他因素都围绕这两个因素展开并发生作用。在供给端，产品的技术进步起到重要作用，是一个产业进步的核心推动要素。供给端另一个重要因素则是人力资本的投入，人力资本的优化可以提高人力资源的供给水平以及旅游资源的开发水平，借以提升旅游各要素间的供给能力，同时人力资本的优化也可以对消费者的需求结构产生影响，从而达到推动产业结构优化的目的。产权制度是影响企业产业结构调整的另一个因素，健全的产权制度对一个产业的技术创新有较大的推动作用，最终可以推动产业结构的提档升级。影响产业结构的因素还包括利益相关者、政策制度和文化融合等因素，这些可以被称为人文环境因素，属于外生变量，起到辅助的作用，可以间接地对企业的需求和供给状况进行调节。下面重点从四方面对冰雪旅游产业结构的推动因素进行讨论。

（一）技术创新要素

技术的进步和社会生产的进步推动了冰雪体育产业结构的升级，产业结构升级就是对资源进行优化配置，发挥资源的最大功效。影响冰雪旅游产业结构调整的直接驱动力应该是技术的发展和进步，当今世界，技术创新在一个企业的发展壮大中起到核心的作用，而冰雪旅游产业的机制调整和升级也依赖产业技术的创新。技术的发展可以推动产业管理水平提升、内部的工作效率提高，同时为技术创新增加更多的驱动力。

从经济的总体发展来看，技术创新不仅可以推动产业结构的调整，还能促进经济的发展，冰雪体育产业集群可以利用集群的优势，使集群内各个企业之间形成专业化的分工与合作，相互联系、交流，发挥企业的最大效用，推动产业的创新，从内到外推动产业结构的优化升级，如图 8 - 1 所示。

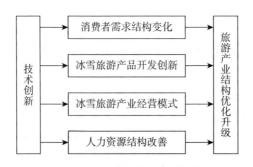

图 8 - 1　技术创新推动冰雪旅游产业结构升级的途径

1. 改变冰雪体育消费结构

技术的发展使得消费者的消费结构发生变化，尤其是近年来网络的发展，使人们的消费方式和消费观念发生了变化，在一定程度上改变了人们的消费需求，也在一定程度上改变了冰雪旅游产业的推广营销模式。

2. 推动冰雪旅游产品开发创新

随着科学技术的不断进步，冰雪旅游企业的产业结构更趋合理，紧跟时代发展的步伐。一些创新产品不断地推向市场，企业通过优化内部结构，使产品的结构得到优化，一些具有创新性、差异性的产品呈现给旅游者，使不同层次、不同口味的消费者得到了满足，所以冰雪旅游企业可以根据对不同游客进行的调查分析，了解不同层次消费者的需求，然后开发更多具有创新性的产品，促进冰雪旅游企业内部结构的优化和调整。

3. 推动冰雪旅游产业经营模式创新

冰雪旅游产业结构的调整也得益于产业经营模式的变化，不同的经营模式对产业的发展起着不同的促进作用，从而影响产业的内部结构变化，改变原来传统政府主导的模式。以政府为主导的企业一般会吸引大量投资者，投资者对利润的追求较大，一定程度上会导致冰雪旅游产品单一，影响冰雪旅游产业的长期可持续发展。而产业集群的构建可以扩大企业的经营规模，降低企业的经营成本，发挥规模效应，完善冰雪旅游企业的产业链，构建各个企业之间更加紧密的联系，推动技术的创新和发展，促进企业的快速进步，提高冰雪旅游企业的整体实力。

生产要素是一个产业发展的关键，产业的健康发展需要生产要素的合理配置，一般而言，生产要素需要且必须流向企业内部生产效率高的部门。今天，随着互联网技术的不断发展、革新和应用于实践，互联网改变了冰雪旅游企业生产要素的投入及流动配置，同时也使冰雪旅游企业的产业结构发生了变化，各个经济实体之间相互交流，形成了既联系又竞争的关系，同时使资源得到了可持续利用，推动产业的进一步发展和创新。

4. 改变产业外部环境

冰雪旅游产业的技术创新除了依赖企业自身的实力之外，还可以借鉴其他企业的发展，以此实现创新并且推动冰雪旅游产业的发展。人力资源是冰雪旅游产业的首要资源，所以企业应该加大对人才的培养力度，在冰雪旅游产业中运用更多的技术和研究成果，推动冰雪旅游产业向更高层次发展。随着科学技术的进步，冰雪旅游体育产业在交通、营销等方面也有了很大的进步，取得了较大进展，在一定程度上推动了冰雪旅游产业的结构升级。

（二）人力资本投资要素

产业结构的升级与人力资源有着较强的联系，并且冰雪旅游这一行业对人才的需求较多，东北地区是我国最早发展冰雪旅游的地区，但是在企业的发展过程中对人力资源的投入却比较少，所以东北地区冰雪旅游企业应该加大对人力资本的投入，提高素质，并且根据冰雪旅游需求的变化，对人力资源结构进行调整。这样可以最大限度地发挥人力资源的作用，实现人力资源的优化配置，并且从更大程度上优化冰雪旅游产业结构，推动冰雪旅游产业的发展。人力资本投资的影响因素可以从四个方面进行分析：冰雪旅游需求优化、冰雪旅游环境优化、冰雪旅游相关产业发展以及冰雪旅游人才升级，如图8-2所示。

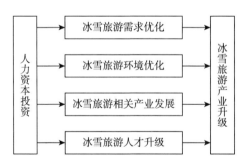

图 8-2　人力资本投资推动冰雪旅游产业结构升级优化的途径

1. 冰雪旅游需求优化

人力资本对于冰雪旅游来说起着至关重要的作用，相关研究显示，近年来，随着我国经济的快速发展，人们的生活方式正在改变，大众对旅游的需求意愿明显提升，特别是对有健身内容的高端旅游和定制旅游需求明显，这促使旅游企业不断调整经营范围和服务内容，基于此，冰雪旅游得到了普遍欢迎。参加冰雪旅游活动人数的增加为产业的发展提供了契机，所以，加大对宣传的投入，从根本上改变人们的思想，对于激发冰雪旅游的潜力有巨大的作用，同时，冰雪旅游产业也应该建立自身的潜在消费群体。

2. 冰雪旅游环境优化

社会环境的不断优化可以促进冰雪旅游产业的健康发展，也可以使人力资本发挥越来越大的作用，而人力资本一直是产业快速发展的重要保障。我们国家提出不断满足人们对美好生活的需求，其中就包含对社会环境优化的改善，社会环境的不断优化可以使旅游产业向更加文明的方向发展，促进企业的可持续、绿色发展，推动冰雪旅游产业的良性发展，优化冰雪旅游产业的发展环境。

3. 冰雪旅游相关产业发展

冰雪旅游产业是旅游产业和体育产业有机结合的产物，它所涉及的相关产业链条比较长，并且可以带动众多产业的发展，比如餐饮、住宿、交通、购物等。对人力资本进行投资，不仅是从冰雪旅游产业发展的单一角度进行考虑，而且涉及整个行业的发展和进步，反过来其他行业的进步也会推动冰雪旅游产业的发展。

4. 冰雪旅游人才升级

冰雪旅游产业的深入发展使得旅游产业逐渐得到优化，旅游产品不再是低廉、单一的，而是创新的、个性化的、高端的。冰雪旅游实现了由观光体验型到休闲度假型的转变，同时冰雪旅游产业内部结构的优化，需要配置优质的人力资源加以应对。加大人力资本的投入不仅可以增加冰雪旅游资源的数量，而且还可以优化冰雪旅游产业所需要的人才，促进冰雪旅游产业内部的人才交流，优化人才结构，为冰雪旅游产业的发展奠定良好的基础。

（三）产权制度方面

我国东北地区的冰雪体育产业发展最早，但是转为市场经济体制较晚，所以在产权界定方面和其他经济发达地区存在一定差异。东北地区冰雪旅游产业的发展离不开产权关系，随着市场的发展和进步，企业应该建立科学、合理的产权制度，合理界定产权，明确产权之间的归属关系，减少冰雪体育产业在未来发展的不确定因素，增加企业的收益，推动冰雪旅游产业的创新，确保冰雪旅游产业的长足发展。在东北地区的冰雪旅游发展中，政府减少了对冰雪旅游产业的管理，并且加大了对产业的激励，使得冰雪旅游产业不单纯以利润为主要目标。企业只有对产权进行保护，才可以使自己的收益最大化，从而推动市场主体的创新。在冰雪旅游产业的发展中，应该提高管理和服务方面的水平和能力，这有利于企业扩大市场份额，推动冰雪体育产业结构的调整。相关解析如图 8－3 所示。

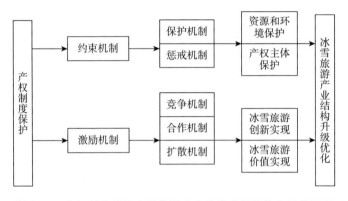

图 8－3　产权制度促进冰雪旅游产业结构升级优化作用的机理

　　冰雪体育景区的开发在一定程度上会破坏环境，为了冰雪旅游的可持续发展，在开发的过程中应该建立一定的保护机制，保护我们赖以生存的环境。从微观角度来看，经济主体一般会注重资产所获得的收益，并且希望产权制度可以得到一定程度的保障，同时产权制度可以对成本和收益形成一定的约束，从而起到约束经营主体的作用，保护经营者的合法权益。

（四）冰雪旅游人文环境要素与自然环境要素

　　冰雪旅游产业需要将冰雪体育产业和旅游产业结合，二者缺一不可，只有二者有机结合才能更好地推动冰雪旅游产业的发展。在冰雪旅游产业的发展过程中，投资者或者企业的领导者会积极营造良好的社会氛围，因为冰雪旅游产业的发展和投资者的利益息息相关，所以一些利益相关者为了促进旅游业的发展，积极地对旅游业的各个方面进行探索，推动冰雪旅游产业结构的调整。冰雪旅游的利益相关者包括多个，有政府、消费者、投资者以及民间组织等，它们在冰雪旅游产业中扮演着不同的角色。政府主要是对产业进行整体统筹规划，建立适合产业发展的体系和制度，推动产业结构的调整；而消费者则是冰雪旅游产业发展的推动者，满足冰雪旅游产业的利益需求；其他组织则是从各个方面对冰雪体育产业结构进行创新，合理配置产业的资源，加强对冰雪旅游产业的保护，提高冰雪旅游产业的竞争实力。而且冰雪旅游产业的发展也会改变当地人们的生活，推动生活水平提高。

冰雪旅游产业的发展离不开文化氛围，所以建立合适的文化融合机制至关重要。目前东北地区冰雪旅游发展正盛，构建有特色的冰雪旅游产业，需要文化元素发挥作用，文化融合机制可以较好地满足这一需求。同时东北地区本身就具有较好的文化特色，以产业发展和人文环境为着手点，使冰雪体育文化和地区特色结合，体现冰雪旅游文化的价值，同时推动冰雪体育文化结构转型升级，努力提高冰雪旅游产业的竞争实力。

冰雪体育产业如果想要获得长足发展，就要树立保护自然环境的理念，并且实现资源的可持续利用。冰雪旅游资源是旅游资源和体育资源的结合，在东北地区，大型雪场一般都会建立在风景较好的地区，但是雪场的开发建立会在一定程度上破坏自然生态环境，对生态环境的保护则成为开发者必须重视的问题。东北地区冰雪旅游发展的最初阶段，雪场的发展和自然环境之间的问题越来越明显，但是随着可持续发展理念的深入，要求冰雪旅游产业必须遵循自然发展的基本规律，保护自然生态环境，寻求绿色发展，使冰雪旅游产业的发展更加持续、健康、长久。

二　产业集群推动东北地区冰雪旅游产业结构优化的动力机制

产业集群的成长为产业集群升级提供了基础，并且产业集群升级是产业集群成长的动力。随着产业经济的发展，集群成长的发展需要进行创新，并且需要对市场进行准确定位，不断积累相关经验，努力提升企业发展的实力。产业结构的升级需要了解产业发展的过程，对产品的功能及产业价值进行详细分析。所以，在一定程度上说，产业竞争实力的不断提升可以助推冰雪旅游产业结构的升级，从另一个角度说，冰雪旅游产业结构的调整也需要各个机制来保障，其中包括产业创新发展的核心动力机制，并且建立相关的品牌效应，建立相关的市场机制，同时需要外部的动力机制作为推动力，为冰雪旅游产业的发展吸引资本，并建立科学的制度保障。所引入的社会资源及产业政策和制度如图 8-4 所示。

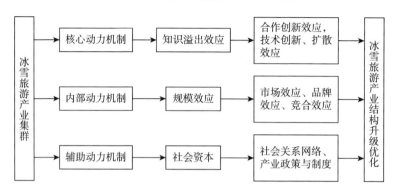

图 8-4　产业集群推动东北地区冰雪旅游产业结构升级优化动力机制

（一）核心动力机制

1. 技术创新

一个产业集群的发展离不开技术创新的驱动，一种是企业自身具有的创新实力，而另一种创新实力则可以通过知识的不断积累得以实现。综合分析一下影响企业创新发展的因素有外部因素、知识经验的积累、企业对创新能力的培养等。在冰雪旅游产业中，处于核心地位的大企业应该充分发挥领头作用，加大对创新研发的投入，小企业可以加强与大企业的合作，不断吸收公共资源，增强自身实力，推动企业进行创新，增强企业在市场中的竞争实力。产业集群在地区经济发展中应该依赖强大的知识储备以及经济实力，推动自身产业结构的不断调整和升级。

2. 合作创新效应

集群间的合作创新一方面可以促进企业的技术创新，另一方面可以通过专业化的分工和相互间的协作关系，遏制集群内企业的无序竞争，不断提升企业的创新能力和创新实力。东北地区冰雪旅游产业集群中的企业，产权性质各不相同，但是在服务业务上以及服务的产品上有着同一性，冰雪旅游集群内部每个企业都有专业化的分工，各司其职，有助于企业最大限度地利用自己的专业能力，通过长期合作，企业和企业之间搭建起良好的信任关系，这种关系可以促使企业技术创新及合作能力的提升，而合作创新能力的提升可以给集群内的所有企业带来好处。

在冰雪旅游产业集群内有很多专业的团体，其中最重要的两个就是冰雪旅游企业以及冰雪旅游消费群体，这两个群体集聚到一起，最直接的好处是降低了企业的创新成本，另外也减少了创新的风险。产业集群内部有一些专业的传播机构、培训机构、旅游网络组织、旅游协会等组织机构，可以发挥它们的优势，共同协作开展创新研究工作，这样可以大幅降低单个企业在研发方面的成本，提高创新的效率，促进创新成果的转化，同时也可以有效规避企业单兵作战的不利局面，使消费者和冰雪旅游企业缩短创新反馈路径，使创新成果能够尽快应用于实践。

在冰雪旅游集群的发展过程中，要重视技术的扩散，集群内各种企业、供应商和消费者以及相关的产业交织在一起，其信息和知识累积效应会被不断地放大，凭借便利的条件，集群内的人员可以通过各种形式的交流和沟通实现重要信息的传播和融通。一些专业化的机构、合作竞争者和消费者在集群内的不断聚集，能够使企业更容易学习到行业前沿的知识，所有企业都可以以相对较低的价格去进行原材料的采购，通过互相竞争和互相学习不断提升旅游服务的质量和服务水平，有效提升集群内的知识传播速度，并达到功效最大化。通过有效合作，集群内的企业获得创新资源的途径更多，为冰雪旅游人才的流动提供便利，集群企业的技术扩散也可以有较好的保障。

（二）内部动力机制——冰雪旅游产业经营动力

企业和各种组织可以通过冰雪旅游集群这个大环境彼此之间进行合作，并不断良性竞争，这样能够最大限度获取资源集聚效应、成本优势、地区品牌效应和竞争合作效应，不断提升相关企业自身的整体实力，每个企业实力的上升都可以促使集群内冰雪旅游产业整体的结构升级和优化（见图8－5）。

1. 资源集聚效应

在冰雪旅游产业集群的形成过程中，需要汇聚尽量多的优质冰雪旅游资源到集群内，以此来促进冰雪旅游产业及相关产业的快速发展，并且在

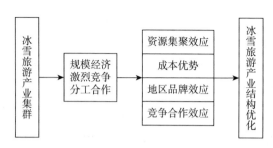

图 8 - 5 产业集群推动冰雪旅游产业结构优化的动力机制

发展的过程中不断对冰雪旅游产业的结构进行优化和升级。那么伴随着冰雪旅游产业集群的做大做强，集群的影响力会不断提升，一些集群外的相关资本、技术和劳动力会被逐渐吸引过来，这样会壮大集群的整体容量，降低集群内每个企业的运营成本，提高集群的资产总量，从而促进地区经济发展。同时，产业集群的快速壮大还可以吸引到更多的优秀人才到产业集群来发展，各种优秀人才的集聚会降低人力资源的成本，提升人力资源的效益，同时企业在招聘人才时不仅降低了成本，还可以招收到更优秀的人才。

2. 成本优势

在一个相对成熟的产业集群中，各种各样的企业和相关机构完成了地理位置上的集聚，集群内的所有部门就可以共同享用基础设施，这样降低了基础设施投资资金，避免了过多的重复建设，同时企业间的物质和信息转移费用也会得到一定程度上的减少，总体上会大幅降低经营成本。也可以在集群内建立地区网络信息联络系统，提高交易效率，节约交易费用。如已经初具集群规模的亚布力冰雪旅游度假区，由于很多企业大面积的集聚，集群内的部门和企业在很多方面，诸如人力成本、基建成本等都节省了大量的开支。

3. 地区品牌效应

一个企业是否能创立著名的品牌是其发展壮大的重要前提，一个集群的品牌创立同样非常重要，集群品牌一般会依附于其地理位置特征和历史文化渊源。要想扩大集群品牌的知名度和影响力，除了品牌自身发展壮大外，还需要不断加大宣传的力度，让更多的人了解集群的品牌，可以结合互联网技术加大宣传的力度，把品牌推到更广大的地区。在东北地区，有一些冰雪旅游景区已经形成产业化集群发展态势，比如，黑龙江省的亚布力冰雪旅游度假区和吉林省的长白山冰雪旅游度假区。亚布力冰雪旅游度假区因为是中国冰雪旅游发源地且拥有专业化的滑雪赛道，而成为远近闻名的冰雪旅游品牌；吉林省的长白山冰雪旅游度假区因坐落于世界著名的"冰雪黄金纬度带"，拥有世界一流的冰雪资源和亚洲质量最好的滑雪场地而成为中国冰雪旅游的著名品牌，这两个地区在构建冰雪旅游产业集群品牌方面的经验值得推广和借鉴。

4. 竞争合作效应

产业集群逐渐形成以后，一般来说，集群内的企业、机构及相关组织在空间分布上会更加靠近，相互之间的联系会更加密切，这会使它们之间的分工协作更加精细、科学，同时也会促使企业和相关大学及科研机构的合作进一步深化，提升企业技术改造能力，企业的运营成本会大幅降低，同时企业之间的信息也会不断得到全方位的共享。同时经营项目的相似性也使彼此之间竞争变得更加激烈，促使企业不断提高自己，带动整个产业不断向前发展。

冰雪旅游产业集群要想发挥最大的功效，除了每个成员自身不断提高自身竞争力外，所有成员也必须团结互助，做到分工协作，而且所有成员都要为外部提供最优质的服务，以此来促进集群的快速发展。金融机构作为冰雪旅游产业集群内的重要组成部分，它的作用是为集群内部的各种企业提供资金信贷服务和其他金融服务，而相关政策、制度以及运行机制的制定则由政府和旅游管理部门来负责。集群内部一般还会设立专门的培训机构，培训集群内企业急需的专业技术人才，集群企业需要的技术方面的支持则由科研机构提供，宣传机构能够为集群内企业提供相关的宣传服务。总之，集群内各个部门各司其职，各自发挥自身专业优势，互相促进、互相补充，共同促进集群整体的快速发展。

由于企业间地理距离的缩短，企业间不断地密切接触和相互影响，相互间的竞争机制更直观，竞争压力更明显，落后的企业可以在自己经营模式的基础上，改进自身落后的机制，学习先进企业的思想、管理机制，从而形成先进知识的传递系统，促进整个行业健康发展。

（三）外部辅助动力机制——冰雪旅游产业发展环境动力

社会资本在一个产业集群的发展中起到重要的作用，之前东北地区很多冰雪景区都是由社会资本投资兴建的，一般来说，一个产业集群的社会资本存量越高，集群的社会资本就会越优质，集群的发展就会越好。为了促进东北地区冰雪旅游产业集群内外之间的交流和融合，推动冰雪旅游产业集群产业结构的升级，需要提供各个方面交流和融合的社会资本。冰雪旅游社会资本主要包括结构、认知和关系三个维度。

从结构角度来看，社会资本是一种有效的资本配置方式，社会资本的投入有助于冰雪旅游产业集群获得专业化的技术、优秀的人才和资金等集群所需要的资源，可以优先享用政府提供的优惠政策；同时社会资本所塑造的关系网络能够促进冰雪旅游集群内部的沟通交流，企业通过与政府、研究机构和非营利组织之间的紧密联系，获得所需的信息，降低企业收集信息的成本。

从认知角度来看，冰雪旅游产业集群中的各种相关社会资本可以促使集群成员之间相互借鉴、相互沟通、相互学习，加快集群企业之间新知识和新技术的融合、发展及转移和传播速度，这种精心建立起来的合作网络，可以使成员之间分享现有的创新成果，提高企业的规模经济，最终促进集群内区域经济的快速发展。

从关系角度来看，集群成员间的相互信任可以减少企业的风险，加强成员间的合作，为有效地利用社会资本提供信息共享、知识创新的平台，促进地区经济的创新。

从社会资本的作用途径来看，冰雪旅游产业集群通过兴建基础设施、加强政策支持、引入社会资本等方式改善产业内外部环境，推动产业结构的升级优化，从而成为推动产业结构升级的辅助动力。

三　产业集群推动冰雪旅游产业结构升级优化的传导机制

结构、认知和关系是推动冰雪旅游产业集群发展的动力机制，这三者之间的结合可以助推冰雪旅游产业结构的升级和优化，在升级优化的过程中，需要借助相应的传导机制来进行效应传导。冰雪旅游产业集群的效应传导主要包括集群内的企业和利益相关者两个方面。

1. 冰雪旅游企业主体传导

企业是冰雪旅游产业集群、产业结构升级优化的最重要主体，集群的优势和产业结构优化的结果都要通过企业来体现，企业可以借助冰雪旅游集群的优势，加快技术创新，提高发展能力，提高冰雪旅游服务的层次和服务水平，促进冰雪产业的可持续发展，最终实现整个冰雪旅游产业的结构优化（见图8-6）。

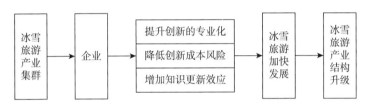

图8-6　冰雪旅游产业企业发展能力传导

作为冰雪旅游企业来说，冰雪旅游产业集群有助于冰雪旅游企业之间形成较稳定的分工和协作关系，比如小企业通过借助租赁等方式，成为高科技设备的使用者，减少微小企业在技术创新的投资成本，从而促进整个行业的升级和结构优化。

冰雪旅游产业集群的壮大，有助于使新进的企业能够迅速融入大的产业发展环境和当地的社会文化环境中，从而快速成长。由于地理距离的邻近，产业集群可以提高行业知识的传播速度，减少信息交易的成本，促进产业的技术创新。

集群有助于传播企业的管理经验和技术知识，学习彼此先进的技术、经验和信息，节约相关成本。此外，由于距离相近，人才和知识的快速流动可以加快技术的创新。通过集群的力量，产业从业人员之间可以互相学习技能，增强流动性，促进专业的产业劳动力市场形成，从而提高整体劳动力的综合素质。

冰雪旅游产业集群可以及时反馈企业、市场、消费者三者的信息，提升集群内企业对于市场的反应能力。流畅的知识交换渠道，可以使企业优秀的开发模式、营销模式和管理经验能在最短的时间内在行业间传播，使所有企业互相借鉴成功的管理模式并提高集群企业的管理效率。

2. 冰雪旅游产业利益相关者传导

冰雪旅游产业的发展不仅是冰雪旅游企业的发展，也与政府部门、冰雪旅游者、非营利组织、其他组织、社会大众等这些利益相关者有关。与冰雪旅游产业密切相关的体育主管部门、旅游主管部门以及税务等主管部门负责制定行业的政策，建立冰雪旅游的管理制度，管理和监督整个行业的总体发展。冰雪旅游者的需求是整个产业发展的动力，他们对冰雪旅游服务的要求直接影响整个行业的发展。非营利组织和其他组织指以冰雪旅游爱好者为主的组织，它们是整个行业真正的参与者，以它们对于冰雪旅游产业的深入了解，可以间接影响到政府决策和冰雪旅游者的消费（见图8-7）。

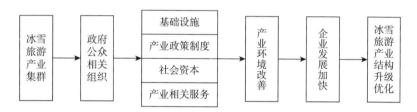

图 8 - 7　冰雪旅游产业利益相关者传导机制

第四节　产业集群视角下东北地区冰雪
旅游产业结构优化对策

一个产业要想尽快发展，需要不断对产业结构进行系统性的优化和升级。在产业结构优化创新的过程中，需要做好三方面的工作，分别是观念转变、技术创新和制度创新。观念转变是产业升级的源头，技术创新是产业结构优化的关键因素，而制度创新则是产业结构优化的保证。东北地区冰雪旅游产业已经在一些地区初步建立起了产业集群，那么现在需要做的就是，充分发挥已有产业集群的资源优势，努力构建几个有影响力的冰雪旅游产业集群。为此，需要进一步对基础设施进行改造升级，加大对东北地区冰雪旅游产业结构的重构整合，提高观念转变、技术创新和制度创新的实效性，发挥东北地区冰雪旅游产业的集群效应，增强其竞争力和赢利能力。

一　冰雪旅游产品创新

在具有建设冰雪旅游产业集群潜力的地区，加大招商引资的力度，积极引入实力强的核心企业，有计划地兴建冰雪旅游重点项目，创造出独具特色的冰雪旅游产品。在产品创新中，要结合产业集群所在地区的优点，开创具有本地特色的冰雪旅游产品，例如摒弃过往冰雪体育运动单调的方式，开发出各具特色的冰雪旅游产品，比如创设家庭亲子游、学生冰雪体育冬令营、休闲度假游等对旅游者针对性更强的定制性旅游产品；同时也可以开发出一些其他的附属类产品项目，比如具有地方特色属性的食品、农产品和纪念品，甚至是服务项目等；延长冰雪旅游产业的链条，创建独一无二的冰雪旅游产业品牌，以便实现冰雪旅游产业结构的转型和升级。

建设结构合理、功效周备的冰雪旅游产业链条和冰雪旅游产品的创新是息息相关的。结构上，冰雪旅游产业是以冰雪体育健身市场为根本，以冰雪体育竞技市场为核心，以冰雪体育相关行业市场为导向的。因此，可以把冰雪体育运动作为主业，把冰雪体育服务业像餐饮业、住宿业、娱乐业、通信业等作为副业，把冰雪旅游产品创新和集群内的冰雪旅游服务业两者并行发展。据世界旅游组织测算，旅游收入每增加 1 元，可带动相关行业增收 4.3 元；每增加 1 个就业岗位，可间接带动 7 个人就业。所以，在创新冰雪旅游产品的同时，发展集群服务业，增加服务业的附加值，促进旅游产业链条相关企业的稳定发展。

二　技术开发路径创新

积极推进集群应用信息技术，推动冰雪旅游产业信息管理网络化。为了使"互联网＋"时代的消费者满意，适应产业结构变化趋势，实现冰雪旅游产品管理的办公自动化、管理网络化，提升冰雪旅游产业各部门的技术创新，提高冰雪旅游业的技术含量和科技含量，冰雪旅游企业可建设冰雪体育目的地信息系统、淘宝模式的预定系统、酒店预订管理系统、冰雪体育用品的快递服务系统等新型的网络管理系统，促进冰雪旅游业从线下到线上的协同发展。

加大冰雪旅游电子商务的发展力度，将网上销售、网络预定、虚拟旅行、卫星导游等高新技术应用到旅游开发、旅游管理、旅游营销、旅游服务以及旅游教育培训等各个方面，建立层次清晰、科学合理、全面完善、实用有效的网上旅游体系，提高"吃、住、行、游、购、娱"等服务质量，通过整合传统的资源、业务、渠道、流程，实现网上"一条龙"服务，提升集群的服务质量，扩大冰雪旅游业的影响力，增加游客数量，提高经济效益。集群内一般会有若干个核心企业，应该充分发挥它们的领导作用，促使核心企业不断引领技术创新，同时其他企业之间要分工协作、互相学习、互相提高，共同建设国际化高标准的冰雪旅游产业。

冰雪旅游产业投资成本随着时代变化不断增加，集群在投融资体系方面需要不断创新，投融资手段也要与时俱进，使东北地区冰雪旅游产业集群内的产业投资渠道多元化，扩大投资规模，积极引入冰雪旅游产业的社会资本。

三　优化东北地区冰雪旅游产业的人力资本投入模式

一个地区冰雪旅游的发展必定有着自身的特点和实力，以东北地区为例，东北地区冰雪旅游产业加大了对人力的投入，并且实现了对人力资源的优化，同时综合协调其他资源，比如智力成本，推动旅游产业结构调整，促进旅游产业结构优化。对于冰雪旅游产业来说，它是体育和旅游资源的结合，所以冰雪旅游业的发展离不开优秀的人才。冰雪旅游业随着发展形成了产业集群，集群也为产业发展带来了新的契机，因为集群必定是企业在集中的地理位置上的集聚，地理位置的集中促进了人才的集中，各个企业的人力资源很少出现流动的情况，所以可以减少企业对人力资本的投入，但是人才流动性小不代表企业可以不作为，而应该更注重对人力资源结构的调整和完善，对人才进行定期培训，优化企业内部管理模式，充分发挥人力资源的作用。

四　创新东北地区冰雪旅游产业营销模式和管理模式

冰雪旅游产业集群的构成有很多要素，但是从更大的方面来说主要是吃、游、娱、住、行、购六大因素，随着市场经济的不断发展和完善，冰雪旅游也应该完善市场体系，延伸冰雪旅游的产业链，使冰雪旅游获得更好的发展，实现市场、资源、服务的协调发展。各个地区的冰雪旅游企业要加强交流与沟通，实现共同发展，使冰雪旅游的营销更加全面、立体，树立良好的企业品牌形象，从整体上对冰雪旅游产业的格局进行规划，合理利用冰雪旅游资源，使产业结构向更加科学的方向发展。科学技术的发展为我们的生产和生活都带来了新的变化，所以为了加强对冰雪旅游产业的宣传，应该和互联网结合，加强市场推广，从各个层次进行营销。同时，可以了解不同的顾客群体的特点，对不同顾客群体采取不同的营销手段，树立冰雪旅游品牌，让更多的人了解冰雪旅游产业，推动冰雪旅游产业的可持续发展。

冰雪旅游产业集群存在既竞争又合作的关系，并且每一个企业都有自身的特点，对产业结构进行调整可以实现内部管理方式的革新，同时使企业不断完善自身，优化内部结构，实现最终产业结构的创新。旅游产业实现创新需要企业做很多工作，如对旅游产业进行结构调整，延伸旅游产业链，增强市场主体的实力。

五　推进和完善东北地区冰雪旅游产业基础设施建设

冰雪旅游以冰雪旅游基础设施为基础，所以基础设施对于冰雪旅游来说具有重要意义，不仅可以推动产业结构的调整，还能使冰雪整体旅游业更加科学、完善。而政府在旅游业中扮演着重要角色，它可以帮助旅游业完善基础设施建设，加速冰雪旅游产业的结构优化升级，使冰雪旅游产业集群走向全球化，并在全球价值链中占有重要位置。同时应该促使政府政策与旅游业各个方面相结合，包括人力资源、产业结构等，为了使冰雪旅游产业集群的结构更加科学，需要获得一定的相关知识。可以说旅游产业最重要的是旅游资源，但是除此之外基础设施以及服务也起着至关重要的作用，并且基础设施建设也是影响冰雪旅游产业发展的重要因素，所以，冰雪旅游产业无论发展哪一阶段都要向全面、综合的方向发展。

六 冰雪旅游产业政策与制度创新

冰雪旅游的发展需要各级政府的支持，各级政府应该对冰雪旅游产业给予足够的重视。一般来说，政府和冰雪旅游产业的利益息息相关，所以政府应该加强对产业的引导，制定相关政策和制度进行保障，政府政策对于冰雪旅游产业很重要，可以推动冰雪旅游的产业升级，但是政府在制定政策时应该注意听取产业从业者和旅游者的意见，使各个企业之间的联系加强，同时推动冰雪旅游产业集群的技术创新。所以，政府要发挥自身的作用，加强对产业的监督和管理，同时积极服务于产业，通过经济手段和财政手段对冰雪旅游产业进行调整，使产业获得综合平衡发展。

政府应该对冰雪旅游企业制定相关旅游标准，使冰雪旅游的相关评价体系更加科学、合理，这样可以全面地推动冰雪旅游产业发展。同时冰雪旅游企业可以参考国外的发展经验，借鉴其中的优秀做法，使得冰雪旅游产业整体更加规范，严格冰雪旅游产品以及相关配套设施的标准，从整体上规划冰雪旅游产业的格局，推动冰雪旅游产业的高质量发展。

冰雪旅游产业进行结构优化需要对制度进行创新，制度的创新可以保证技术能够更好地在冰雪旅游产业中得到应用，同时推动冰雪旅游产业结构的调整，但是冰雪旅游产业的制度创新需要其他机制来辅助，以此为制度创新提供动力。并且可以推动产业的发展，协调产业内部结构，使冰雪旅游的产权制度得到创新，结合地区的发展特色，融入适合冰雪旅游发展的文化，最后形成具有特色的冰雪旅游产业集群，推动冰雪旅游产业结构调整，使冰雪旅游产业获得可持续的健康发展。

参考文献

［1］产业集群［OL］. http：//blog. sina. com. cn/s/blog_93da15740101g56h. html. 2014 .

［2］谭明交. 农村一二三产业融合发展：理论与实证研究［D］. 武汉：华中农业大学，2016.

［3］张子翔. 张家界旅游产业发展战略研究［D］. 长沙：湖南农业大学，2010.

［4］赵丽娅. 国内外高科技产业集群发展现状分析［J］. 商业时代，2011（03）.

［5］邹陆林. 粤东西北经济转型与产业升级路径分析［J］. 广东经济，2012（06）.

［6］孙建森. 牡丹江市大豆产业发展研究［D］. 长春：吉林大学，2014.

［7］荣志. 中等职业学校专业建设服务区域产业升级研究——以醴陵市陶瓷烟花职业技术学校为例［D］. 长沙：湖南师范大学，2017.

［8］李乔. 长沙市工程机械产业集群问题研究［J］. 金田，2014（01）.

［9］葛晋. 廊坊高科技产业集群发展现状分析［J］. 新西部，2010（08）.

［10］寇雪莲. 西安曲江新区发展战略研究［D］. 西安：西安电子科技大学，2016.

［11］产业集群理论综述［OL］. http：//wenku. baidu. com/view/27ef053a87c24028915fc36e. html，2017.

［12］李建坤. 寒亭区产业发展规划研究［D］. 济南：山东农业大学，

2014.

[13] 刘佳欣 . 以新乡振动筛产业集群为例谈设备集群化发展的"加减法" [J]. 中国粉体工业，2012（01）.

[14] 赵越，李安然，李潇怡 . 产业集群理论研究综述 [J]. 赤子（上中旬），2015（09）.

[15] 丁玲 . 景德镇陶瓷产业升级战略研究 [D]. 景德镇：景德镇陶瓷学院，2011.

[16] 胡博韬 . 廊坊市企业聚合与产业集群分析 [C]. 对接京津——解题京津冀一体化与推动区域经济协同发展（对接京津与环首都沿渤海第 13 次论坛）论文集，2016.

[17] 陈峰 . 内蒙古神舟硅业有限责任公司竞争战略研究 [D]. 呼和浩特：内蒙古财经大学，2018.

[18] 陈祺 . 平远县慈橙品牌竞争力提升研究 [D]. 广州：华南农业大学，2016.

[19] 陈超 . 新农村建设背景下村镇组团式发展模式探究——以保定市阜平县龙泉关镇为例 [D]. 石家庄：河北工业大学，2016.

[20] 顾良 . 我国大学科技园管理模式存在的问题及对策研究 [D]. 沈阳：沈阳建筑大学，2018.

[21] 尹亮，李佳 . 论中国产业集群对外资的吸引力 [J]. 中国西部科技，2006（25）.

[22] 方春妮 . 体育产业集群研究 [D]. 上海：上海体育学院，2009.

[23] 程伟 . 基于利益分配的供应链联盟形成的机制研究 [D]. 南京：南京航空航天大学，2006.

[24] 刘玉姝，张欣阳 . 东北地区冰雪体育旅游产业联动发展研究 [J]. 技术与市场，2012（08）.

[25] 孙丽波 . 冰雪旅游产业对促进东北地区老工业基地经济振兴作用的研究 [D]. 长春：东北师范大学，2011.

[26] 哈尔滨太阳岛雪博会给你最美雪世界_国内 [OL]. http://news.dlxww.com/news/content/2016－01/10/content_1694142.html，2016.

［27］黑龙江省大事记［J］.黑龙江史志，2019（01）.

［28］杨喜君，张新宇，张晓明.黑龙江省冰雪体育文化产业链的发展节点问题探讨［J］.黑龙江科技信息，2013（04）.

［29］大年过后，晒晒旅游成绩单［N］.中国旅游报，2018－02－23.

［30］李海.冬季旅游好去处——哈尔滨［J］.家庭科技，2018（12）.

［31］至尊宝.哈尔滨雪肌冰骨雕饰的白银都市［J］.中华民居，2010（12）.

［32］刘书安.试论基于价值链分析的旅游资源的价值提升［J］.当代经济，2007（08）.

［33］范军，刘晓嘉.学术出版评价三题［J］.出版参考，2019（02）.

［34］孙雯.房地产项目价值策划方法［J］.商业经济，2019（05）.

［35］赵域.EVA理论在商业银行公司客户价值评估中的应用研究［D］.北京：对外经济贸易大学，2018.

［36］卢黎歌，隋牧蓉.“八个相统一”：推动思想政治理论课改革创新的遵循原则［J］.学校党建与思想教育，2019（05）.

［37］康彦平，周中俊.冬奥契机——我国冰雪体育旅游产业融合发展趋势研究［N］.2018年全国体育社会科学年会论文集，2018－04－27.

［38］林源，于定勇.沿海城市群城际快速轨道交通系统评价方法研究及应用［J］.中国海洋大学学报（自然科学版），2011（03）.

［39］张欢.关中—天水经济区城市群结构特征研究［D］.乌鲁木齐：新疆师范大学，2011.

［40］赵莉.我国公共部门信息增值产业培育机制研究［D］.武汉：武汉大学，2015.

［41］鄢东璠，王彬汕，周觅.中国度假旅游市场发展现状与趋势调查分析［J］.装饰，2019（04）.

［42］找准亮点和卖点　做深农旅养融合［N］.孝感日报，2019－04－25.

［43］政府经济管理概论［OL］.http://wenku.baidu.com/view/1a8560dfce2f0066f533228b.html，2012.

［44］李传庆.城市竞争力视角下哈尔滨冰雪体育旅游产业的效益研究

［D］. 沈阳：沈阳体育学院，2013.

［45］ 盛立强，罗国莲. 十六大为民营经济的发展带来更大的机遇［J］. 企业经济，2003（03）.

［46］ 吴建成. 长三角边缘区生态转型与特色经济发展路径——基于"核心—边缘"理论的思考［D］. 绍兴文理学院学报（哲学社会科学），2010（11）.

［47］ 张娜，佟连军. 吉林省冰雪旅游与区域经济增长协整分析及 Granger 因果检验［J］. 地域研究与开发，2012（10）.

［48］ 曹雨霏. 旅游业与区域经济增长关系的研究——以云南省为例［J］. 时代金融，2017（02）.

［49］ 陆涛，范伟伟. 社会体育专业开设健身私人教练方向的可行性研究［J］. 扬州大学学报（高教研究版），2012（12）.

［50］ 孙文良，李向军.《辽东志略》校理［J］. 辽宁大学学报（哲学社会科学版），1986（10）.

［51］ 陈佳. 市政道路 PPP 项目运营期绩效评价体系构建及应用研究［J］. 南京林业大学，2018（06）.

［52］ 黄宗林. 基于网络游记的滨海旅游感知形象测量研究——以青岛为例［J］. 重庆师范大学，2014（04）.

［53］ 黄召强. 旅游影响下青海湖湖滨区藏族社区空间生产研究——以黑马河社区为例［D］. 西宁：青海师范大学，2018（04）.

［54］ 梁爽. 哈尔滨冰雪旅游季旅游形象研究［D］. 哈尔滨：哈尔滨师范大学，2016.

［55］ 郭宁. 冰雪旅游景区游客安全管理体系构建研究［D］. 泉州：华侨大学，2013.

［56］ 唐智勇. 森林公园游客安全管理评价研究——以大围山国家森林公园为例［D］. 长沙：中南林业科技大学，2016

［57］ 王立国. 东北滑雪产业发展问题研究［D］. 哈尔滨：东北师范大学，2010

［58］ 王立国，张强. 东北三省滑雪产业经营管理现状与对策研究［J］. 西

安体育学院学报，2010（03）.

[59] 王芒.体育产业集群与东北冰雪旅游产业集群的建构研究［J］.沈阳体育学院学报，2011（06）.

[60] 刘晓辉.吉林省冰雪旅游产业发展现状研究［J］.网友世界，2014（02）.

[61] 徐晓琼.冰雪体育旅游产品需求及影响因素的研究——以辽宁省为例［D］.上海体育学院，2013（05）.

[62] 凌波.商丘市示范性高中田径教学现状分析与对策研究［D］.开封：河南大学，2011.

[63] 斐依，杨苏文.一路向北　感受冰雪世界［N］.中国文化报，2019-01-05.

[64] 陈静.长白山：布局冰雪全域旅游［N］.中国旅游报，2017-09-25.

[65] 杨宏生.冰雪旅游进入爆发式增长黄金时代［N］.中国商报，2019-01-25.

[66] 李俊.中国魅力节庆［J］.中国商贸，2013（12）.

[67] 朱俊南，吕伟鹏，周洪辉.哈尔滨冰雪景观艺术发展前景的研究［J］.美与时代（上旬），2014（08）.

[68] 张德成.论加入WTO后黑龙江省旅游资源的开发与保护［J］.北方论丛，2003（09）.

[69] 翁晨成.基于互联网＋的旅游地产营销模式：个性化定制的视角［J］.福州大学，2017.

[70] 张建中.浅谈"互联网＋"时代下的散打教育推广［J］.中华武术（研究），2019（01）.

[71] 郑晓璇，赵军豪."互联网＋"背景下传媒行业上市公司财务竞争力评价研究［J］.新闻研究导刊，2019（03）.

[72] 敖沛尧.锦州市基层公安民警"互联网＋"工作模式优化研究［D］.沈阳：东北大学，2017.

[73] 刘嬿，印朝辉，李渊，李皓月，杨瑞雅."互联网＋"计量发展现状与建议［J］.宇航计测技术，2018（06）.

[74] 杨连荣."互联网＋"时代的农产品营销与农业经济发展研究 [J].中国农业文摘－农业工程，2019（03）.

[75] 吴巍.互联网技术在电力企业发展的应用 [J].集成电路应用，2019（01）.

[76] 刘捷，何天易.线上公众平台对城市规划编制实施过程优化研究 [J].山西建筑，2019（02）.

[77] 徐怡."微商"的相关法律问题研究 [J].商场现代化，2019（02）.

[78] 陈梦园.从"微拍"的起落看艺术品网上交易 [J].艺海，2019（01）.

[79] 叶舟，黄子祥.论湖南保险行业协会的信息化建设 [J].中外企业家，2018（09）.

[80] 纪元."互联网＋"与大数据背景下财务管理专业实践教学研究 [J].知识经济，2019（02）.

[81] 李杰，王玥.运用"互联网＋"创新纺检服务 [J].标准科学，2018（12）.

[82] 蓝天旺.陶瓷工业节能、智能技术分析及发展趋势 [J].佛山陶瓷，2019（02）.

[83] 武玟斌，徐丽."互联网＋"时代背景下的高校思政教育创新策略研究 [J].党史博采（下），2019（02）.

[84] 赵越鸿.关于"互联网＋"背景下，黑龙江省农业转型升级问题的思考 [J].佳木斯职业学院学报，2018（12）.

[85] 张琰.互联网发展下的商业地产发展模式转型浅析 [J].住宅与房地产，2019（01）.

[86] 许巍，张伯驹.企业管理模式的创新趋势 [J].现代商业，2018（12）.

[87] 罗夏梓平.身体在场与身体缺场的饮食交流研究——基于传统社会和"互联网＋"时代两个维度 [J].楚雄师范学院学报，2018（11）.

[88] 张佳阳，茹巧荣.互联网＋对高职化工学生创新创业的影响分析 [J].科技创新导报，2018（12）.

［89］段忠祥．"互联网＋"背景下高职院校线上课程资源的构建［J］．广西教育，2018（12）．

［90］刘杰，苏旭武．利用实体麻将机实现网络对战的研究设计［J］．计算机产品与流通，2019（01）．

［91］郭媛等．基于移动互联网＋高校教材建设的几点思考［J］．科技风，2019（02）．

［92］邱小妹．邵阳服装企业视觉传播的现状及对策研究［J］．西部皮革，2018（10）．

［93］秦志红．"互联网＋"背景下北京乡村旅游营销发展对策研究［J］．北京农业职业学院学报，2019（01）．

［94］苏莉，白铂，刘正国．冰雪体育产业链结构的优化研究［J］．哈尔滨体育学院学报，2012（12）．

［95］赵文婧．文化产业视野下哈尔滨冰雪旅游创新发展研究［D］．哈尔滨：哈尔滨师范大学，2012．

［96］李永菊．文化创意旅游产业的内涵［J］．中国集体经济，2011（05）．

［97］张爱华．长春市创意阶层培育对策研究［D］．长春：长春大学，2018．

［98］贾国荣．甘肃省文化产业发展中的政府职能研究［D］．西安：西北师范大学，2017．

［99］肖素芬．文化产业发展视域下儿童艺术培训市场现状探究——以成都市 W 区为例［J］．黄河之声，2019（04）．

［100］柳俪葳．文化产业传播中的新媒体［J］．神州印象，2019（01）．

［101］李成实．马克思的文化产业思想及其当代意义［J］．河北联合大学学报（社会科学版），2013（11）．

［102］张鑫鑫．文化产业社会责任伦理现状研究［J］．中国集体经济，2019（02）．

［103］孟军本．文化产业助推下的汉中山区防返贫保障机制建设研究［J］．今日财富，2019（02）．

［104］史一茹．国有文艺院团与美国非营利表演团体的制度比较［J］．太

原：山西大学，2018.

[105] 安毅．中国书法产业研究回顾与展望 [J]．艺术评鉴，2019（02）．

[106] 王琼．乡村振兴战略背景下古村落文化的当代转化——以潇贺古道古村落建筑文化为例 [J]．桂林航天工业学院学报，2018（12）．

[107] 宋娇．市场化程度对文化企业并购行为及绩效的影响研究 [D]．济南：山东财经大学，2017.

[108] 张华夏．弘扬挥公精神　拓展挥公文化产业发展新路 [J]．中国商界，2019（05）．

[109] 刘文娟，惠子．山东文化产业发展存在的问题及对策研究 [J]．产业与科技论坛，2019（03）．

[110] 翟传鹏．媒介化时代文学生产批判 [D]．西安：陕西师范大学，2013.

[111] 胡晓，李雅婷，王霁．粤港澳大湾区文化产业创新发展研究——以广东省为例 [J]．深圳社会科学，2019（01）．

[112] 袁勇麟，涂怡弘．当代台湾文化创意产业探赜 [J]．福建艺术，2019（03）．

[113] 黄菡．民族文化开发利用中的文化再生产研究——以恩施市女儿城为例 [D]．武汉：中南民族大学，2016.

[114] 张选龙．BSG连续油管西部市场销售策略研究 [D]．西安：西安石油大学，2018.

[115] 卢娜，周珍．黑龙江亚布力 [J]．财富生活，2019（01）．

[116] 唐拴强，毛喜斌．浅谈工程项目招标规定的变化对企业招投标工作的影响 [J]．建设监理，2018（08）．

[117] 李冠烨．辽宁省支持大学生创业的财政政策研究 [D]．大连：东北财经大学，2018.

[118] 贾敬敦，张玉玺，张鹏毅．我国农产品流通产业亟待革命性变革 [J]．中国农村科技，2012（06）．

[119] 孙显仁．黑龙江省冰雪旅游产业发展问题研究 [J]．冰雪运动，2014（11）．

［120］王忠明，李勇，王诚民，关冬莹．北京冬奥会背景下黑龙江省冰雪体育旅游产业创新发展研究［J］．冰雪运动，2017（06）．

［121］黑龙江省将推广旅游诚信基金机制［OL］．http://kuaixun.stcn.com/2018/1125/14683725.html，2018．

［122］黑龙江设旅游诚信基金：雪乡旅游消费维权可先行赔付［OL］．http://www.cqcb.com/headline/2018－11－25/1259032_pc.html，2018．

［123］孙丽薇．吉林省冰雪旅游业的发展现状及对策研究［D］．长春：吉林体育学院，2015．

［124］党璇．城市特色体育文化传承与塑造研究［D］．南宁：广西师范大学，2018．

［125］吕红星．冰雪旅游将进入高速增长的黄金时代［N］．中国经济时报，2017－12－20．

［126］李正光．体验经济视角下我国乡村民宿发展中存在的问题和策略研究［J］．河北交通教育，2018（04）．

［127］孙泽群．刘尧臣赴浏阳调研烟花爆竹机械化生产应用及工伤保险宣传教育预防试点工作［J］．湖南安全与防灾，2011（06）．

［128］陈军，尚早春．建设文明生态背景下的雾霾治理分析［J］．科技创新与应用，2015（05）．

［129］叶海波．基于产业集群的东北地区滑雪旅游产业结构升级优化研究［D］．哈尔滨：哈尔滨体育学院，2016．

［130］王兆峰．基于产业集群的旅游产业结构升级优化研究［D］．长沙：中南大学，2009．

［131］王兆峰．基于集群的旅游产业结构升级优化的传导机制与途径研究［J］．财经理论与实践，2011（01）．

［132］基于产业集群的旅游产业结构升级优化的传导机制与途径研究［OL］．https://www.xzbu.com/3/view－1415118.htm，2018．

［133］李振玉．高等职业教育必须与产业结构调整相适应［J］．中国成人教育，2012（10）．

［134］宋伟. 社会转型时期中小企业伦理建设研究［D］. 哈尔滨：哈尔滨工程大学，2011.

［135］周胜强. 我国信贷政策研究［D］. 天津：天津财经大学，2013.

［136］钱智. 旅游形象设计［M］. 合肥：安徽教育出版社，2002.

［137］卢元镇. 体育社会学［M］. 北京：高等教育出版社，2012.

［138］杰·科克利. 体育社会学：议题与争议［M］. 北京：清华大学出版社，2013.

［139］迈克尔·波特. 竞争战略论［M］. 北京：华夏出版社，2015.

［140］需求视角下旅游资源分类及其应用技术研究——以国标（GBT18972 - 2003）为研究对象［OL］. http://www.docin.com/p - 327901627. html，2013.

［141］林焕杰. 做好主题公园离不开旅游产业集聚与集群效应［OL］. http://www.iyiou.com/p/44386，2017.

［142］中国冰雪旅游发展报告［R］. 北京：中国旅游研究院，2017.

［143］李旭等. 中国滑雪设备网. 中国滑雪场大全，2017.

［144］伍斌，魏庆华. 中国滑雪产业白皮书［R］. 北京：亚太雪地产业论坛，2018.

［145］郭宁. 冰雪旅游景区游客安全管理体系构建研究［D］. 泉州：华侨大学，2013.

［146］张大春，张烨谣. 我国互联网＋冰雪体育产业发展新趋势研究［J］. 运动精品，2020（08）.

［147］杨倩. 我国体育产业结构优化升级研究［D］. 上海：上海体育学院，2011.

图书在版编目（CIP）数据

冰雪体育旅游产业：东北地区协同发展的机制与创
新/张大春，张微，滕延峰主编. -- 北京：社会科学
文献出版社，2021.11
　ISBN 978 - 7 - 5201 - 8620 - 9

　Ⅰ.①冰…　Ⅱ.①张…②张…③滕…　Ⅲ.①冰上运
动 - 旅游业发展 - 研究 - 东北地区 ②雪上运动 - 旅游业发
展 - 研究 - 东北地区　Ⅳ.①F592.73

　中国版本图书馆 CIP 数据核字（2021）第 126677 号

冰雪体育旅游产业
—— 东北地区协同发展的机制与创新

主　　编/张大春　张　微　滕延峰

出 版 人/王利民
责任编辑/宋　静
责任印制/王京美

出　　版/社会科学文献出版社·皮书出版分社（010）59367127
　　　　　地址：北京市北三环中路甲 29 号院华龙大厦　邮编：100029
　　　　　网址：www.ssap.com.cn
发　　行/市场营销中心（010）59367081　59367083
印　　装/三河市龙林印务有限公司

规　　格/开　本：787mm×1092mm　1/16
　　　　　印　张：15.25　字　数：232 千字
版　　次/2021 年 11 月第 1 版　2021 年 11 月第 1 次印刷
书　　号/ISBN 978 - 7 - 5201 - 8620 - 9
定　　价/128.00 元